동아시아의 경제, 20세기에서 21세기로

전면 개정판

경제교육연구회 공저

Σ 시그마프레스

동아시아의 경제, 20세기에서 21세기로 전면개정판

발행일 | 2018년 9월 5일 1쇄 발행

저 자 | 경제교육연구회
발행인 | 강학경
발행처 | (주) 시그마프레스
디자인 | 강경희
편 집 | 문수진

등록번호 | 제10－2642호
주소 | 서울시 영등포구 양평로 22길 21 선유도코오롱디지털타워 A401~403호
전자우편 | sigma@spress.co.kr
홈페이지 | http://www.sigmapress.co.kr
전화 | (02)323-4845, (02)2062-5184~8
팩스 | (02)323-4197

ISBN | 979-11-6226-116-3

* 이 도서의 국립중앙도서관 출판예정도서목록(CIP)은 서지정보유통지원시스템 홈페이지(http://seoji.nl.go.kr)와 국가자료공동목록시스템(http://www.nl.go.kr/kolisnet)에서 이용하실 수 있습니다. (CIP제어번호 : CIP2018024948)

전면개정판 머리말

제2차 세계대전 이후 최근까지 반세기가 넘는 기간 동안 세계경제에서 가장 역동적인 성장과 변화를 보인 지역은 바로 한국을 비롯한 동아시아이다. 한동안 동아시아 경제에 대한 분석과 평가는 경제학 연구자들에게 가장 주요한 논점 가운데 하나이기도 했다. 한국과 동아시아 신흥공업국들의 경제발전 과정과 경제정책들에 대한 연구는 서로 대립하는 두 가지 편향 가운데 하나에 매몰되는 경우가 없지 않다. 조금 거칠게 표현하자면 한편에서는 한강의 기적을 마치 용비어천가라도 부르듯이 찬양하는가 하면, 다른 한편에서는 그 시대의 모든 것을 독재정권이 낳은 사생아라도 되는 양 부정한다. 우리가 한국 경제 속에서 또 한국 사회 속에서 살아왔고 지금도 살고 있기 때문에 오히려 한국 경제를 더 객관적으로 바라보지 못하는 경우도 없지 않은 것이다. 그러다 보니 심지어는 이러한 문제의식 자체를 아예 회피해 버리거나 이미 지나간 쟁점으로 치부해 버리는 경우도 있다.

그러나 어떤 의미에서건 한국에서 경제학을 연구하는 목적은 궁극적으로 한국 경제의 현실을 보다 바로 보기 위한 것 이외의 다른 것일 수는 없다. 저자가 박사학위 논문 이후로 지금까지 동아시아의 경제발전이라는 한 가지 주제에 매달려 온 이유도 마찬가지다. 저자에게 동아시아는 한국 경제를 보다 정확하게 바라보기 위한 도구이다. 한국 경제에 대해 한국인이기 때문에 갖는 과도한 주관적·관념적 편향을 올바로 극복하기 위해서는 여러 동아시아 국가의 경제발전 과정에서 나타나는 보편적·일반적 특징들 속에서 한국 경제의 특수성을 구명하는 일이 필요하다.

이런저런 우여곡절을 겪으면서도 『동아시아 경제, 20세기에서 21세기로』의 초판이 출판된 지 어느덧 햇수로 10년이 되었다. 다행스럽게도 많은 독자들이 읽어주시고 아직도 여러 대학에서 강의교재로 사용해주신 덕분에 그동안 몇 번의 중쇄를 발행하면서 잘못된 표현이나 어색한 문장들과 오탈자들을 바로잡을 수 있었다. 하지만 지난 10년 동안 강의실과 연구실에서 학생들과 대화하고 공저자들끼리 토론하면서 책의 내용을 쇄신하고 개선해야 할 필요를 느끼지 않을 수 없었으나 그동안 적당한 기회를 갖지 못했다. 그러던 차에 출판사인 ㈜시그마프레스와 전정판의 필요에 공감하면서 드디어 새 책을 내게 되었다. 이번 전면개정판은 이미 있던 장과 절의 내용도 수정했지만, 새로 추가된 장과 절이 많아서 사실상 새로 쓴 책이나 다름없다. 아무쪼록 동아시아 경제에 관심 있는 독자들, 대학에서 동아시아 경제를 강의하는 교수님들과 학생들에게 이 전정판이 작으나마 도움이 되기를 바라는 마음이다. 책을 내는 데 고생하신 ㈜시그마프레스 강학경 대표님과 편집부 여러분에게 감사드린다.

2018년 초여름

공저자들 드림

제2차 세계대전 이후 최근까지의 약 반세기 동안 세계경제는 양적 규모와 구조적 내용에서 이전에 없던 발전과 변화를 경험했다. 그런데 그중에서도 가장 드라마틱한 변화를 보인 것은 아마 바로 동아시아 경제일 것이다. 1950~60년대 일본경제의 재건과 고도성장, 1960~70년대 한국과 동아시아 신흥공업경제의 경제적 도약, 그리고 1980년대 이후 중국과 아세안ASEAN 국가들의 고도성장은 세계경제에서 가장 중요한 쟁점이라 하지 않을 수 없다.

중요한 점은 동아시아 국가들의 성장에는 밀접한 상호영향이 있다는 사실이다. 과거의 불행했던 역사는 접어두더라도 경제개발의 초기에서부터 한국은 일본의 자본과 기술을 도입했으며, 직간접적으로 경제개발의 경험과 정책의 많은 부분을 일본으로부터 배워 왔다. 물론 이는 한국뿐 아니라 대만과 홍콩, 싱가포르 등 다른 동아시아 신흥공업경제도 마찬가지이다. 한편 1980년대 이후 세계경제의 주목을 끌어온 중국은 한국 경제의 경험을 학습하고 모방해왔다. 물론 중국의 경제성장에는 대만과 홍콩의 역할도 부정할 수 없다. 이처럼 동아시아의 경제성장과 경제협력은 매우 밀접한 상호연관을 가지고 있다. 동아시아의 경제성장은 다양한 관점에서의 상호협력의 결과이며, 반대로 동아시아의 경제성장은 역내 국가 및 경제들의 협력을 확대하고 발전시킨 중요한 요인이었다.

이 책은 동아시아 경제성장과 경제협력을 종합적으로 개괄하고자 했다. 부분적으로 보면 더 자세히 분석하고 언급되어야 할 내용들이 너무 간략히 넘어간 측면도 없지 않다. 그러나 공저자들의 생각에 그러한 세부 주제들은 좀 더 전문적인 보완 연구들에서 참조될 수 있을 것으로 기대한다. 물론 공저자들의 기존 연구도 그 가운데 일부분이 될 수 있으며, 앞으로 공저자들이 더욱 연구하며 부족한 점을 보충하고자 한다. 다만 이 책은 부족하나마 세부적인 전문서적이기보다는 동아시아 경제발전과 경제협력의 종합적인 소개서로서 저술되었고, 따라서 여러 대학의 학부 과정에서 좀 더 다양하게 읽히기를 바란다.

보잘것없는 연구성과를 내놓을 때마다 언제나 저자들의 능력과 노력이 아직 부족함을 절실하게 느끼곤 한다. 그럼에도 선뜻 출판을 격려해주신 ㈜시그마프레스의 강학경 대표님과 편집부 여러분께 감사드린다. 언제나 함께 노력하고 고생하는 경제교육연구회 여러분의 학문연구와 강의에의 열정에도 감사드리는 바이다.

2009년 1월 1일

공저자들 드림

차 례

제 1 부 동아시아 경제발전의 논리와 쟁점

제 1 부

동아시아 경제발전의 논리와 쟁점

01 Chapter 동아시아 경제발전의 평가

지난 20세기 후반의 반세기 동안 세계경제에서 가장 주목할 만한 성과를 기록한 것은 바로 동아시아, 특히 한국을 포함한 동북아 지역이다. 1950년대의 일본을 필두로 1960~70년대에는 한국, 대만 등 이른바 동아시아 신흥공업국Newly Industrializing Countries, NICs[1]이, 그리고 1980년대 이후에는 동남아시아국가연합Association of South-East Asian Nations, ASEAN 국가들과 중국이 이러한 고도성장의 대열에 동참했다. 그 결과 1960년대 이후 동아시아 국가들은 남미의 3배, 사하라사막 이남 아프리카의 25배 이상의 성장률을 기록했다.

1 신흥공업국(Newly Industrializing Countries, NICs)이라는 명칭은 개발도상국 가운데 어느 정도 공업화를 이룩한 나라들을 가리키는 보통명사처럼 사용되기도 하지만, 원래는 유럽의 스페인, 포르투갈, 그리스, 터키, 아시아의 홍콩, 싱가포르, 대만, 한국, 그리고 남미의 멕시코와 콜롬비아 등 10개국을 지칭한다. 그 후 이 용어가 신흥공업경제(Newly Industrializing Economies, NIES)로 바뀌게 된 것은 대만과 홍콩의 특수한 지위 때문이다. 이 책에서는 용어를 신흥공업국으로 통일하여 사용하기로 한다. NIES라는 용어는 다른 지역 국가들에는 굳이 사용할 이유가 없고, 동아시아 4개국은 NIES로 표기하고 남미와 다른 지역 국가들은 NICs로 표기하는 것도 부적절하기 때문이다. 원래는 그 범주에 포함되지 않았던 브라질이나 아르헨티나 등의 국가에도 NICs라는 용어를 사용하는 것은 이미 이 용어가 더 많은 개발도상국들에 광범하게 적용되고 있기 때문이다.

동아시아 국가들의 고도성장을 어떻게 평가할 것인가 하는 문제는 지난 1980년대 이후 세계경제의 주요한 쟁점 가운데 하나가 되어 왔다. 특히 이들의 경제적 성과는 같은 시기 라틴 아메리카 국가들의 상대적 정체와 자주 비교된다. 가령 영토와 국내 시장의 크기, 부존자원의 규모 등 경제개발을 위한 초기조건에서 훨씬 유리한 조건들을 갖추고 있었음에도 불구하고 왜 남미의 대국들은 동아시아 국가들이 이룩한 것과 같은 경제적 성취를 달성하는 데 실패했는가 하는 것이다. 결국 이것은 부존자원과 초기조건의 열세에도 불구하고 동아시아의 경제적 성취가 가능했던 이유는 무엇인가 하는 문제로 귀결된다. 즉 동아시아 경제의 핵심적인 성장요인은 무엇인가? 최근 들어 더욱 가속화되고 있는 세계경제 환경의 변화에도 동아시아의 성장은 계속될 것인가? 과연 동아시아의 경험은 구미 선진국들의 경험과 그들의 관점을 일반화한 기존의 모델을 대신할 새로운 경제성장 모델이 될 수 있는가 하는 질문들이 바로 그것이다.

이러한 질문들에 대해 기존의 연구들은 대체로 두 지역의 개발도상국들이 선택한 발전전략의 차이로부터 설명하고자 해왔다. 이들은 어떤 개발도상국이 경제성장을 목표로 하는 한 수출주도전략 또는 외부지향적 전략이 수입대체전략 또는 내부지향적 전략보다 우월하다고 주장한다. 왜냐하면 첫째, 외부지향적 전략은 세계시장을 향해 생산하기 때문에 규모의 경제에서 유리한 점을 가지고 있다. 둘째, 수출지향적 성장전략은 국내기업들을 국제경쟁에 직면하도록 강제하기 때문에 수입대체 산업화와 수입제한이 필연적으로 야기하는 사회적 비용을 크게 감소시킨다. 셋째, 수입대체 산업화는 실제에서 수입절약적이기보다 수입확장적이고, 국제수지의 균형에 주기적인 어려움을 가져온다. 넷째, 비록 개방경제가 국제적 변동에 취약하지만, 개발된 기회는 그 속에 포함된 위험보다 중요하다. 다섯째, 수출지향적 성장전략은 건전한 소득분배를 만드는 데 공헌한다는 것이다.[2] 요컨대 극단적으로 단순화시켜 말하자면 동아시아의 경제적 성공은 수출주도 성장전략의 결과이며, 반면에 남미 국가들의 실패는 수입대체 산업화전략의 결과라는 것이다.

그러나 이런 주장들에는 경험적 결론이 마치 선험적 진리인 양 묘사되고 있다. 이

2 Cheng Tun-Jen, "The Rise and Limits of the East Asian NICs," 국민호 편, 『동아시아 신흥공업국의 정치제도와 경제성장』, 전남대학교출판부, 1995, pp. 56-57.

러한 주장들이 논리적으로 타당하기 위해서는 모든 개발도상국들이 수출주도정책을 선택했다면 과연 동아시아 국가들이 이룩한 것과 동일한 경제적 성취를 달성할 수 있었을 것인가—혹은 앞으로 동일한 정책을 선택한다면 동일한 성취를 달성할 수 있을 것인가—하는 질문에 긍정적으로 답할 수 있어야만 할 것이다. 하지만 만약 모든 국가가 세계시장에서 공급자로서의 역할만을 담당하고자 한다면 과연 누가 그들이 생산한 상품들을 수요해줄 것인가? 한 예로 1981년 당시 중국의 1인당 수출이 한국의 수준에 이르기 위해서는 2,512배로 증가해야 하는데, 이것은 개발도상국 전체의 총수출보다 42%나 많은 수준이다. 여기에 인도를 합하면 세계 교역총량의 절반이 넘는 수출 규모에 달한다.[3] 따라서 모든 개발도상국이 동아시아 신흥공업국들이 선택한 것과 동일한 전략을 따라 성장한다는 것은 현실적으로 실현 불가능하다. 뿐만 아니라 설령 그것이 실현 가능하다 하더라도 여전히 해명되어야 할 더 중요한 논점이 남는다. 즉 모든 개발도상국이 수출지향적이고 외부지향적인 성장전략을 선택함으로써 경제적 성공을 달성할 수 있다면, 왜 남미 국가들이나 인도와 같은 국가들은 그러한 전략을 선택하는 대신 내부지향적인 수입대체 산업화를 선택했는가 하는 것이다. 과연 그것을 단순히 정책결정자들의 무지 때문이라고 주장할 수 있을 것인가?

개발도상국들의 다양한 발전경로와 상이한 경제적 성취를 평가함에 있어 기존의 연구들이 갖는 한계는 정책의 의도와 정책의 실현을 혼동하고 있다는 것이다.[4] 동아시아의 경제적 성공은 그들이 어떤 정책적 의도와 목표를 가지고 있었기 때문이 아니라 그것을 실현함으로써 획득된 것이다. 수입대체의 심화를 선택한 남미 국가들 역시 수출주도 성장전략을 선택한 동아시아 국가들과 마찬가지로 충분히 훌륭한 의도와

3 Harris, N., *The End of the Third World: Newly Industrializing Countries and the Decline of an Ideology*, 1987, 김견 역, 『세계자본주의체제의 구조변화와 신흥공업국』, 신평론, 1989, p. 37.

4 이 책에서는 문맥에 따라 전략과 정책을 구분하기도 하고 때로는 혼용하기도 하는데, 가령 수출주도정책이나 수입대체정책이라고 말할 때는 사실상 전략과 그것에 수반된 하위정책들 모두를 '정책'으로 통칭한 것이다. 물론 엄밀히 말하면 전략(strategy)과 정책(policy)은 구별되어야 한다. 일반적으로 전략은 다양한 정책들의 묶음으로 구성된다. 해거드에 의하면 발전전략이란 소유양식과 각 부문들의 존재양식의 특정한 결합을 목적으로 경제활동을 조종하기 위해 만들어지는 일련의 정책들을 가리킨다(Haggard, S., *Pathway from the Periphery: The Politics of Growth in the Newly Industrializing Countries*, Ithaca, Cornell University Press, 1990, p. 23). 그러나 정책들은 때때로 다양한 정치적 분열과 갈등을 수반하기 때문에 모든 정책들이 전략적 목표에 일관되게 충실한 것은 아니다. 따라서 전략만으로 정책들의 성격을 모두 설명할 수는 없으며, 전략이라는 묶음을 다시 구체적인 하위정책들로 분해해서 분석하지 않으면 안 된다. 여기서 문제가 되는 것이 바로 이 책의 핵심적인 문제의식인 전략적 목표와 하위정책들 간의 정합성이다.

목적을 가지고 있었음에는 틀림없다. 따라서 두 지역에서의 상이한 경제적 성취를 설명하기 위해서는 각각의 국가들이 어떤 정책을 선택했는지에 못지않게 어떤 요인들이 그것을 실현 가능하게 했는지가 분석되어야 한다. 이러한 관점에서 보면 동아시아 국가들의 경제적 성공은 수출주도정책의 올바름을 증명해주는 것은 아니며, 단지 동아시아 국가들이 수출주도정책에 성공했음을 증명해주는 데 불과하다.

이런 문제의식에 따라 이 책에서는 일본과 동아시아 신흥공업국들, 그리고 중국을 포함한 동아시아 국가들의 성장요인을, 그들이 어떤 성장전략과 경제정책들을 선택했는가가 아니라 그러한 전략과 정책들이 어떠한 요인들에 의해서 성공할 수 있었는가 하는 관점에서 비교 분석해보고자 한다. 동아시아 발전 모델의 특징을 가장 잘 보여주는 것은 바로 일본과 한국, 대만 — 그리고 1980년대 이후를 포함한다면 중국도 — 이다. 홍콩과 싱가포르는 도시국가라는 특수성 때문에 그 경험을 다른 개발도상국들이 이용할 수 있도록 일반화하는 데 어려움이 있다. 중국의 경우는 경제개발의 시기나 내용에서 또 다른 특수성이 있다. 그래서 이 책의 핵심적인 주제를 이루는 것은 바로 한국과 대만 — 필요한 경우에는 일본과 중국, 홍콩 등의 예를 비교하면서 — 의 구체적인 경제정책 결정 및 실천 과정과 내용을 비교함으로써 정책목표와 정책수단, 목표와 목표, 그리고 수단과 수단들 간의 정합성이야말로 동아시아 국가들의 경제적 성취를 가져온 가장 주요한 요인임을 제시하고자 하는 것이다. 더 나아가 이러한 분석을 통해 이 책은 단순히 동아시아 국가들의 경제정책에 대한 경험적 연구에 그치는 것이 아니라 아직 본격적인 경제개발 과정에 있거나 그것을 준비하고 있는 다른 많은 개발도상국들에게, 상이한 국가들이 정책의 의도를 실현하는 데 성공하거나 실패한 요인과 조건들은 무엇이었는가에 대한 유용한 예증들을 제시해보고자 한다. 물론 이 책이 의도하는 바는 어떤 도식적이고 정형화된 모델을 제시하고자 하는 것은 아니다. 오히려 그와 반대로 어떠한 정책수단의 유효성은 그 자체로서 획일적으로 판단될 수 있는 것이 아니라, 각 국가들이 가지고 있는 조건들과 사회경제구조에 따라 판단되어야 한다는 것을 보이고자 한다.

02 Chapter 개발도상국의 발전전략과 정책 전환

1. 경제성장의 초기조건

한국과 대만은 모두 일본에 의한 식민지배의 경험을 가지고 있으며, 두 나라에서 전근대적 전통사회로부터 근대적 사회로의 본격적인 이행은 사실상 일본에 의해 이루어졌다고 해도 크게 틀리지 않는다. 특히 전후 두 나라가 본격적인 경제개발을 시작하는 데 필요한 물적 조건들과 소유권제도의 확립, 근대적 교육제도의 정비, 기업경영의 경험 등도 역시 그것이 의도적이었든 비의도적이었든 간에 사실상 일본에 의해 형성되었다고 할 수 있다. 한국과 대만 두 나라에서 일본의 식민정책이 근본적으로 달랐으리라고는 생각하기 어렵다. 따라서 일본의 식민지배기 동안 형성된 한국과 대만의 산업구조 및 경제구조는 기본적으로는 거의 동일한 성격을 갖는다. 그러나 세부적인 측면까지 시야를 확대해보면 두 나라의 경제구조에 일정한 차이가 전혀 없는 것은 아니다. 따라서 식민지배가 이후 두 나라의 본격적인 경제개발에 어떠한 초기조건을 제공해주었는지를 올바로 이해하기 위해서는 이러한 두 측면을 동시에 고려해야 한다.

먼저 농업 부문에서 한국과 대만은 모두 식민지배기 동안 일본에 의해 근대적 토지 소유관계가 도입되고 농업생산성의 향상을 위한 계획과 투자가 실시되었다는 점에서 공통점을 갖는다. 한국의 경우 일본은 1910년대에 이미 토지조사사업을 통하여 근대적 토지소유관계를 확립했으며, 일본 국내에서의 곡물 부족에 대응하여 이른바 산미증식계획으로 불리는 농업생산력 제고운동을 전개했다. 대만의 경우에도 일본은 근대적 토지소유권제도의 확립, 농촌 사회간접자본에 대한 투자와 농업 투입요소들의 확대 등을 통하여 근대화된 농업 부문을 창조하는 데 기여했다. 한 예로 한국의 경우 1920년을 100으로 할 때 1935년 및 1940년의 노동생산성은 각각 118과 115인데, 토지생산성은 이보다 높아 각각 126과 120으로 나타나고 있다. 특히 미작의 토지생산성은 각각 156과 143으로서 매우 높은 수준의 생산성 향상을 보여준다.[1] 해방 직후 두 나라의 농업생산력에 주요한 원천으로 활용된 것은 바로 이러한 생산성 향상이었다.[2]

그런데 식민지배기 동안 한국과 대만에서 이루어진 농업투자의 차이는 상업작물 부문에서 나타난다. 즉 위에서 알 수 있는 것처럼 한국에서의 농업투자는 거의 미작 한 부문에 집중되어 있고 기타 작물의 경우에는 대부분 주곡의 국내수요에 대한 부족분을 충당하기 위한 것이었다. 반면에 대만에서는 수출용 농산물의 생산을 위한 상업농 부문의 발달이 상당한 정도로 진행되었는데, 특히 제당과 같은 가공 산업과 연계되어 열대작물들을 생산하는 상업화된 농업이 발달했다. 한 예로 1905년부터 1929년까지 대만의 실질농업생산액의 평균성장률을 보면, 보통작물의 경우가 약 10.5%인 데 비해 특용작물의 성장률은 39.8%에 이른다.[3] 물론 1930년대 이후에는 오히려

1 박섭, 「식민지기 한국의 농업성장과 공업화」, 담사 김종현 교수 정년기념논문집, 『공업화의 제유형(Ⅱ)』, 1995, p. 89.

2 물론 식민지에 대한 일본의 투자가 근본적으로 식민지 민중의 생활개선을 위한 것이 아니었음은 분명하다. 한국의 경우 농업생산고에서 증대가 나타나기는 했으나 일본은 그보다 훨씬 많은 양의 곡물을 일본으로 유출시켰는데, 예를 들어 1912~16년간의 평균과 비교한 1922~26년간의 쌀 생산고 증가율은 118%인 데 반해 같은 기간 쌀 수출량의 증가율은 411%였다(이해주, 「일제하 한국농업의 기본성격」, 『한국근대경제사론』, 부산대학교출판부, p. 83). 이처럼 한국으로부터 일본으로의 잉여농산물 수출은 전형적인 기아수출의 모습이었다. 그러나 이 책에서 지적하고자 하는 것은 생산력의 증대와 그 생산물을 어떻게 분배 또는 수탈하는가는 별개의 문제라는 점이다.

3 溝口敏行, 『臺灣·朝鮮の經濟成長』, 岩波書店, 東京, 1975, p. 58, 〈第2·11表〉로부터 다시 계산.

이 부문의 성장률이 상당히 둔화되어 가는 현상이 나타나기도 한다. 그러나 이러한 상업농 부문의 확대는 식민국가인 대만이 무역에서 상당한 규모의 흑자를 기록할 수 있도록 했다. 한국이 일본에 대해 지속적인 적자를 기록하고 있었던 데 반해 1930년대까지 대만은 일본에 대하여 순채권국이었다. 1930년대 이후 흑자폭이 감소하기는 했지만, 1910년부터 1939년까지 대만의 누적무역흑자는 약 20억 엔에 이르는데, 같은 기간 한국의 누적무역적자는 약 13억 엔에 이른다. 같은 기간 한국의 전체 경상수지적자의 누적규모는 약 25억 엔을 넘으며, 이 적자는 대부분 일본으로부터의 장기자본수입에 의하여 충당되었다.[4]

한편 공업의 측면에서 보면 한국과 대만 모두 1930년대 이전까지는 일정한 범위에서 근대적 산업 부문에 대한 투자가 진행되었다고는 하나 여전히 농업 중심의 산업구조를 가지고 있었으며, 본격적인 공업화가 전개되었다고 보기는 어렵다. 그러나 대략 1930년대 이후부터는 두 나라 모두 군수 관련 중화학공업의 확대와 산업구조의 다양화가 진행되기 시작한다. 기본적으로 이 시기 식민지에 대한 일본의 공업화정책은 만주 및 중국에 대한 침공과 남방진출을 위한 필요에서 시작되었다. 하지만 그럼에도 불구하고 그것이 식민지의 산업구조를 어느 정도 고도화하고 생산력의 증대를 가져왔다는 사실마저 부정할 수는 없다. 특히 한국에서는 1931년 만주사변滿洲事變의 발발 이후 일본의 만주 및 중국진출을 위한 군수물자공급의 전진기지가 되면서 상당히 괄목할 만한 공업생산력의 증대가 이루어졌다. 1928~40년 사이 한국의 공업생산지수는 12.37% 성장했는데, 지역별로는 남한이 9.70%, 북한이 15.05%의 성장률을 나타냈다. 이에 반해 1912~38년 사이 대만의 공업생산지수는 불과 2.48%의 성장률을 기록하는 데 그쳤다.[5] 이것은 결국 식민지배기 동안 공업 부문에서는 대만에서보다 한국에서 더 많은 투자와 생산력의 증대가 이루어졌음을 의미한다.[6]

4 溝口敏行, 같은 책, 1975, pp. 72-74.

5 溝口敏行, 같은 책, 1975, p. 97.

6 여기서 지적하고자 하는 것은 식민지배기 동안 한국과 대만에 대한 일본의 투자가 상대적으로 한국에서는 미작과 공업 부문에서, 대만에 대해서는 상업농 부문에서 더 많이 이루어졌다는 사실이며, 이것이 일제에 의한 식민지 공업화가 어떻게 진행되었는가 하는 문제에 대한 평가 — 긍정적이든 부정적이든 간에 — 를 의미하지는 않는다. 이른바 '**식민지 근대화론**' 또는 '**식민지 공업화론**'에 관한 논의는 경제사학계의 주요한 논쟁점 가운데 하나지만, 이 책에서 그에 대한 본격적인 평가를 제시하는 것은 적절치 못한 것으로 보인다.

하지만 이때의 공업적 생산력이 해방 이후 특히 1960년대 이후 한국의 경제개발에 그대로 이용되었다고 보기는 어렵다. 한국에서는 섬유와 경기계 및 일부 잡공업을 제외한 대부분의 공업시설이 북한 지역에 편중되어 건설되어 있었으며, 부존자원의 대부분과 특히 공업생산에 절대적으로 필요한 전력생산시설의 대부분도 북한 지역에 편재되어 있었다. 이로 인해 해방 직후 한국의 공업생산력은 1941년에 비해 공장 수에서는 약 40.3%, 직공 수에서는 약 29%, 그리고 인플레이션을 감안한 실질생산액에서는 1939년에 비해 83%나 감소했다.[7] 자료의 미비와 불철저로 인해 이 수치는 연구자들 간에 상당한 편차를 보이고 있다. 그러나 해방 직후 한국의 공업생산이 크게 위축되었다는 사실에 대해서는 거의 이견이 없다고 해도 좋다. 뿐만 아니라 그나마 남한에서 이용 가능했던 공업시설들조차 대부분 한국전쟁으로 인해 파괴됨으로써 1960년대 이후 한국의 경제개발 과정에서 일제로부터 물려받은 이용 가능한 공업적 유산은 거의 남아 있지 않은 상태였다. 어떤 의미에서 보면 일본의 공업투자가 이후 한국의 경제성장에 미친 효과 가운데 보다 중요한 것은 그러한 물적 측면보다는 오히려 근대적 기업경영의 경험을 제공했다는 데 있다고 할 수 있을 것이다.[8]

그런데 한국과 대만의 초기조건에서 중요한 차이점 가운데 하나는 한국에서는 정치 엘리트와 관료들의 권위가 심각한 도전을 받았으나 대만에서는 비교적 그 정도가 덜했다는 점이다. 한 예로 한국의 관료들은 흔히 일본의 식민통치에 부역했다는 비난을 감내해야만 했으나, 대부분 중국혁명의 결과로 본토에서부터 이주해온 대만의 관료들은 대만 사회의 계급관계 및 사회적 이해관계들로부터 비교적 자유로울 수 있었다.[9] 이러한 사실은 대만에서는 개발전략과 정책의 전환에도 불구하고 경제개발기간 동안 정치적 지도력이 비교적 연속적이었던 반면에, 왜 한국에서는 그렇지 못했는가에 대한 '하나의' 설명을 제공해준다.[10]

7 산업은행, 『조사월보』, 제46호, 1959, p. 10.

8 한 예로 해방 직후 남한의 공업생산이 크게 위축되었다고 하지만, 생산액에서는 대체로 1946년 중반부터, 종업원 수와 사업체 수에서는 각각 1947년과 1948년경부터 다시 회복세가 나타나기 시작한다. 특히 사업체 수의 증가는 어느 정도의 경영적 자원이 남한에서 이미 준비되어 있었다는 사실을 의미한다.

9 Cummings, B., "The Origins and Development of the Northeast Asian Political Economy: Industrial Sectors, Product Cycles, and Political Consequences," *International Organization*, vol. 38, no. 1, 1984, pp. 21-22.

10 이것이 단지 '하나의' 설명에 불과하다는 것은 정치적 독립 이후 두 나라에서 형성된 국가의 성격을 고려하지 않으면 안 되기

제2차 세계대전에서 일본이 패배함으로써 한국과 대만은 민족적·정치적 독립을 획득했다. 그러나 동시에 두 나라는 대내적 및 대외적으로 새로운 경제적 제약에 직면하게 되었다. 다른 대부분의 식민지 국가들과 마찬가지로 이들은 식민지배기 동안 일본을 통하여 세계시장과 접촉하고 있었다. 그러나 해방과 함께 이들은 기존의 일차산품 수출시장을 거의 상실하고 말았다. 한국의 경우 식민지배기 동안 가장 중요한 수출품이었던 일본으로의 쌀 수출과 만주로의 군수물자 수출이 전면적으로 중단되었을 뿐만 아니라, 남북 분단과 그로 인한 북한과의 교역 중단은 이러한 사정을 더욱 악화시켰다. 한국의 경우만큼 심각하지는 않았지만 대만 역시 가장 중요한 수출품이었던 설탕과 열대작물의 시장을 대부분 상실하고 말았다. 이러한 세계경제와의 물적·인적 연계의 단절은 두 나라에게 심각한 외환부족을 야기했다. 따라서 이들이 전통적인 일차산품 수출 단계로부터 수입대체 단계로 나아간 것은 사실상 대부분의 개발도상국들에게 공통적이었던 이러한 제약의 반영이었다고 할 수 있다.[11]

오늘날 수입대체정책은 흔히 명백한 정책적 오류로 비난받고 있는데, 그것은 주로 1960년대 이후 동아시아 신흥공업국들이 이룩한 고도성장과 남미 국가들의 상대적으로 빈약한 경제적 성취 때문일 것이다. 이 점은 한국과 대만에서도 거의 마찬가지여서, 지금까지 두 나라의 경제발전 과정에서 수입대체기의 경제적 성취는 거의 간과되어 왔다. 그러나 수입대체기 동안의 경제적 성취들을 이후에 전개된 수출주도기 동안에 이룩된, 어떤 의미에서는 그것이야말로 예외적인 현상으로 평가되어야 할 두 나라의 고도성장과 비교하는 것은 그다지 옳지 않다. 이 당시의 국내적 조건들과 같은 기간 동안 다른 국가들의 경제적 성취들을 고려해 비교해본다면 두 나라가 수입대체기간 동안 이룩한 성과들이 반드시 과소평가되어야 할 수준이 아니기 때문이다. 〈표 2-1〉과 〈표 2-2〉에서 나타나듯이 1953~59년 동안 한국 경제는 평균 4% 내외의 성

때문이다. 즉 대만의 경우에는 국민당이 본토로부터 이주해 오면서부터 강력한 일당독재가 실시되었으나, 한국의 자유당 정권은 상당한 범위에서 형식적 민주주의를 유지하고 있었다. 정권 수립 초기 두 나라의 관료들이 가지고 있던 자율성의 정도가 달랐던 데는 이러한 사정도 다른 '하나의' 설명이 된다.

11 식민지는 독립된 국민경제와는 달리 하나의 경제단위로서 내적 완결성과 통합성을 가지지 못하므로, 과연 식민지배기간을 경제발전상의 독자적인 한 단계 – 즉 일차산품 수출 단계 – 로 구분할 수 있는가 하는 문제가 제기될 수도 있으나, 그것은 이 책의 문제의식과는 별개의 것이라고 해야 할 것이다. 이 책이 지적하고자 하는 것은 바로 그러한 내적 완결성과 통합성의 결여가 식민지배로부터 정치적 독립을 획득한 대다수의 개발도상국들이 수입대체 산업화를 지향하게 된 요인이었다는 사실이다.

장률을 기록했다.[12] 대만의 성장률은 이보다 더 높아 같은 기간 동안 대만 경제는 평균 8% 내외의 성장을 기록했다.[13] 이것은 물론 이후의 수출주도정책에 의한 고도성장기의 성장률과 비교했을 때는 낮은 수치지만, 당시의 기준에서 보면 국제적으로 결코 낮은 성장률이라고 할 수 없다.

수입대체기 동안 한국과 대만의 성장에는 다음과 같은 몇 가지 요인을 지적할 수 있다. 첫째는 두 나라 모두 토지개혁을 수행했다는 점이다. 즉 두 나라 모두 그것을 통해 일정한 정도의 농업생산력 증대를 이룸으로써 전 인구를 부양하고 산업 부문에서 필요로 하는 노동력을 방출할 수 있었던 것 — 대만의 경우에는 수출 가능한 잉여의 획득을 포함하여 — 은 분명하다. 둘째는 낮은 단위노동비용으로 제공되는 우수한 노동력이 풍부히 존재했다는 점이다. 이는 단지 농촌으로부터 무한노동공급만이 아니라 노동력의 질이라는 측면까지도 포함된 것이다.[14] 마지막으로 두 나라 모두에서 민간자본의 성장이 상당한 규모와 속도로 이루어졌다는 점이다. 이에 대해서는 뒤에서 다시 자세히 서술하기로 한다.

수입대체기 동안 한국과 대만이 이룩한 경제적 성취를 가능하게 한 가장 주요한 조건 가운데 하나는 사실 미국의 원조였다. 이 기간 동안 한국과 대만 모두 부족한 외환의 대부분은 미국의 원조가 제공했다. 특히 한국전쟁 이후 동북아 지역의 전략적 가치를 재평가하게 된 미국은 한국과 대만에 막대한 규모의 군사적·비군사적 원조를 제공했는데, 1946~62년 사이 미국의 대외원조 총액은 976억 7,500만 달러 중에서

12 특히 이 기간 동안 한국의 중공업과 경공업의 성장률은 이보다 훨씬 높아 연평균 20% 내외의 수준을 기록하고 있다. 암스덴(A. Amsden)에 의하면 이것은 UN이 자료를 입수한 선진국 및 개발도상국 36개국 중에서 가장 높은 성장률이었다(Amsden, A., *Asia's Next Giant: South Korea and Late Industrialization*, 이근달 역, 『아시아의 다음 거인』, 시사영어사, 1991, p. 51).

13 황(Y. Dolly Hwang)은 이 시기 대만의 높은 성장률은 ① 세계경제의 전반적 안정과 풍부한 공급, ② 낮은 단위노동비용으로 제공되는 우수한 노동력, ③ 높은 저축률, ④ 균형예산 등의 요인들에서 비롯된 것이라고 지적한다(Hwang, Y. D., *The Rise of a New World Economic Power: Postwar Taiwan*, Greenwood Press, Westport, p. 19). ①과 ②의 조건이 한국과 대만에 공통적인 것이었다면, ③과 ④는 상대적으로 대만에서 더 유리했던 조건이라고 할 수 있다. 하지만 이러한 조건들을 비교해보면 수입대체기 동안 한국과 대만의 경제적 여건에서 근본적인 차이가 있었다고 하기는 어렵다. 그럼에도 불구하고 수입대체기 동안 한국에서보다 대만의 성장률이 더 높았던 이유는 대만에서는 정치적 지도력의 연속성과 함께 1953년부터 이미 제1차 4개년 계획을 시작하는 등 비교적 일찍부터 보다 일관되고 목적의식적인 수입대체정책을 추진했으나 한국에서는 그렇지 못했다는 점을 지적할 수 있겠다.

14 한 예로 1960년을 전후한 개발도상국들의 문맹률을 비교해보면, 한국(1962년)의 문맹률은 27.9%로서 비교대상이 되고 있는 국가들 중에서는 가장 낮은 수준이었다. 대만(1956년)의 경우 역시 42.3%로 태국과 필리핀을 제외하면 다른 개발도상국들에 비해 낮은 수준이었다(Ministry of Education, *Education in Korea*, 1966, p. 107).

표 2-1 1950년대 대만의 주요경제지표 (단위 : 100만 NT$, %)

연도	GNP	실질성장률	농업성장률	제조업성장률
1953	22,859	9.3	9.5	25.1
1954	25,083	9.6	2.1	5.8
1955	29,835	8.1	0.5	13.1
1956	34,212	5.5	7.7	3.5
1957	39,881	7.3	7.1	12.8
1958	44,502	6.6	6.7	8.6
1959	51,369	7.7	1.7	11.7
1960	62,143	6.5	1.4	14.1
1961	69,594	6.8	8.9	15.7
1962	76,652	7.8	2.6	7.9

자료 : Council for Economic Planning and Development, *Taiwan Statistics Data Book*, Taipei, 1986, pp. 24-29.

표 2-2 1950년대 한국의 주요경제지표 (단위 : 10억 원, %)

연도	국민총생산	1차 산업	2차 산업			3차 산업
			소비재공업	생산재공업	계	
1953	158.13 (100.0)	59.57 (100.0)	10.28 (100.0)	2.29 (100.0)	19.54 (100.0)	79.02 (100.0)
1954	167.66 (106.0)	64.05 (107.5)	12.28 (119.4)	2.51 (109.4)	22.78 (116.7)	80.83 (102.3)
1955	178.30 (114.3)	65.65 (110.2)	15.47 (150.4)	2.62 (114.2)	26.83 (137.3)	85.82 (108.6)
1956	180.67 (114.3)	61.86 (103.8)	18.08 (175.9)	2.75 (120.3)	29.52 (151.0)	89.29 (112.9)
1957	193.60 (122.4)	66.91 (112.3)	19.73 (191.9)	2.98 (130.2)	34.21 (175.0)	92.48 (117.0)
1958	205.41 (129.9)	72.22 (121.2)	21.26 (206.8)	3.27 (142.8)	36.52 (186.8)	96.67 (122.3)
1959	214.90 (135.9)	71.87 (120.6)	22.90 (222.8)	3.47 (151.5)	40.40 (206.7)	102.63 (129.8)

자료 : 한국은행, 『경제통계연보』, 1965, pp. 8-13.

한국과 대만에 제공된 원조가 각각 54억 3,400만 달러와 44억 2,800만 달러로, 국가별 원조 규모에서 1위와 2위에 해당한다.[15] 그러나 다른 한편으로 이 당시부터 이미 원조의 부정적 측면에 관한 비판이 공여국과 수혜국 모두에서 제기되기 시작했다.

원조에 대한 비판은 원조의 도입과 삭감이 모두 원조공여국의 논리와 요구에 기초하여 일방적으로 실시되어 피공여국의 의사와 필요는 반영되지 못했다는 데 있다.[16] 원조 비판론자들의 주장을 요약해보면 첫째, 원조는 수혜국의 경제발전을 돕는다는 측면보다 기본적으로는 공여국의 경제적 이익을 확보하고 지배를 강화하기 위한 수단으로 제공된다는 것이다. 즉 원조의 규모나 원조물자의 내용이 공여국의 입장에서 결정되며, 원조물자의 판매대금으로 형성된 대충자금 또한 실질적으로는 공여국에 의해 관리되면서 공여국의 정치적·경제적·군사적 목적을 수행하기 위한 직간접적인 수단으로 사용된다는 것이다. 둘째, 전후 미국과 국제기구들에 의해 제공된 원조는 대부분 수혜국의 경제개발에 필요한 기반시설이나 생산재가 아니라 당면한 소비재부족에 대한 구호원조에 집중되었으며, 따라서 원조는 수혜국의 경제개발에 기여하기보다는 오히려 수혜국의 산업구조를 왜곡하고, 대외종속을 강화한다는 것이다. 한국의 경우를 보면, 당시 한국은 동아시아 국가들 가운데서도 미국 원조의 최대 수혜국이었으나 원조물자 가운데 산업시설의 건설 등 생산적 목적에 사용된 것은 극히 일부에 불과했고 그 대부분은 소비재의 수입에 지출되었다. 셋째, 산업구조의 왜곡 및 성장기반 조성의 미비라는 일반적 문제와 함께 막대한 양의 잉여농산물이 원조를 통해 수입됨으로써 수혜국의 농업기반이 파괴되고, 그 결과 공여국에 대한 수혜국의 경제적 종속과 의존이 더욱 심화되었다는 것이다. 그 단적인 예가 바로 한국의 경우인데, 그렇지 않아도 이미 전쟁으로 극도의 생산력 저하 상태에 놓여 있던 한국의 농업은 원조를 통한 미국산 잉여농산물의 대량유입으로 인해 거의 파탄에 이르고 말았다.

15 이내영, 『한국경제의 관점』, 백산서당, 1987, p. 143.

16 맥도프(H. Magdoff)에 의하면 미국의 대외원조활동은 그 목적과 결과에 따라 다음과 같이 분류될 수 있다. ① 미국의 세계적인 군사적·정치적 정책을 수행하기 위한 것, ② 문호개방정책, 즉 천연자원에 대한 접근의 자유, 무역, 미국 기업의 투자기회를 얻기 위한 것, ③ 무역과 투자기회를 찾고 있는 미국 기업들에게 즉각적인 경제적 이득을 주기 위한 것, ④ 저개발국에서 경제발전이 확고하게 자본주의 방식으로 뿌리를 내리도록 보강하기 위한 것, ⑤ 원조수취국들이 점점 더 미국의 자본시장에 의존하도록 만들기 위한 것 등이 바로 그것이다(Magdoff, H., *The Age of Imperialism: The Economics of U.S. Foreign Policy*, 김기정 역, 『제국주의의 시대』, 풀빛, 1982, p. 123).

넷째, 후진국에 대한 원조는 대부분 정권유지 또는 특권층의 부정축재수단으로 전용되었으며, 따라서 일반대중의 생활개선과는 무관했다는 것이다. 특히 한국의 경우 원조자금 배분에 얽힌 이승만李承晩 정권의 부정부패는 원조자금의 배분으로부터 완전히 소외되어 있던 일반대중의 불만을 더욱 증폭시켰다.

마지막으로 원조에 대한 비판은 공여국의 일방적인 원조 삭감과 원조형식의 전환, 즉 무상·증여원조로부터 유상·차관원조로의 전환이 결국은 피공여국의 경제를 붕괴시키는 결정적인 계기가 되었다는 것이다. 한국과 대만 모두에서 수입대체정책에서 수출주도정책으로의 전환에 가장 중요한 역할을 한 외적 제약은 바로 미국의 일방적인 원조 삭감이었다. 〈표 2-3〉과 〈표 2-4〉에서 나타나듯이 한국과 대만 모두에서 원조의 비중은 비정상적으로 높았는데, 대만에서보다는 한국에서 더 높았다. 그러나 대만에서조차 수입대체기 동안 원조의 비중은 1951~61년 평균 국민총생산Gross National Product, GNP의 6.0%를 차지했으며, 총투자의 36.8%, 수입의 33.6%에 해당되었다. 이처럼 한국과 대만의 수입대체기에서 원조의 중요성은 절대적인 것이었다. 그러나 이와 같은 원조의 지나치게 높은 비중은 결국 미국의 원조정책 변화가 이후 두 나라의 경제정책 전환에 결정적인 계기로 작용하게 만들었다.

2. 수입대체정책의 한계

1950년대 중·후반으로 들어서면서 한국과 대만 두 나라는 공통적으로 수입대체 산업화와 관련해 흔히 나타나는 몇 가지 문제에 직면하게 되었다. 그것들은 크게 시장의 포화, 부정부패, 그리고 국제수지의 악화 등으로 요약된다. 먼저 1952~56년 사이에 대만 경제는 비교적 높은 수준의 성장을 지속하고 있었지만, 성장률은 매년 하락했다. 소비의 경우 1956년에는 전혀 늘어나지 않았으며, 1957년에는 단지 약간의 증가만 나타났을 뿐이었다. 1957년에는 투자수요 또한 거의 소진되고 말았다.[17] 비내구성 소비재를 위한 국내시장은 이미 고갈된 상태였고, 섬유·종이·고무·비누 등 대부

17 Rabushka, A., *The New China: Comparative Economic Development in Main China, Taiwan, and Hong Kong*, San Francisco, Westview Press, 1987, p. 125.

표 2-3 1950년대 한국 경제에서 미국 원조의 비중

(단위 : %)

연도	국민총생산 (억 원)	원조액 (100만 달러)	대GNP 비율 (원화 환산)	소비재의 비율
1953	868.5	194.2	11.2	9.5
1954	913.5	153.9	8.4	83.2
1955	950.2	236.7	12.5	58.3
1956	952.8	326.7	17.1	72.5
1957	1,035.3	382.9	18.5	73.5
1958	1,170.0	321.3	15.5	70.5
1959	1,164.8	222.2	9.5	69.4

자료 : 한국은행, 『한국의 국민저축』, 1961, p. 9.

표 2-4 1950년대 대만 경제에서 미국 원조의 비중

(단위 : %)

연도	원조/GNP	원조/총투자	원조/수입
1951	5.1	35.6	39.6
1952	6.7	45.5	41.2
1953	5.7	41.0	39.3
1954	6.1	37.9	37.4
1955	7.1	53.8	43.4
1956	4.7	29.2	26.2
1957	3.6	22.8	21.8
1958	6.5	37.3	28.2
1959	6.8	36.2	30.0
1960	6.4	31.8	31.0
1961	6.7	33.8	32.0
평균	6.0	36.8	33.6

주 : 직접적인 군용 설비의 제공은 제외되었음.

자료 : Scott, M., "Foreign Trade," Galenson, W. ed., *Economic Growth and Structural Change in Taiwan*, Ithaca, Cornell University Press, 1979, p. 370.

분의 산업에서 대만 경제는 생산능력의 과잉이라는 문제에 직면해 있었다. 이러한 시장포화의 문제는 완전고용이라는 목표를 심각하게 위협했다. 부정부패 및 그와 관련된 사회적 비용의 문제 또한 수입대체정책과 무관하지 않았다. 일반적으로 개발도상국에서 통화가치의 과대평가는 생산활동보다는 수입업자와 중개상들을 유인하기 마련인데, 이들은 외환할당이나 수입쿼터의 특권을 획득하기 위해 위장된 설비들을 설치해 놓고는 정작 생산이나 투자에는 등한시했다.

전체적으로 볼 때 이러한 문제점들은 사실 한국과 대만 모두에 공통된 것이었다. 물론 성장의 정체는 한국에서 더 심각했으며, 여기에 또 한국은 대만에 비해 훨씬 높은 인플레이션이라는 문제에 시달리고 있었다. 가령 1955년의 지수를 100으로 할 때 한국의 공산품 도매물가지수는 1957년에는 170.3, 1959년에는 183.3까지 상승했다.[18] 그러나 수입대체기 동안 한국에서 가장 큰 문제는 정부의 정책적 무능력과 일관성의 결여였다. 이에 비해 1950년대 대만에서 진행된 수입대체정책은 어느 정도 의도적인 것이었다. 대만에서는 이미 1953년에 최초의 경제개발계획이 시작되었다. 물론 이 시기에 대만에서 국가가 행한 역할을 수출주도기의 그것과 동일시하는 것은 옳지 않다. 수출주도정책으로 전환할 때까지 대만 정부가 경제개발에 관한 구체적인 계획을 가지고 있었다거나 그것을 주도했던 것은 아니기 때문이다. 하지만 그럼에도 불구하고 대만 정부는 한국에서와는 달리 경제에서 자신의 역할을 어느 정도 명확히 인식하고 있었다.[19]

이에 반해 이승만 정권에서 추진된 한국의 수입대체정책은 혼란스러운 상태였다. 정부의 여러 기관들에 분산되어 있던 개혁적 관료들에게는 일관성 있는 발전계획을 입안하고 추진할 만한 아무런 정치적 지원과 보호도 주어지지 않았다. 어떤 의미에서 보면 대만과 한국의 수입대체정책에서 중요한 차이점 중 하나는 바로 이러한 정책의 목적의식성과 일관성에 있다고 해도 그다지 틀리지 않는다. 따라서 한국에서는 본격

18 경제기획원, 『한국통계연감』, 1962, p. 238.

19 황에 의하면 수입대체기 동안 대만에서 경제에 대한 국가의 개입은 세 가지 영역에서 이루어졌다. 첫째는 이자율의 조정이다. 둘째는 국영기업들에 대한 통제와 국유토지의 매매를 통한 개입이다. 마지막으로 기술적·경영적 자원들을 개발한 것이다(Hwang, Y. D., 앞의 책, p. 48).

적인 경제개발을 추진하기 위해 새로운 성장주도세력이 출현하지 않으면 안 되었다. 그것이 군부의 집권이라는 형태로 나타나게 된 이유는, 당시의 한국에서 그러한 능력을 갖춘 집단은 사실상 군부밖에 없었기 때문이었다.[20] 그러나 군부의 등장은 한국에서도 이승만 정권의 형식적 민주주의 국가에 대신해서 본격적인 권위주의 정권이 등장했음을 의미하는 것이기도 하다.

이와 같이 한국과 대만 모두에서 수입대체 산업화를 통한 성장전략의 한계는 분명했지만, 그것이 곧바로 수출주도정책으로 나타난 것은 아니다. 두 나라 모두 수출주도정책으로의 전환은 여러 사회집단과 정부 내에서의 적지 않은 갈등과 정책적 대립을 겪고서야 비로소 구체화되었다. 대만에서는 수입대체정책의 한계와 관련하여 기업과 지방관리들이 새로운 보호조치를 주장했다. 정부 또한 화학·레이온·섬유·플라스틱 및 자동차 산업을 포함하는 수입대체 2단계로의 전환을 모색하고 있었다. 특히 국영기업을 선호하는 관료들은 수입대체정책의 연장을 옹호했다.[21] 하지만 그럼에도 불구하고 대만이 수입대체의 심화가 아닌 수출주도정책으로의 전환을 추진하게 된 데는 결국 국제수지의 악화와 외환부족과 같은 문제들이 주요한 요인으로 작용했다.[22]

한국에서도 5·16으로 등장한 박정희朴正熙 정권이 처음부터 수출주도정책을 지향했거나 정책 전환에 관한 구체적인 계획과 원칙을 가지고 있었던 것으로는 보이지 않으며, 오히려 그와는 반대로 군부는 수입대체정책이 지향하는 내향적 성장의 논리에 더

---

20 한국전쟁 이후의 분단 상황에서 이승만 정권의 반공이데올로기와 미국의 군사전략에 의해 군부는 자유당 정권 당시에 이미 중요한 사회세력의 하나가 되어 있었다. 물론 군부의 지도자들 중에는 과거의 일본군 출신들이 적지 않았지만 하나의 집단으로서 군부는 일제의 지배에 대한 책임을 그다지 추궁받지 않았다. 또한 군부의 성장은 이승만 정권에 의해 보호받은 것도 사실이지만, 역시 그들은 정권의 부패에 대해서도 그다지 비난받지 않았다. 이러한 근거에서 박동철은 농민을 비롯한 소시민층, 노동자계급, 자본가들은 물론 학자와 지식인층 등 거의 대부분의 사회집단들로부터 참신하고 능력 있는 정권으로서 광범한 지지를 받으면서 등장했다고 지적한다(박동철, 「5·16 정권과 1960년대 자본축적 과정」, 양우진·홍장표 외, 『한국자본주의 분석』, 일빛, 1991, p. 45). 가령 박정희 정권의 가장 강력한 반대자 가운데 한 사람인 장준하가 5·16 당시에 그가 주관한 『사상계』에서 군부의 행동을 지지하는 사설을 발표했던 사실도 이러한 맥락에서 이해할 수 있다.

21 Ranis, G., "Industrial Development," Galenson, W. ed., *Economic Growth and Structural Change in Taiwan*, Ithaca, Cornell University Press, 1979, p. 219.

22 정책 전환을 둘러싼 논쟁에서 문제의 핵심에 있었던 것은 환율, 즉 통화가치의 과대평가에 따른 사회적 비용의 문제였다. 수입대체기 동안 대만의 주요한 수출품목이었던 쌀과 설탕의 가격탄력성이 비탄력적이었기 때문에 통화가치의 고평가가 외환 획득에 유리하게 작용한 측면도 있었던 것이 사실이다. 그러나 다른 산업에서의 수출 확대라는 관점에서 보면 기존의 무역·환율정책은 결국 대만의 성장에 중대한 장애가 되었다.

많은 관심을 가지고 있었다. 박정희 정권 초기의 경제정책들은 주로 농업과 중소기업 문제, 그리고 부정축재자 처리 등의 문제가 중심이었다. 허약한 정치적 기반을 지닌 대부분의 정권들이 그렇듯이 박정희 정권이 실시한 초기의 경제정책들은 어느 정도 대중주의적인 성격을 띠고 있었다. 즉 농어촌 고리채 정리, 농산물 가격유지제, 영농자금 방출, 비료 및 농약의 외상배급제, 중소기업은행의 설립과 중소기업 자금지원 등이 그것이다.[23]

이러한 박정희 정권 초기의 정책들은 통화량 증가, 예산적자, 상업은행의 신용확대, 외환보유고의 제한, 그리고 원화의 평가절하를 요구한 미국의 정책권고와는 전혀 상반되는 것들이었다. 그러나 박정희 정권의 대중주의적 정책들은 불과 1~2년 만에 인플레이션 및 재정압박과 같은 심각한 문제들에 직면할 수밖에 없었다. 특히 외환부족은 박정희 정권으로 하여금 미국과 국제원조기구들의 정책적 권고를 수용하게 하는 직접적인 계기가 되었다. 초기의 정책적 실패와 경제적 곤란은 군부가 선호하던 내향적 성장정책을 재고하게 만들었지만, 동시에 그들로 하여금 원조에 의존한다는 것이 얼마나 위험한 것인가에 대해 고려하게 만들기도 했다. 물론 이것은 나중의 일이지만, 장기적이면서 안정적인 새로운 외환공급원을 찾고자 한 박정희 정권의 노력은 결과적으로 한국경제의 자립을 증대시켰다. 박정희 정권에게 이러한 자립이 중요한 의미를 가진 것은 결국 그것이 정권 자체의 존립과 결부되어 있었기 때문일 것이다.[24]

23 박동철, 앞의 글, 1991, p. 46.

24 이와 관련해서 이준구는 1960년대의 상황에서 독재권력의 정치적 목표, 관료들의 개인적 이해, 그리고 국민경제 전체의 이해가 서로 상반되지 않았다는 것이 한국의 고도성장에 매우 다행스러운 점이었다고 지적한다. 즉 성장 위주의 정책은 이들 삼자가 추구하는 바를 동시에 충족시켜 줄 수 있었는데, 독재권력으로 보아서는 이를 통해 부족한 정통성을 보충하여 정권의 기반을 한층 단단하게 다지는 이득이 있었고, 관료들은 빠른 성장 과정에서 많은 개인적 이득을 얻을 수 있었으며, 또한 국민들로 보아서는 빠른 성장이 많은 사람들을 절대적 빈곤의 늪에서 벗어나게 해주었다는 것이다(이준구, 「새로운 시각에서 본 관료제의 모형」, 서울대 경제연구소, 『경제논집』, 제31권 제4호, pp. 340-41). 물론 이러한 지적이 의도하는 바는 그것이 국민경제의 지향점과 일치했으므로 권위주의 정권의 목적이 정당했다는 의미가 아니라, 권위주의 정권이 스스로의 목적을 위한 것이었음에도 불구하고 그것이 국민경제 전체의 지향점과 일치했다는 사실은 다행스러운 점이었다는 의미이다. 또한 이러한 지적의 타당성이 권력의 권위주의적 성격이 더욱 강화되어 간 10월 유신 이후에도 그대로 적용될 수 있을 것인가에 대해서는 당연히 의구심이 있다.

3. 미국 원조정책의 변화

한국과 대만이 직면한 수입대체 산업화의 위기는 위에서 지적한 대내적 요인들만이 아니라 세계경제 환경의 변화라는 대외적 요인이 동시에 작용한 결과였다. 특히 두 나라의 정책 전환에 가장 직접적인 영향을 미친 것은 달러가치의 불안정성 증대와 그로 인한 미국의 원조정책의 변화였다. 전후의 세계 자본주의가 유례없는 장기 호황을 누린 것은 사실이지만, 유럽과 일본의 재건과 성장은 미국 경제의 상대적 저하를 가져왔다. 미국의 국제수지 적자와 그로 인한 달러가치의 불안정성 증대가 바로 그것이다. 달러가치의 불안정성이 처음 표면화된 것은 1960년 10월 런던 금시장에서 나타난 금가격의 급등 — 이 무렵 금의 시장가격은 1온스당 45달러 전후였다 — 에서부터이다. 그러나 그 징후는 이미 1950년대부터 나타난 것이었다. 즉 장기 호황기를 통하여 유럽과 일본이 고도성장을 계속하고 무역수지를 개선해 나감에 따라 미국은 국제수지 적자국으로 전락했다. 이에 따라 미국으로부터의 금 유출도 급증하여 미국의 금 보유고는 1957년의 228억 5,700만 달러에서 1960년에는 178억 400만 달러까지 떨어진 반면, 채무총액은 187억 달러에 이르게 되었다.[25]

그런데 무역수지만을 본다면 비록 흑자폭이 크게 감소하기는 했으나 1960년대 초까지는 아직 미국의 무역수지가 적자로 전락한 것은 아니었다. 미국의 국제수지를 결정적으로 악화시킨 요인은 결국 자본주의국가들의 경제재건과 사회주의진영과의 체제경쟁에서 미국의 헤게모니를 계속 유지하기 위해 지출한 막대한 규모의 군사적·경제적 원조였다. 제2차 세계대전의 종전과 함께 대폭 축소되었던 미국의 군사원조가 다시 급증하게 된 계기는 바로 한국전쟁의 발발이다. 1950년을 계기로 극동 지역에 대한 미국의 원조는 무려 3배 가까이 증가했다. 비군사 부문에서도 1945~49년 사이에는 원조의 많은 부분이 주로 서유럽 지역에 편중되었으나, 한국전쟁의 종전 이후 체제경쟁의 양태가 군사경쟁에서 개발경쟁으로 전환되면서부터 개발도상국들에 대한 원조의 비중이 오히려 선진국에 대한 비중을 초과하게 되었다. 여기서도 특히 높은 비중을 차지한 것은 바로 한반도를 포함한 극동 지역이었다. 그러나 이와 같이 대

25 Magdoff, H., 앞의 책, 1982, p. 115.

표 2-5 미국 원조의 기간별·지역별 구성 (단위 : 100만 달러)

	1945~49년	1950~54년	1955~59년	1960~64년	1965~69년	1970~76년
군사원조	1,462	12,312	12,188	7,970	12,168	20,261
서유럽	–	8,157	5,601	2,134	723	504
중동·남아시아	464	1,263	2,276	1,602	1,479	3,796
아프리카	–	4	30	115	147	113
극동·태평양	999	2,543	3,873	3,592	9,504	15,647
서반구	–	205	282	399	295	167
미상	–	141	125	127	21	36
비군사원조	22,832	12,981	11,593	14,742	18,141	28,134
서유럽	16,280	7,795	1,265	−1,423	236	−14
동유럽	1,115	−17	218	319	−65	448
중동·남아시아	820	1,795	3,663	7,494	6,905	9,688
아프리카	−76	159	342	1,437	1,680	2,557
극동·태평양	3,683	2,284	4,266	3,658	4,800	7,750
서반구	336	712	1,412	2,516	3,449	4,081
국제기관·미상	671	253	426	741	1,136	3,622
선진공업국 합계	18,741	7,848	617	−1,831	132	−308
개발도상국 합계	4,091	5,132	617	16,572	18,009	28,441

자료 : 宮崎義一 外,『近代國際經濟要覽』, 東京大出版會, 1981, p. 154.

외원조의 과중한 부담으로 인해 달러가치의 불안정성이 증대하고 미국의 금 유출이 본격화됨으로써 미국의 원조정책은 중요한 전환을 맞게 되는데, 한마디로 요약하면 바로 원조의 삭감과 원조형식의 전환, 즉 무상·증여원조로부터 유상·차관원조로의 전환이다.[26]

26 미국의 원조방식이 전환되기 시작한 것은 1957년 〈상호안전보호처법(Act of Mutual Security Agency)〉의 개정에서부터이다. 그러나 이때의 전환은 어디까지나 〈MSA법〉의 기본 틀 내에서 이루어진 것인 만큼 근본적인 전환이라고는 하기 어렵다. 따라서 미국의 원조 형식이 본격적으로 전환하게 된 것은 〈국제개발법(Act of International Development)〉이 제정된 1961년부터라고 할 수 있는데, 이것을 계기로 MSA 원조, 즉 무상·방위원조는 없어지고 대신 개발원조, 즉 AID 원조가 등장하면서 이른바 '차관원조'로의 이행이 시작되었던 것이다.

그런데 이와 같은 원조형식의 갑작스러운 전환은 미국의 필요에 의한 일방적인 것이었으므로, 피공여국들은 예기치 못한 원조의 급감으로 경제에 매우 심각한 타격을 받지 않을 수 없었다. 한국의 경우를 보면 미국의 원조는 1957년의 3억 8,300만 달러에서 1958년에는 3억 2,100만 달러, 1959년에는 2억 2,200만 달러, 1960년에는 2억 4,500만 달러로 크게 삭감되었다.[27] 미국 원조정책의 전환이 한국 경제에 미친 충격은 무엇보다 원조의 삭감을 전후한 한국의 GNP 성장률에서 적나라하게 나타난다. 즉 한국의 성장률은 1957년의 8.1%를 정점으로 1958년에는 7.0%, 1959년 5.2%, 1960년 2.3%로 크게 하락했다.[28]

1950년대 후반 한국 경제의 정체는 특히 원조물자의 특혜적 배분에 힘입어 급성장해 온 원조기업들에서의 급격한 생산 위축 때문이었다. 당시 가장 주요한 소비재 산업이었던 제분의 가동률은 1959년 23.3%, 1960년 29.6%로 하락했으며, 제당의 경우에도 1958년 26.3%. 1959년 26.0까지 하락했다.[29] 여기에 디플레이션을 가속화시킨 것은 정부의 긴축정책이었다. 즉 원조의 삭감은 총세입의 40% 이상을 차지했던 대충자금의존도를 하락시킴으로써 재정수입의 부족을 야기했는데, 이러한 상황은 이승만 정부로 하여금 재정지출을 억제하는 긴축정책과 동시에 국민의 조세부담을 증대시키도록 강요했다. 원조의 삭감에 따른 영향은 단순히 경제적인 것만은 아니었다. 원조의 삭감은 국가권력에 의한 원조물자의 독점적인 배분을 둘러싼 관료독점구조의 기초를 약화시키고, 더 나아가 정부의 권력구조 자체를 흔들리게 했다. 4·19라는 정치적 변혁은 바로 이러한 사회경제적 배경에서 일어났던 것이다.

상대적으로 원조에 대한 의존도가 한국보다는 낮았지만 대만에서도 미국 원조정책의 변화는 중대한 경제적 충격이었다. 1961년까지 대만의 GNP에 대한 미국 원조의 비중은 6%를 넘었으나 1962년의 3.8%를 시작으로 이 비율은 계속 하락하여 1964년에는 1% 선으로, 1967년부터는 1% 미만에 불과하게 되었다.[30] 또한 원조의 내용을

27 한국은행, 『경제통계연보』, 1966, p. 270.

28 경제기획원, 『한국통계연감』, 1961, pp. 78-79.

29 한국은행, 『한국의 산업』, 1962, p. 160.

30 Scott, M., 앞의 책, 1979, pp. 369-70.

보더라도 1950년에는 공공 및 민간 부문에 대한 증여가 원조의 대부분을 차지했으나, 1959년부터 시작된 유상원조의 비중이 1964년부터는 오히려 원조의 대부분을 차지하게 되었다. 이처럼 미국으로부터의 원조가 대폭 삭감된 결과 대만의 투자와 해외로부터의 수입에서 차지하는 원조의 비중은 10% 내외로 하락했다. 이러한 사실은 원조의 삭감으로 인해 당시의 대만 경제가 심각한 외환부족이라는 문제에 직면하지 않을 수 없게 되었다는 것을 말해준다. 결국 한국과 대만 모두 기존의 수입대체정책으로부터 1960년대 초라는 비슷한 시기에 수출주도정책으로 전환하지 않을 수 없었던 데는 미국 원조정책의 변화가 직접적인 계기가 되었다.

4. 정책 전환의 국제비교

개발도상국들의 전략적 선택이 분화하기 시작한 것은 대체로 1950년대 중반부터 1960년대 초반 사이이다. 이 시기에 남미의 두 대국인 브라질과 멕시코는 내구성 소비재와 중간재를 생산하는 수입대체 산업화의 심화 단계, 즉 수입대체 2단계 전략을 선택한 반면 동아시아 국가들은 수출주도성장이라는 새로운 전략으로 전환했다. 대조적인 이 두 발전전략은 이후 남미와 동아시아 국가들을 각각 특징짓는 가장 주요한 차이점이 되었다. 오늘날 수입대체정책은 흔히 명백한 정책적 오류로 비난받고 있는데, 그것은 주로 1960년대 이후 동아시아 신흥공업국들이 이룩한 고도성장과 남미 국가들의 상대적으로 빈약한 경제적 성취 때문일 것이다. 그러나 1960년대 초반까지도 수입대체 산업화는 이론적으로나 정책적으로나 당시의 일반적인 조류였으며, 미국이나 다자간 원조기관들도 그러한 주장에 그다지 적대적이지 않았다. 따라서 당시에는 거의 모든 나라가 수입대체정책을 추진했을 뿐만 아니라, 사실은 또 그러한 정책을 추진할 수밖에 없었는데 그 이유는 시기에서는 다소의 차이가 날지라도 식민지배로부터 해방된 대부분의 제3세계 국가들이 거의 동일한 대내외적 제약하에 놓여 있었기 때문이다.

1950년대까지 대부분의 개발도상국들이 수입대체 산업화정책을 채택하고 있었다는 사실은 분명하다. 그러나 1960년을 전후해서 보면 대부분의 개발도상국에서 1차

표 2-6 신흥공업국들의 세 가지 발전경로

1. 수입대체 산업화 (멕시코와 브라질)		
a. 일차산품 수출 단계 1930년 이전의 브라질 혁명 이전의 멕시코	원자재와 곡물 수출, 전통적 농업 및 수공업 생산, 제한된 제조업	자유무역과 해외투자, 금본위 환율정책
b. 수입대체 1단계 1935~55년의 브라질과 멕시코	제조업활동의 성장, 특히 소비재	보호무역, 산업에 대한 재정·금융적 지원
c. 수입대체 2단계 1955~65년의 브라질과 멕시코	내구성 소비재 및 중간재를 생산하는 산업화의 심화	수입대체 1단계의 정책에 국영기업과 다국적기업의 새로운 역할
d. 수입대체 3단계 1965년~현재까지의 브라질과 멕시코	자본재를 포함하는 산업화의 심화, 제조업 수출의 증대	수입대체 2단계의 정책에 새로운 수출촉진책과 차관 증가

2. 수출주도 성장 (대만과 한국)		
a. 일차산품 수출 단계 1900–45년의 한국과 대만	원자재와 곡물 수출, 전통적 농업 및 수공업 생산, 제한된 제조업	경제활동에 대한 식민지적 관리
b. 수입대체 1단계 1945~64년의 한국 1945~60년의 대만	제조업 성장, 특히 소비재	보호무역, 수입대체 산업에 대한 재정·금융적 지원
c. 수출주도성장 1단계 1970년까지의 한국과 대만	노동집약적 상품의 수출에 의해 주도된 제조업성장	평가절하, 선택적 자유화, 수출산업에 대한 재정·금융적 지원
d. 수출주도성장 2단계 1970년~현재까지의 한국과 대만	수출상품의 고도화에 동반된 산업화의 심화	목표지향적 산업정책들

3. 중개항적 성장 (싱가포르와 홍콩)		
a. 순수 중개항화 단계 1967년 이전의 싱가포르 1950년 이전의 홍콩	상업 및 금융서비스에 특화	자유무역과 투자
b. 수출주도성장 1단계 1967~79년의 싱가포르 1950~70년의 홍콩	노동집약적 상품 수출에 의해 주도된 제조업 성장, 서비스 부문의 지속적 성장	자유무역과 투자
c. 수출주도성장 2단계 1979~현재의 싱가포르 1975~현재의 홍콩	특화상품의 고도화, 금융 및 상업서비스 부문의 팽창	선택적 산업정책들

자료 : Haggard, S., *Pathway from the Periphery: The Politics of Growth in the Newly Industrializing Countries*, Ithaca, Cornell University Press, 1990, p. 25.

표 2-7 주요개발도상국의 1차 수입대체지표

국가	1950년	1960년	1970년	1980년
콜롬비아	13.1[1)]	6.1	5.0	4.6
멕시코	5.7	3.6	5.5	2.7
한국	10.9[3)]	7.5	7.3	3.2
대만	17.2	8.1	5.8	2.9[4)]
필리핀	23.3[2)]	8.1	5.5	3.2
태국	22.6[3)]	18.6	9.1	2.9

주 : 1) 1951년, 2) 1952년, 3) 1954년, 4) 1977년.
자료 : United Nations, *Yearbook of International Trade Statistics*, various issues.

수입대체정책의 필연성은 거의 소진되었다. 이러한 사실은 1950년에서 1960년 사이 주요 개발도상국들의 1차 수입대체지표의 변화에서 나타난다(표 2-7 참조). 즉 이 기간 동안 한국과 대만의 총수입에서 비내구성 소비재 수입이 차지하는 비율은 각각 10.9%와 17.2%에서 7.5%와 8.1%로 하락했다. 그러나 이러한 변화는 두 나라에만 국한된 것이 아니었는데, 이 비율은 필리핀에서는 23.3%에서 8.1%로, 콜롬비아와 멕시코에서도 각각 13.1%와 5.7%에서 6.1%와 3.6%로 하락했다. 따라서 이들 국가는 모두 이후 어떠한 발전경로를 채택할 것인가 하는 보다 근본적인 선택에 공통적으로 직면하고 있었던 것이다.

개발도상국들의 정책 전환에는 두 가지 기본적인 경로가 존재했는데, 수입대체 2단계Secondary Import Substitution 전략으로의 심화와 수출지향 1단계Primary Export Orientation 전략으로의 전환이 바로 그것이다. 한국과 대만을 비롯한 동아시아 신흥공업국들의 기본적인 발전전략에서 수출주도정책으로의 전환은 명백하다. 〈표 2-8〉을 보면 정책 전환을 시작할 무렵인 1960년 두 나라의 국내총생산Gross Domestic Product, GDP에서 차지하는 수출의 비율은 다른 개발도상국들에 비해 결코 높지 않았다. 그러나 이후 1970년까지의 10년 동안 남미 국가들에서는 이 비율이 눈에 띄게 하락했으며, 태국에서는 거의 변화가 없었고 필리핀에서만 약간의 상승이 있었다. 이에 반해 같은 기간 동안 대만에서는 이 비율이 약 2.7배, 한국에서는 약 4배나 증가했다.

표 2-8 주요개발도상국의 GDP 중 수출의 비율

국가	1950년	1960년	1970년	1980년
대만	10.1	11.1	29.6	52.2
한국	2.1	3.3	14.3	37.7
콜롬비아	10.9	15.7	14.6	16.3
멕시코	17.0	10.6	8.2	22.4
태국	15.0	17.0	18.7	25.8
필리핀	10.5	11.0	18.1	17.1

자료 : Ranis, G. & Mahmood, S., *The Political Economy of Development Policy Change*, Cambridge, Blackwell, 1992, p. 14.

변화는 수출상품의 구성에서도 현저하게 나타난다. 〈표 2-9〉에서 나타나듯이 1960년과 1970년 사이에 한국과 대만의 수출품 중에서 차지하는 공업제품의 비율은 각각 14.2%에서 76.7%로, 15.8%에서 73.6%로 증가했다. 물론 같은 기간 다른 개발도상국들에서도 공업제품의 비율은 큰 폭으로 증가했으나 전체 수출품 가운데 그 비율은 겨우 10% 내외에 불과했다. 예외적으로 멕시코에서만 그 비율이 32.5%에 이르렀으나 이것 역시 한국과 대만에 비하면 절반에도 못 미치는 수치이다. 특히 이들 국가의 수출상품 구성은 여전히 농산물과 광물의 비중이 높음으로써 외환공급을 원자재와 곡물의 수출에 의존하는 수입대체정책의 전형적인 특징을 보여준다.

표 2-9 주요개발도상국의 수출상품 구성

		1960년	1970년	1980년
콜롬비아	농산물	78.8	80.6	76.7
	광물	18.9	11.3	2.8
	공업제품	2.3	8.1	20.6
멕시코	농산물	64.2	48.6	14.2
	광물	15.0	18.7	71.1
	공업제품	20.7	32.5	14.6
한국	농산물	58.0	16.6	8.9

(계속)

한국	광물	27.8	6.7	1.1
	공업제품	14.2	76.7	89.9
대만	농산물	82.1	24.5	10.9
	광물	2.1	1.9	1.5
	공업제품	15.8	73.6	87.6
필리핀	농산물	80.4	69.9	41.7
	광물	13.0	22.5	21.3
	공업제품	6.6	7.4	37.0
태국	농산물	90.8	74.3	56.9
	광물	7.1	14.9	13.9
	공업제품	2.1	10.7	29.0

주 : 통계상 불일치로 합계가 100이 되지 않을 수 있음.
자료 : 대만의 자료는 Statistical Department of Taiwan, *The Trade of China*, various issues에 의한 것이며, 기타 국가의 자료는 United Nations, *Yearbook of International Trade Statistics*, various issues에서 재작성함.

동아시아 신흥공업국들, 특히 한국과 대만의 정책 전환을 보여주는 다른 증거는 두 나라의 부문별 성장기여도에서도 확인된다. 즉 〈표 2-10〉과 〈표 2-11〉에서 나타나듯이 이 시기 한국과 대만의 각 부문별 성장기여도를 1950년대와 비교해보면 두 기간의 기본적인 차이를 확연히 알 수 있다. 먼저 한국의 경우를 보면 특히 1963년을 전후하여 수출과 수입대체 부문 간의 격차가 대만에서보다 더욱 현저한 대비를 보인

표 2-10 대만의 제조업 부문별 성장기여도

(단위 : %)

연도	수입대체	수출	국내수요
1953~1955	9.0	−8.7	99.6
1955~1960	−8.1	16.5	91.7
1960~1965	3.6	13.8	82.5
1965~1970	−7.3	31.2	76.1
1970~1972	0.1	20.9	79.1

자료 : Ranis, G., "Industrial Development," Galenson, W. ed., *Economic Growth and Structural Change in Taiwan*, Ithaca, Cornell University Press, 1979, p. 227.

표 2-11 **한국의 부문별 성장기여도** (단위 : %)

		국내수요증대	수출증대	수입대체
직접기여도	1955~63	46.5	2.9	32.0
	1963~73	63.1	24.5	7.5
총기여도	1955~63	42.4	4.5	39.1
	1963~73	34.4	39.9	8.7

자료 : 국제경제연구원, 『한국경제의 개발전략』, 1978.

다. 대만의 경우에도 1950년대 후반부터 수입대체 부문의 기여도는 매우 크게 하락한 반면 수출의 성장기여도는 큰 폭으로 증가했으며, 특히 1960년대 중반 이후에는 이러한 증가세가 더욱 두드러지게 나타나고 있다. 한국과 대만에서 1950년대와 1960년대를 각각 수입대체기와 수출주도기로 규정하는 근거는 바로 여기에 있으며, 1960년대 초반을 전후해 한국과 대만에서 기본적인 발전전략의 전환이 일어났다고 주장할 수 있는 것도 같은 이유에서이다.

여기서 주목해야 할 것은 세계경제 환경의 변화나 미국 원조정책의 변화와 같은 외적 제약들이 한국과 대만 두 나라에서는 수입대체정책으로부터 수출주도정책으로의 전환을 가져온 반면에, 남미 국가들을 비롯한 대부분의 개발도상국들은 수출주도정책이 아닌 수입대체 2단계로의 전환을 선택했다는 사실이다. 홍콩은 한국과 대만보다 먼저 수출주도정책을 실시하고 있었지만 이는 중국과의 무역금지라는 특수한 사정 때문이며, 싱가포르 역시 말레이시아와의 분리라는 사정이 있었다. 이들을 제외한 다른 개발도상국들은 동일한 외적 제약과 세계경제 환경의 변화에 수출주도정책이 아닌 수입대체전략의 심화 또는 최소한 기존 전략의 유지로 나아갔다. 동아시아와 남미 국가들의 비교는 누구는 성공했으나 누구는 그렇지 못했다는 결과론적 평가가 아니라, 바로 그러한 선택과 결과를 가져온 조건과 이유들을 분석해야 옳은 것이다.

일반적으로 정책 전환은 '경기의 규칙rules of game'에서 근본적인 변화를 동반하지 않으면 안 된다. 특히 수입대체정책으로부터 수출주도전략으로의 전환은 경제주체들로 하여금 지금까지 보호받아왔던 국내시장보다 더 경쟁적인 환경에서 활동하도록 강요하게 되고, 보다 작은 규모로 확실한 대량의 이윤을 획득해 오던 체제로부터 보다 큰 규모로 불확실한 소량의 이윤을 획득하기 위해 경쟁해야 하는 체제로의 이행을 강요한다.[31] 대부분의 개발도상국들이 수출주도정책으로 전환하기보다는 수입대체정책을 지속하고자 한 것은 바로 이러한 곤란을 회피하기 위해서였다고 할 수 있다. 그리고 이러한 결정이 선택되는 데 가장 중요한 역할을 한 것은 바로 수입대체정책으로부터 이익을 누려온 토착기업들과 기타 사회세력들이었다. 수입대체기 동안 남미 국가들을 비롯한 대부분의 개발도상국들에서 보호된 국내시장은 민간 부문의 강력한 정치적 세력을 형성했는데, 이들은 대만이나 한국과 같은 동아시아 국가들에서보다 훨씬 더 큰 정치적 독립성을 가지고 있었다.[32] 동아시아 국가들에서의 수입대체 산업화는 10년 내외의 짧은 기간에 불과했지만, 브라질이나 멕시코의 수입대체 산업화는 제1차 세계대전과 1930년대 대공황으로 인한 세계경제의 위기에 대한 대응으로서 이미 추진되어 왔다. 이런 이유로 이들 나라에서는 외적 충격이 오히려 수입대체정책을 더욱 심화시키도록 압박했다. 물론 이러한 압박은 대만과 같은 경우에도 없지 않았다. 그러나 한국과 대만에서는 국가의 상대적 자율성과 사회집단들의 허약성이, 비교적 짧은 기간 동안 실행되어 왔을 뿐인 수입대체정책으로부터의 전환을 상대적으로 용이하게 했다.

수입대체 산업화에서의 계급구조에 대해 산토스D. Santos는 수입대체 산업화가 농업, 광업, 수출의 과두적 지배를 약화시키지 않는 것은 물론이거니와 오히려 농산물 수출업자와 산업자본 간의 타협을 의미한다고 주장했다. 그것은 다음과 같은 사실들에서 잘 설명되는데, 즉 ① 수입대체적 공업생산이 과두지배자와 그 공장에서 일하는 자의 수요와 관련된 것이며, ② 공업건설에 소요되는 기자재를 수출 부문의 외연적 확대에서 축적된 외화로 구입했으며, ③ 공업에서의 수익을 재투자하는 것이 아니라 높은 지대소득이 보장되는 농업 부문에 투자한다는 것이다.[33] 따라서 이들 국가가 정책 전환과 제도개혁을 추진하고자 했다면 수입대체 부문의 기업가들은 물론 통화의 평

31 Ranis & Mahmood, *The Political Economy of Development Policy Change*, Cambridge, Blackwell, 1992, pp. 13-14.

32 Haggard, S., *Pathway from the Periphery: The Politics of Growth in the Newly Industrializing Countries*, Ithaca, Cornell University Press, 1990, pp. 162-63.

33 정일용, 「종속적 발전모형으로서의 신흥공업국」, 이대근·정운영 편, 『세계자본주의론』, 까치, 1984, p. 263에서 재인용.

가절하에 반대하는 일차산품 생산자들과 관료들, 그리고 외국자본의 유입에 이해관계를 가지고 있던 군부엘리트 등의 강력한 저항을 극복해야만 했을 것이다.

요컨대 동아시아 국가들이 정책 전환을 위한 제도적 개혁을 수행하는 데 필요한 조건들, 즉 사회로부터 국가의 독립성, 정책 결정의 중앙집중성 및 사용 가능한 정책적 수단들을 갖추고 있었다. 그러나 수입대체 산업화를 선택한 국가들에게는 바로 이러한 조건들이 결여되어 있었다. 이들 국가에서 정책 선택의 폭이 협소할 수밖에 없었던 보다 주요하고 근본적인 이유는 수입대체정책을 통해 특별한 이익을 누려 온 다양한 사회집단들의 압력으로부터 국가가 독립성을 확보하지 못했다는 데 있다고 해야 옳다. 역설적이기는 하지만 그들이 수입대체 2단계로의 심화를 선택한 것도 결국은 이러한 조건들의 결여에서 비롯된 내적 제약의 불가피한 결과였다.

개발도상국의 경제개발과 국가의 역할

1. 개발도상국에서 정부 개입의 성격

일본과 동아시아 신흥공업국들, 그리고 최근의 중국을 포함하여 동아시아 국가들의 경제발전을 어떻게 평가할 것인가 하는 문제는 수많은 논쟁점들을 제기한다. 그 가운데서도 가장 핵심적인 질문은 결국 어떠한 요인과 조건들이 이들의 고도성장을 가능하게 했는가 하는 문제로 요약된다. 어떤 이들은 동아시아의 경제적 성취는 정부의 강력한 개발정책이 성공을 거둔 것이라고 평가한다. 반면 또 다른 이들은 그것이 단지 자유무역의 혜택에 기인한 성취일 뿐이라고 주장한다. 이와 같이 대립되는 평가들은 결국 동아시아의 경제발전에서 국가의 역할과 정부 개입의 성격에 관한 문제로 귀결된다. 그러나 이에 대한 기존의 연구들은 대체로 동아시아와 다른 지역, 주로 남미의 개발도상국들이 어떤 발전전략을 선택했는지에는 주목한 반면 그들 간에 정부 개입의 성격과 역할에서 어떤 차이가 존재하는지에 대해서는 그다지 관심을 기울이지 않는다.

일반적으로 후발공업화를 추진하는 국가들의 특징은 자원의 효율적인 배분을 위한 시장기제market mechanism가 정상적으로 작동하지 못한다는 것이다. 후발공업화에서 정부 개입을 옹호하는 근거는 여기서 발견된다. 즉 자원의 조달과 효율적인 배분을 위해서, 또 그럼으로써 인위적으로 성장의 속도를 가속화하기 위해서는 반드시 적절한 정부 개입이 요구된다는 것이다. 그러나 개발도상국들에서 현저한 정부 개입 및 국가의 주도적 역할은 동아시아 국가들에만 한정된 것이 아니라 일반적인 현상이다. 따라서 문제의 핵심은 정부 개입의 유무가 아니라, 왜 어떤 나라들에서는 정부의 적극적인 개입이 성공적인 고도성장으로 나타난 반면 다른 나라들에서는 그 반대의 결과로 나타났느냐는 데 있다. 이것은 결국 정부 개입의 기본 방향과 국가가 수행한 역할의 내용에 관한 문제이다.

동아시아 국가들의 경제발전에서 정부의 역할에 대한 견해는 크게 시장친화적 접근Market-Friendly Approach과 수정주의적 접근Revisionist Approach으로 구분된다. 시장친화적 접근은 기본적으로 신고전파적 견해로부터 출발한다.[1] 세계은행World Bank의 보고서에 의하면 시장친화적 접근은 시장과 국가, 또는 시장과 정부라는 그릇된 이분법 대신 시장과 정부의 상호작용을 분석한다는 기본 관점을 가지고 있다. 이들은 경쟁적 시장이 가장 효율적인 생산 및 분배 방법이기는 하지만 현실적으로 시장이 올바로 작동하기 위해서는 '국가의 크고 불가결한 역할이 필요하다'는 것을 인정한다. 그러나 국가의 개입은 어디까지나 시장친화적이어야 하는데, '경제이론과 실제 경험들은 개입이 시장친화적일 경우 유용할 수 있다는 것을 보여준다'는 것이다.[2] 여기서 시장친화적 개입이란 다음과 같은 원칙하에서의 정부 개입을 의미한다. 첫째는 수동적 개

---

1 '시장친화적(market-friendly)'이라는 표현은 세계은행의 보고서에서 처음 나타난다(World Bank, *World Development Report*, 1991). 세계은행은 신고전파적 접근과 시장친화적 접근을 다음과 같이 구분하고 있다. 즉 신고전파적 접근은 경제활동에서 시장이 중심적 역할을 하며 정부는 단지 부수적 역할을 할 뿐이라고 간주한다. 이에 반해 시장친화적 접근은 정부가 충분한 투자의 보장, 기업을 위한 경쟁여건의 마련, 국제무역의 개방, 거시경제적 관리의 안정 등을 위해 필요한 적절한 자기역할을 가지고 있다고 간주한다(World Bank, *The East Asian Miracle*, 1993, pp. 82-84). 그러나 정부가 시장기제를 이용하지 않고 자원 배분을 지도하려고 시도한다면 경제발전은 성공할 수 없다고 결론짓는다는 점에서 시장친화적 접근은 신고전파적 접근과 그렇게 상이하지 않다. 결국 시장실패가 급속한 경제발전에 중요한 결함이라 할지라도 정부실패는 훨씬 비싼 비용을 요구한다는 것이다(World Bank, 앞의 책, 1993, p. 84). 따라서 이 책에서는 신고전파적 접근과 시장친화적 접근을 그 핵심적인 측면에서는 사실상 동일한 접근법으로 간주한다.

2 World Bank, 앞의 책, 1991, p. 1.

입 intervene reluctantly 이다. 즉 개입의 효과가 현저한 경우가 아니면 시장 스스로 작동하도록 두어야 하며, 국가가 물적 재화를 공급하거나 수입금지와 같은 정책을 사용하지 않는다는 것이다. 둘째는 견제와 균형 apply checks and balance 이다. 즉 개입을 지속적으로 국내 및 해외시장의 통제하에 둔다는 것이다. 마지막으로 공개적 개입 intervene openly 이다. 즉 개입은 단순하고 투명해야 하며, 관료적 재량보다 규칙에 따라야 한다는 것이다.[3] 요컨대 정부는 '선천적인 시장실패 inherent market failure'를 제외하고는 특정한 산업에 더 많은 유인을 제공해서는 안 되며, 더 나아가서 설령 시장실패가 정부 간섭의 동기를 입증한다고 하더라도 계획된 간섭의 이익은 그 이익이 실제로 실현될 가능성과 간섭의 결과로 나타나는 부가적인 비용에 의해 평가되어야 한다는 것이다.

시장친화적 접근에 따르면 동아시아 국가들의 성공은 자유주의적 시장경제정책과 노동, 자본, 기술, 그리고 저축과 투자 등의 생산요소에 의해 설명된다. 이들에 따르면 동아시아의 경제적 성공은 국가가 개입하지 않고 시장의 힘이 자유롭게 활동하도록 허용했기 때문이거나, 설령 국가가 개입했다 하더라도 국제시장에서의 비교우위를 위한 경제 환경을 정비하거나 시장기능을 활성화하기 위한 경제정책을 입안하고 실행하는 것에 국한된 상대적으로 중립적인 정부정책에 의한 것이다. 다시 말해서 동아시아에서 국가의 역할은 시장기제와 경쟁을 통한 부존자원의 효율적 활용을 보장함으로써 시장을 수동적으로 '모방'한 데 불과하다는 것이다. 반면에 동아시아의 경제적 성공과 대조되는 다른 개발도상국들, 특히 남미 국가들에서의 열등한 경제적 성취는 다양한 시장왜곡 때문이다. 과도한 정부 간섭, 해외로부터의 차관을 수출산업에 효율적으로 투자하기보다 낭비적인 외환소비에 잘못 배분하는 등의 경영실패, 그리고 비효율적인 수입대체와 과대평가된 환율 등의 부적절한 정부정책들이 바로 그것이다.

이에 대해 동아시아의 경제발전에서 정부 개입의 성격에 대한 수정주의적 접근은 신고전파적 견해에 대한 비판으로부터 나타난다. 수정주의자들에 의하면 정부 개입의 정당성은 시장실패에서 찾을 수 있다. 이들의 핵심은 국가가 '정부시장 government

3 World Bank, 앞의 책, 1991, p. 5.

market'의 제공과 가격기구에 대한 인위적인 왜곡을 통하여 경제발전을 가속화할 수 있다는 것이다. 특히 동아시아의 경제적 성공에 대해 수정주의자들은 신고전파적 관점은 전혀 현실적 설득력을 갖지 못하며, 이들 나라에서는 신고전파적 관점이 인정하고 있는 것보다 훨씬 광범한 기업육성 및 보호정책이 실시되어 왔다고 주장한다. 일본, 한국, 대만 모두 정부가 새로운 산업들을 적극적으로 육성했으며, 경제성장 과정 전체를 통틀어 정부의 경제정책은 전혀 중립적이지 않았다. 1980년대 초까지 한국과 대만에서는 정부가 주요 은행들을 소유하고 있었으며, 두 나라 모두에서 선택된 산업 부문들과 기업들에 대한 정부의 지도금융이 계획된 산업발전을 위한 중요한 장치로 사용되었다. 정부는 스스로 재화를 공급하거나 수입금지와 같은 정책을 사용했으며, 개입의 효과가 의심스러운 경우에도 개입을 주저하지 않았다. 뿐만 아니라 동아시아에서 정부 개입은 종종 제도나 규칙보다도 정부의 재량에 의해 실행되기도 했다.

한국의 경험은 특히 수정주의자들의 주장에 강력한 근거가 된다. 암스덴(A. Amsden)의 지적처럼 경제개발기간 동안 한국에서는 첫째, 정부는 모든 시중은행을 소유하고 통제해왔다. 둘째, 정부는 정부보호와 보조금을 받아 새로운 산업에 진출할 기업의 수를 제한함으로써 통제력을 행사했다. 이로써 규모의 경제가 실현 가능해졌으며, 정부는 투자결정에서 무엇을 언제, 얼마만큼 생산할 것인가를 결정하는 최고경영인의 역할을 했다. 셋째, 정부는 독과점 규제라는 이름으로 매년 협정가격을 통제하여 시장지배기업에 통제력을 행사했다. 넷째, 정부는 유동자본의 해외송금을 통제했다. 마지막으로 정부는 중산층으로부터 세금을 거두고 저소득층에게는 아무런 사회보장도 제공하지 않았으며, 그렇게 축적된 재원을 정부는 장기 투자에 사용했다.[4] 요컨대 중립적인 정부정책이 압축적 성장의 필수적인 조건은 아니며, 더 나아가서 오히려 비교우위의 유동적인 이익을 찾아 체계적으로 개입하는 비중립적인 정부정책이야말로 충분조건은 아닐지라도 급속한 성장을 위한 필요조건이라는 것이다.[5]

4 Amsden, A., 앞의 책, 1991, p. 29.

5 Wade, R., "The Role of Government in Overcoming Market Failure: Taiwan, Republic of Korea, and Japan," Hughes, H. ed., *Achieving Industrialization in East Asia*, Cambridge, Cambridge University Press, 1988, 국민호 편, 『동아시아 신흥공업국의 정치제도와 경제발전』, 전남대학교출판부, 1995, p. 118.

그림 3-1 동아시아에서 정부 개입의 성격

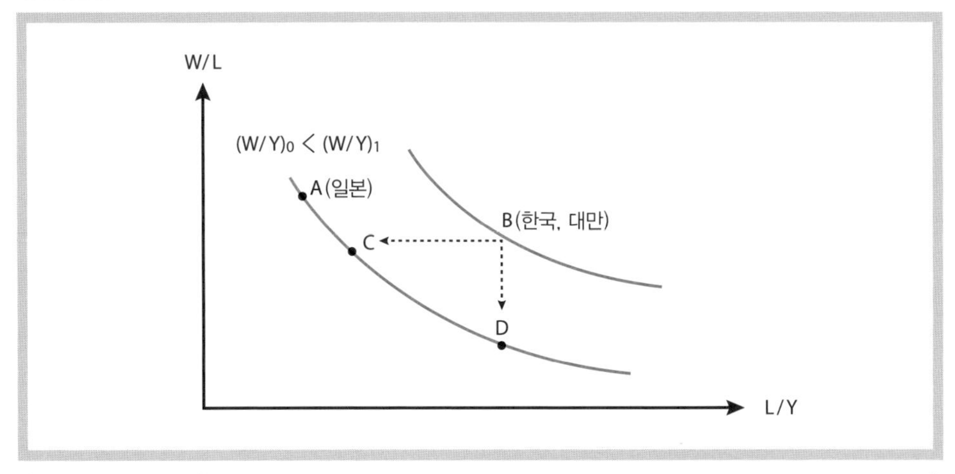

자료 : Amsden, A. H., "Inductive Theory in Economic Development: A Tribute to Wassily Leontief on his 90th Birthday", *Structural Change and Economic Dynamics*, Vol. 6, No. 3, 1995, p. 285.

〈그림 3-1〉은 동아시아에서 정부 개입의 역할과 성격에 대한 수정주의자들의 주장을 요약해 보여준다. 2개의 단위임금비용(W/Y)곡선은 실질임금으로 계산한 노동생산성을 나타낸다. B점에서 한국이나 대만의 단위임금비용은 A점의 일본보다 높은 수준에 있다. 따라서 시장친화적으로 본다면 그것은 D점의 보다 낮은 임금수준으로 조정되어야 한다. 그러나 수정주의자들에 따르면 한국과 대만에서 실제로 일어난 것은 C점으로의 이동이다. 즉 이들 나라의 국가는 시장신호market signal를 무시하고 적극적인 산업정책에 의해 인위적으로 비교우위를 신장시켰으며, 이를 통해 결과적으로 — 단지 결과적으로만 — 시장의 조정을 만족시켰다는 것이다.

하지만 수정주의자들의 주장에는 여전히 해명되어야 할 것이 있다. 왜냐하면 광범한 정부 개입 그 자체는 사실상 동아시아에만 고유한 현상이 결코 아니며, 더 나아가서 정부 개입 그 자체가 결과의 성공을 의미하는 것은 더더욱 아니기 때문이다. 따라서 동아시아에서의 정부 개입이 과연 지속적으로 국내 및 해외시장의 통제하에 있었는가 그렇지 않은가 하는 문제는 좀 더 구체적으로 설명되어야 할 필요가 있다.

표 3-1 동아시아 신흥공업국들의 수출지원정책

		한국	대만	싱가포르	홍콩
1. 금융 지원	(1) 특혜 금리	○	○	○	×
	(2) 신용 보증	○	○	○	○
2. 재정 지원	(1) 조세 감면	○	○	○	○
	(2) 특별 상각	○	○	○	○
	(3) 관세 감면	○	○	×	×
3. 요소 지원	(1) 직업훈련	×	×	○	×
	(2) 연구개발	×	○	○	×
	(3) 용지·시설물	○	○	○	○

자료 : 김창남, 「동아시아 국가들의 경제개발전략과 경제발전유형」, 경제사학회, 『경제사학』, 제23호, 1997, p. 52.

2. 한국과 대만의 경험

한국과 대만의 경제개발 과정에서 실제로 국가가 수행한 역할은 어떤 것인가? 먼저 싱A. Singh은 한국에서는 국가가 산업정책을 통해 단순히 시장친화론자들이 주장하는 것 이상의 역할을 수행했다고 주장한다. 한국에서 산업정책의 주요한 내용은 다음과 같다. 첫째, 특정 산업을 육성하기 위해 정부는 마이너스(−) 수준의 실질금리로 장기 신용을 제공했다. 둘째, 막대한 보조금과 함께 수출을 강제했다. 셋째, 다국적기업의 투자와 국내기업에 대한 외국인의 주식 소유에 대해 엄격한 통제가 이루어졌다. 넷째, 매우 의욕적인 국민적 기술정책을 수행했다. 다섯째, 대규모 기업집단의 국민적 육성, 특정 기업들의 합병에 대한 정부의 장려 및 기업의 진입과 퇴출에 대한 전반적인 제한이 실행되었다는 것 등이다.[6]

한편 웨이드R. Wade는 대만에서도 시장경제를 의도적으로 지도하기 위해 유사한 국민적 산업정책이 광범하고 집중적으로 사용되었다고 지적한다. 대만 경제의 많은 부문에서

6 Singh, A., 앞의 책, 1994, p. 43.

국영기업들은 경제성장을 위한 선택된 도구로서 사용되어 왔다.[7] 물론 공기업들이 새로운 능력을 창출하는 데 자주 중심적인 역할을 담당했다는 말이, 민간기업들은 그대로 방치되었다는 것을 의미하지는 않는다. 웨이드에 따르면 민간기업들에게는 수입통제와 관세, 진입조건, 국내적인 경쟁조건, 재정투자의 유인, 그리고 특혜 대출 등과 같은 장치들을 통한 유인과 압력들이 주어졌다. 최근까지 상대적으로 소홀히 여겨져 온 소규모 산업인 공작기계의 경우조차도 정부는 설계 지원과 신용을 보조했으며, 수량적 수입제한을 제공했다. 그리고 대규모 민간기업들은 일본에서 '행정적 지도administrative guidance'라고 불리던 것과 유사하면서 더 재량적인 정부의 영향력에 노출되어 있었다.[8]

요컨대 한국과 대만의 경험은 '마지못해reluctantly' 개입하는 야경국가가 아니라 스스로 설정한 산업정책적 목표들을 달성하기 위해 보다 적극적으로 개입하는 전형적인 개입국가의 모습을 보여준다. 한국과 대만 — 그리고 당연히 일본도 여기에 포함되어야 할 것이다 — 에서 정부 개입은 공통적으로 다음과 같은 특징들을 가지고 있다. 첫째, 이들 나라에서 정부 개입은 비교우위에 입각해서 결정되기보다는 비교우위를 신장시키기 위한 목적에서 결정되었다. 둘째, 따라서 이들 나라에서 정부 개입은 일반적으로 중립적이지 않았으며, 산업들 간에 선택적이었다. 셋째, 이들 나라에서는 개입이 지속적이고 누적적이었다. 한 국가의 비교우위는 단순히 자본, 노동, 원자재 등 주어진 부존자원의 결과일 뿐만 아니라 정부가 장려한 결과이기도 하다.

동아시아의 경제발전에서 국가가 수행한 역할의 기본적인 성격은 중화학공업화 단계에서 특히 극명하게 드러난다. 이들 나라에서 중화학공업화로의 전환은 비교우위의 원칙에 근거한 선택이라기보다는 오히려 적극적인 정부 개입을 통하여 이들 산업에서 일정한 비교우위를 만들어 간 결과였다.

7 대만은 개발도상국들 가운데서 가장 큰 국유 부문을 가지고 있는 국가 가운데 하나이며, 그것은 인도나 아르헨티나, 브라질 및 멕시코에서보다 크다. 국영기업들은 대만이 가장 급속한 경제성장을 보여준 1950~75년 사이 대만의 총고정자본형성의 1/3을 담당했다. 그러나 세계은행의 보고서에서는 이러한 사실이 간과되고 있다(Singh, 앞의 책, 1994, p. 43).

8 Wade, R., *Governing the Market: Economic Theory and the Role of Government in East Asian Industrialization*, Princeton, Princeton University Press, 1990, pp. 110-11.

표 3-2 한국 산업육성법안의 주요 규정

주요 내용(제정연도)		기계 (1967)	조선 (1967)	전자 (1969)	석유화학 (1970)	철강 (1970)	비철금속 (1971)	섬유 (1979)
규제	진입 제한	○	○	○	○	○	○	○
생산능력 규제	설비기준 설정	○	○					
	생산능력확장 인허가				○	○		○
	국내생산설비 권장	○		○				
생산규제	원료수입규제					○	○	
	생산표준 및 조사	○	○	○		○	○	
기술수입규제		○		○				
가격통제					○	○		
신고 및 조사		○	○	○	○	○	○	○
합리화	합리화계획	○	○	○	○			○
연구개발 지원	연구개발보조금	○		○	○	○		
	공동연구개발계획			○				
금융지원	특수목적기금	○	○	○		○	○	○
	금융 지원	○	○	○		○	○	○
보조금	직접보조금	○					○	
	공공요금 할인	○				○		
조세특혜	특별감가상각	○					○	
	세금감면	○	○	○	○	○	○	
특별산업단지		○		○	○			○
행정지원	해외활동 촉진			○		○		
	원자재 구입					○	○	
생산자단체		○	○	○				○

자료 : Singh, A., "State Intervention and the 'market-friendly' approach to development: a critical analysis of the World Bank these," *The State, Markets and Development*, Vermont, Edward Elgar, 1994, pp. 44-45.

3. 정부 개입과 시장

앞에서도 지적한 것처럼 광범한 정부 개입 그 자체는 사실상 동아시아에만 고유한 현상이 결코 아니며, 더 나아가서 정부 개입 그 자체가 결과의 성공을 보장하는 것은 더더욱 아니다. 한 예로 브라질이나 멕시코와 같은 남미의 대국들에서 과연 국가는 경제에 적극적으로 개입하고자 하는 의지를 가지고 있지 않았으며, 또한 실제로 개입하지 않았는가 하는 질문에 대해서는 누구도 부정하기 어려울 것이다. 따라서 다음의 두 가지 문제가 해결되어야만 하는데, 첫째는 두 지역의 개발도상국들에서 나타나는 정부 개입의 성격 그 자체의 차이에 관한 것이며, 둘째는 정부 개입의 목적과 그것이 달성하고자 하는 정책적 의도가 어떤 나라들에서는 성공한 반면 다른 나라들에서는 그렇지 못한 요인은 무엇인가 하는 문제이다.

첫 번째 문제에 대해서는 먼저 동아시아에서의 정부 개입이 과연 지속적으로 국내 및 해외시장의 통제하에 있었는가 그렇지 않은가 하는 점이 명료하게 설명되어야 한다. 여기에 대해 수정주의자들은 상대가격의 왜곡이 동아시아에서 정부 개입이 성공한 요인이라고 주장한다. 그리고 바로 여기에서 동아시아의 경제발전에 관한 시장친화론자들과 수정주의자들의 가장 근본적인 대립점이 나타난다. 암스덴은 시장요소들을 조정하는 일은 기술과 자원에서 불리한 조건 속에 놓인 후발공업국들에서 정부의 주된 기능이라고 주장한다. 예를 들어 정부는 다가격구조를 인위적으로 조작하여 저축자와 투자자의 서로 다른 요구를 조정하고, 수출업자와 수입업자의 서로 다른 필요를 충족시킨다. 어떤 부문의 금리는 다른 부문의 금리보다 높으며, 수출업자와 수입업자는 서로 다른 환율의 적용을 받는다. 결국 이러한 주장의 핵심은 후발공업화 과정에 있는 국가가 동일한 시장에서 인위적인 물가체계를 수립하기 위해 개입하는 이상 수요와 공급의 일치에 의해 형성되는 '올바른' 상대가격체계가 성립된다고 볼 수는 없다는 것이다. 일반적으로 후발공업화 상태에 있는 국가들의 물가체계는 수익성 높은 투자기회를 창출하기 위하여 일부러 '왜곡된' 체계를 갖추어 왔다는 것이다.[9]

9 Amsden, A., 같은 책, 1990, pp. 25-26.

실제로 동아시아에서 국가의 개입이 때때로 상대가격체계를 왜곡했다는 것은 부인하기 어렵다. 평균적으로 볼 때 동아시아의 고도성장국가들High Performing Asian Economies — 일본, 한국, 대만, 싱가포르, 홍콩, 인도네시아, 말레이시아, 태국 — 의 국내가격과 국제가격의 격차는 다른 개발도상국들과 비교할 때 가장 낮은 수준이며, 심지어는 경제개발협력기구Organization for Economic Cooperation and Development, OECD 회원국들의 평균보다 더 낮다. 그러나 한국, 대만, 일본의 세 나라만을 보면 상황이 전혀 다르다. 이들 국가에서 국내가격과 국제가격의 차는 브라질, 인도, 멕시코, 베네수엘라 등과 같이 신고전주의자들이 흔히 정부 개입이 시장을 왜곡했다고 주장하는 나라들보다 크다.[10] 따라서 이들 국가에서 시장에 대한 개입이 상대가격을 전혀 왜곡하지 않았다는 것은 현실과 부합하지 않는다. 정확히 말하면 동아시아 국가들의 낮은 가격왜곡도는 경제발전의 원인이라기보다는 결과인 것이다.

하지만 그럼에도 불구하고 동아시아에서 정부 개입이 반드시 시장기능 자체를 왜곡하거나 약화시켰다고 결론짓는 것은 잠시 유보해 두어야겠다. 대부분의 개발도상국에서 산업화의 초기에 시장기구가 이미 왜곡되어 있거나 불충분하게 작동하고 있다는 점을 전제한다면, 이러한 상대가격의 왜곡이 산업화의 초기 단계에 놓인 개발도상국에서는 일정 정도 필수적일 뿐만 아니라 그것이 반드시 결과적으로 시장의 약화를 의미하는 것은 아니기 때문이다. 가령 동아시아 국가들에서는 종종 정부가 직접 기업들에게 신용을 할당했지만, 여기에는 반드시 경제적 성취가 기준이 되었다. 어느 기업에, 또는 어떤 부문에 투자우선권이 주어져야 하는가를 결정할 때 정부는 그들의 경제적 성취 — 대개는 수출실적이 기준이 되었다 — 에 근거했으며, 잘 발달된 국가의 감시체계가 이것을 뒷받침했다.[11] 시장의 가장 주요한 기능 중 하나가 시장 성과에 따라 자원을 배분하는 것이라면, 동아시아에서 정부 개입은 시장 성과에 반대되는 방향으로 자원을 배분시킨 것이 아니라 오히려 그러한 시장의 기능을 지원하는 방향으로 이루어졌다는 것이다.[12]

10 World Bank, 앞의 책, 1993, p. 301.

11 World Bank, 같은 책, 1993, p. 288.

12 대만의 경제계획 수립과 실천을 주도한 경제관료 중 한 사람인 **리궈팅**(李國鼎)도 성장 국면으로의 전환이 시작된 1950년대까지 대만의 시장구조는 전혀 완전하지 않았다는 점을 지적하고 있다. 따라서 대만에서 정부 개입의 전반적 경향은 바로 시

동아시아와 남미의 개발도상국들을 비교해보면 정부는 똑같이 경제발전을 의도했으며, 그러한 의도를 실현하기 위해 적극적으로 개입했다. 그들은 모두 특정 산업을 육성하기 위하여 국내시장의 보호, 진입과 퇴출의 금지, 보조금과 세제감면, 재정 및 금융상의 지원 등과 같은 일련의 보호조치들을 실시했다. 바로 이러한 이유에서 지금까지 개발도상국의 경제성장을 서술하면서 흔히 사용해 왔던 '발전국가'나 '개입국가'라는 표현은 그다지 적절하지 못하다. 남미의 '보호국가protectional state'들이 단지 국내시장을 해외시장으로부터 단절시키고 경쟁을 제한함으로써 산업을 보호하고자 한 것과는 달리, 동아시아의 '진흥국가promotional state'들은 국내시장의 보호나 진입의 규제와 동시에 — 또는 역설적이기는 하지만 그것을 통하여 — 광범한 영역에서 경쟁을 활성화했다.[13] 남미의 보호국가들에서 행해진 비경쟁적 지원은 산업과 경제의 여러 부문에서 광범한 지대추구행위rent-seeking를 조장했을 뿐이지만, 진흥국가들은 국내 및 해외시장에서 달성한 성과 기준에 따라 엄격하게 제한된 지원을 제공했다. 요컨대 동아시아에서의 정부 개입이 시장을 '왜곡'함으로써, 좀 더 신중한 표현을 사용한다면 시장을 '모방'한 것이 아니라 그것을 '관리govern'하고 '지도guide'함으로써 결과적으로 시장을 강화하고 활성화했으며, 비정상적으로 작동하던 시장기제가 보다 정상적으로 작동할 수 있도록 유도했다. 반면에 동아시아 국가들이 경제적 성공을 거둘 동안 그렇지 못했던 다른 많은 개발도상국들, 가령 남미 국가들에서는 정부가 경제에 적극적으로 개입하지 않은 것이 아니라, 정부의 개입이 시장을 더욱 왜곡하고 침체시킴으로써 시장기제의 정상적인 작동을 방해했던 것이다.

4. 진흥국가의 조건

시장과 국가의 그릇된 이분법을 지양하지 않으면 안 된다고 할 때 이제 남는 또 하나

장기구를 강화하는 것 또는 '시장의 탈정치화(depoliticizing the market)'를 통하여 개입을 축소해나가는 것이었는데, 시장기제로부터 정치적 힘을 제거한다는 것은 국가가 아무런 역할을 하지 않는다는 의미의 자유방임주의가 아니라, 경쟁의 강화를 지원한다는 것을 의미한다(Li Kuo-Ting, *The Evolution of Policy Behind Taiwan's Development Success*, New Haven, Yale University Press, 1988, p. 147).

13 남미 국가들뿐만 아니라 인도와 한국의 발전경험에 관한 최근의 연구도 동일한 결론을 제공해주고 있다(Dutt and Kim, "The Developmental experiences of South Korea and India compared," Dutt·Kim·Singh eds., *The State, Markets and Development*, Vermont, Edward Elgar, 1994).

의 문제는, 정부의 개입이 시장을 왜곡하고 약화시키는 것이 아니라 시장을 관리하고 그것이 보다 효율적으로 기능할 수 있도록 강화할 수 있는 정부의 능력에 관한 것이다. 즉 왜 어떤 국가들에서는 정부 개입이 경제적 성공을 낳은 반면 다른 국가들에서는 그렇지 못했는가, 또 심지어 같은 나라에서조차 시기에 따라 정부 개입이 상이한 결과를 가져왔는가에 대한 대답은 결국 시장을 이끌어가는 정부들의 능력이 서로 다르다는 점에 있는 것이다. 한국과 대만에서 정부 개입의 성과는 두 나라의 정부가 바로 이러한 선택적 개입 능력을 잘 발달시켰다는 데서 찾을 수 있다. 그리고 이러한 능력은 일련의 강력한 정치기구와 특정한 국가조직 및 다른 경제제도들 간의 연계에 달려 있다.[14] 이러한 능력은 보호국가에게는 그다지 필요하지 않을 수도 있다. 왜냐하면 이들에게는 정부가 민간 부문에 어떤 목표나 성취를 강제해야 할 필요가 없기 때문이다. 그러나 보호와 육성을 동시에 추구하는, 보다 정확하게 말하면 산업육성을 위한 수단으로서 일련의 보호조치들을 사용하는 진흥국가에서는 정부가 전략적 목표를 위해 민간 부문을 유인하고 가용자원의 동원을 극대화하기 위한 다양한 유인제도와 강제수단들이 필요하다. 국가의 능력이 문제시되는 것은 바로 이런 이유 때문이다.

동아시아의 진흥국가들에서 정부 개입이 성공적일 수 있었던 구체적 조건들은 대체로 다음과 같이 요약될 수 있다. 첫째는 정책 결정 및 추진 과정에서 사회제계급과 이익집단들에 대한 국가의 독립성과 자율성이다. 모든 종류의 제도적·정책적 개혁은 반드시 기존의 전략과 정책들에 이해관계를 가지고 있는 사회집단들로부터의 압력과, 동시에 새로운 전략과 정책들에 이해관계를 갖는 사회집단들로부터의 압력에 직면할 수밖에 없기 때문이다. 한국과 대만은 모두 이러한 압력들로부터 비교적 자유로울 수 있었는데, 그것은 한편에서는 강한 국가권력 때문이기도 했지만 다른 한편에서는 사회집단들이 상대적으로 취약했기 때문이기도 했다. 그런데 일단 관료제가 갖추어지고 난 다음의 가장 큰 논점은 정치적 지도력으로부터 관료들의 독립성을 성취하는 문제이다. 즉 개혁의 성공을 위해서는 정책 결정 과정을 담당하는 전문관료들을

14 Wade, R., 앞의 책, 1995, pp. 118-19.

사회집단들로부터 보호하고 그들의 자율성을 확보하는 것뿐만 아니라, 정치논리에 영향을 받을 수밖에 없는 정치엘리트들로부터 전문관료들의 독립성을 확보하는 것 또한 문제가 된다. 이 점에서도 한국과 대만의 관료들은 상당한 정도의 자율성과 권한을 부여받고 있었는데, 이것은 무엇보다도 두 나라 모두 강력한 행정부에 비해 의회의 권한이 약했기 때문에 가능했다.

둘째는 정책 결정 및 추진 과정의 중앙집중성이다. 국가가 사회에 대한 자율성을 유지하고 그럼으로써 일관된 제도개혁을 수행해 나가기 위해서는 정책의 결정과 집행에서 중앙집중성이 확보되지 않으면 안 된다. 정책결정권이 여러 정책기구들에 분산되어 있을 경우에는 사회집단들이 보다 쉽게 자신들의 이해관계를 반영시키기 위한 압력을 행사할 수 있으며, 더 나아가서 권한과 조직의 분산은 정책기구들 간의 혼란과 이해대립을 일으킬 수 있기 때문이다. 한국의 경제기획원(1961년)이나 대만의 국제경제협력개발위원회CIECD의 설립(1963년), 그리고 싱가포르에서 경제개발원EDB의 설립(1961년)은 바로 그러한 예라고 할 수 있을 것이다.

셋째는 정책 실천의 일관성과 지속성이다. 특히 남미의 개발도상국들과 비교해볼 때 동아시아 국가들에서 경제정책의 일관성과 지속성은 현저한 대조를 이룬다. 가령 1960년대 중반 이후 남미 국가들에서도 국제수지의 악화와 외환부족을 타개하기 위하여 수출 촉진을 위한 정책들이 추진된 바 있지만, 앞에서도 이미 지적한 것처럼 이들 국가의 수출촉진정책은 어디까지나 수입제한체제 위에 수출유인체제를 올려놓은 것에 불과했다. 따라서 이들의 수출촉진정책은 정책의 일관성과 지속성의 결여라는 근본적인 한계 때문에 실패할 수밖에 없었다.

마지막으로, 국가가 얼마나 많은 정책수단들을 사용할 수 있는가 하는 문제이다. 일본, 한국, 그리고 대만의 산업정책을 다른 많은 나라들—선진국과 개발도상국 모두—의 그것과 구분되게 하는 것은, 기업 행동에 영향을 미치기 위해 '당근'만이 아니라 '채찍'을 사용하는 데 있어서 이들 정부가 가진 능력의 차이라는 것이다.[15] 한국의 예를 보면 은행신용에 대한 통제와 차관수입에 대한 접근의 통제가 경제정책을

15 Singh, A., 앞의 책, 1994, p. 47.

실현하기 위한 가장 주요한 수단으로 사용되었다. 뿐만 아니라 한국 정부는 조세, 환율, 원조와 차관의 배분, 보조금 등의 수단들을 광범하게 사용했으며, 정부의 정책에 비협조적인 기업이나 개인은 재산상의 피해와 함께 때로는 사법적인 처벌을 동시에 감수해야만 했다. 이러한 예들은 한국 정부가 재량적 정책수단들과, 개인이나 기업이 복종하도록 그들의 행위에 가하는 압력을 적절히 사용할 수 있었음을 보여준다.[16] 그러나 한국의 경우는 가장 뚜렷한 예증을 보여줄 뿐이며, 동아시아 신흥공업국들은 심지어 가장 자유방임주의적 정책을 선호했던 홍콩 역시도 근본적으로 동일한 능력을 가지고 있었다.

요컨대 한국과 대만의 경제발전에서 정부와 국가기구들이 수행한 간섭적 역할을 무시하거나 그들이 보다 중립적인 정책과 제도를 가지고 있었더라면 그들의 전반적인 성취가 훨씬 더 좋았을 것이라는 주장은 무의미하다. 중요한 것은 동아시아 국가들의 경제발전에서 정부 개입이 그러한 역할을 수행할 수 있었던 요인은, 그리고 다른 많은 개발도상국 정부들에게 바로 그것이 결여되어 있었던 요인은 결국 효율적으로 시장을 관리하고 통제할 수 있는 능력이라는 점이다. 동아시아 국가들과 대조적으로 남미 국가들에서 정책 선택의 폭이 협소할 수밖에 없었던 가장 큰 이유는 결국

그림 3-2 개발도상국의 경제정책구조

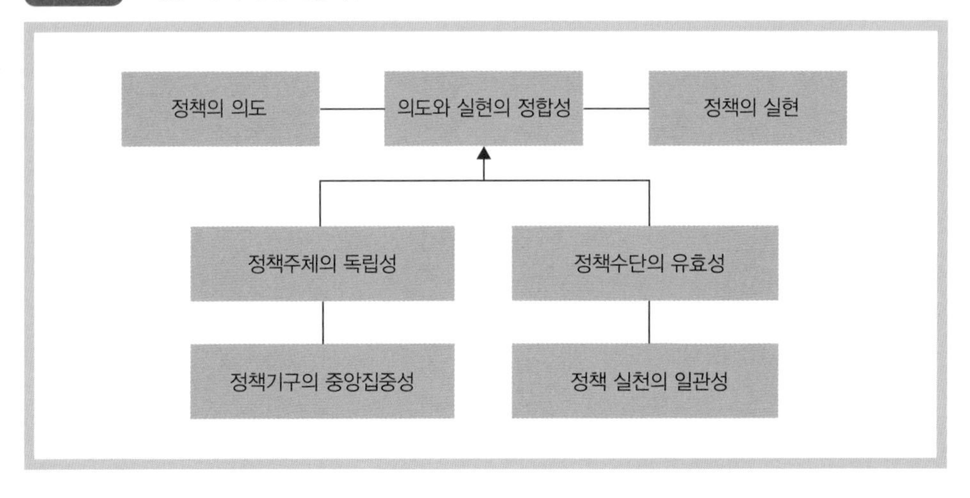

16 Mason et al., *The Economic and Social Modernization of the Republic of Korea*, Council of East Asian Studies, Harvard University, 『한국의 경제·사회의 근대화』, 한국개발연구원, 1981, p. 276 이하 및 p. 329 이하.

정부가 정책 전환을 위한 제도개혁에 필요한 조건들을 확보하지 못했다는 데 있었다. 바로 그러한 조건들을 결여하고 있었기 때문에 이들 정부는 동아시아 신흥공업국들에 비해 유리한 초기조건 위에서 출발했음에도 경제적 성취에서의 극적인 역전을 감수하게 되었다.

그러나 고도성장기 동안 확대되고 고착화되어 온 정부 개입은 다른 한편에서는 심각한 문제점들을 낳는 원인이 되고 있기도 하다. 먼저 과도한 정부 개입은 민간 부문의 자율성과 창의성을 억제하고 있을 뿐만 아니라, 관료조직의 비대화와 비능률 및 정부 개입과 관련된 부정부패 등은 경제적 효율성을 저하하는 주요한 원인이 되고 있다. 특히 성장의 결과로 민간 부문의 축적이 진행될수록 경제정책의 방향과 주도권을 둘러싼 정부와 민간자본 간의 갈등은 더욱 증폭되고 있다. 이와 같은 변화들의 결과 동아시아에서도 정부의 역할과 위상은 새로운 국면을 맞고 있다. 국가의 선택적 개입의 형태는 변화하고 있으며, 특히 1970년대 이후 일본에서 이미 나타나고 있는 것과 같은 정부 개입의 전반적인 축소가 1980년대 이후에는 동아시아의 권위주의 국가들 사이에서도 일반적인 경향으로 나타나고 있다. 이러한 변화를 이끈 가장 주요한 요인은 고도성장으로 민간 부문의 생산 및 축적능력이 증대되었다는 사실과 함께, 대외적으로는 신자유주의에 기초한 세계경제의 보호주의·지역주의 경향과 개방화·자율화의 국제적 압력이라고 할 수 있다. 이러한 변화에 어떻게 능동적으로 대응하고 또 적응해 나갈 것인가 하는 데 동아시아가 직면한 새로운 과제가 있다고 하겠다.

Chapter 04 동아시아의 공업화와 토지개혁

1. 토지개혁의 과정과 내용 비교

후발공업화에서 토지개혁은 단순히 토지에 대한 소유권 변화 이상의 중요한 의미를 지닌다.[1] 즉 토지개혁은 농업생산력을 증대시키고 소득분배를 평등화시킴으로써 산업화에 필요한 식량과 원료 및 노동력을 산업 부문에 제공해주는 등의 직접적인 효과뿐만 아니라, 기존의 전근대적 사회구조의 해체와 계급관계의 변화라는 의미를 동시에 갖는다. 따라서 각각의 나라들에서 토지개혁이 어떤 과정을 거쳐 얼마나 철저하게 수행되었는가, 또는 어떠한 이유에서 그것이 수행되지 못했는가, 그리고 그 결과로서 어떠한 사회경제적 구조가 형성되었는가를 비교하는 일은 여러 후발공업국들의 성장유형과 경제적 성취를 비교하고 평가하기 위해서 반드시 선행되어야 할 과제이다.

일본의 토지개혁은 미군정에 의해 철저하면서도 단기간에 단행되었다는 데 그 특

1 예전에는 고유명사로서 **농지개혁**이라는 용어가 더 자주 사용되었으나 최근의 연구들에서는 토지개혁이라는 용어가 보통명사로 일반화되고 있다. 따라서 이 책에서도 토지개혁이라는 용어를 사용하기로 한다.

징이 있다. 이 개혁이 조기에 실현 가능했던 요인은 일본의 지주계급이 군벌, 관료, 재벌과 함께 일본 사회의 민주화에 가장 중요한 장애 요인이며, 특히 일본의 봉건적인 토지제도가 일본 경제를 왜곡하고 군국주의의 확고한 기초를 이루고 있다는 미국의 인식 때문이었다. 따라서 저임금 노동력과 일본군 병력의 공급원인 대다수 농민과 그 가족을 지주계급의 지배에 의한 노예 상태로부터 해방시켜 그 생활수준을 향상시킨다는 것은 일본에 진주하기 이전부터 미국의 점령정책의 주요목표 가운데 하나였다.[2]

일본 토지개혁의 기본 원칙은 1946년 10월 제정된 제2차 〈농지개혁법령〉에서 명시화되었다. 이 개혁안의 골자는 다음과 같다. ① 당사자끼리의 농지 양도취득을 인정하지 않고 정부가 매수하여 2년 내에 농민에게 매도한다. ② 재촌지주의 보유한도를 내지內地는 평균 1정보町步, 홋카이도北海道는 4정보로 한다. ③ 농지개혁의 실시는 시정촌 농지위원회가 맡아서 하고 그 위원회는 선거에 의해서 선정된 소작인 5인, 지주 3인, 자작인 2인으로 구성된다. ④ 개혁 후에도 잔존하는 소작농에 대해서는 경작권을 강화하고 소작료는 논에 대해서는 수확의 25%, 밭에 대해서는 15%를 초과해서는 안 된다. 또 소작료의 물납은 허용되지 않으며 모두 금납으로 한다. ⑤ 지주로부터의 농지매수는 1945년 11월 23일(제1차 〈농지개혁요강〉을 발표했던 날) 현재의 소유관계에 소급한다는 것 등이었다.

이러한 자작농주의의 원칙에 따라 일본의 토지개혁은 1947년 봄에 시작되어 1949년 가을에 거의 완료되었다. 그 결과 200만 정보의 개방이라는 당초의 목표에는 못 미쳤으나 133만 정보의 토지가 소작지에서 자작지로 바뀌었고, 전체 경지의 50%에 지나지 않았던 자작지가 87%로 확대되었다. 소작농은 매우 싼 가격으로 토지를 입수할 수 있었고, 또 잔존소작료도 낮은 이자율로 금납화할 수 있었다. 이처럼 철저한 개혁이 신속하게 실시될 수 있었던 것은 역시 미군정의 절대적인 권력이 뒷받침되었기 때문이다. 농촌인구가 과반수를 점하던 당시의 일본에서 토지개혁은 농업생산력을 제고하고 농가소득을 올리는 효과를 가져왔다. 종전 이후 짧은 기간 동안 일본 자본주의가 이룩한 고도성장도 실은 토지개혁을 비롯한 경제민주화정책의 성공에서부

2 小島恒久 外,『日本經濟論』, 東京, 法律文化社, 1968, p. 28.

표 4-1 일본의 토지소유권 변화 (단위 : 1,000정보, %)

지역별	농지개혁 전(1945. 11. 23)			농지개혁에 의한 소유권 변화			농지개혁 후(1950. 8. 1)		
	농지 총면적	소작지 면적	소작지 비율	매매 및 관리 전환 면적	소작지 중 전환 면적	개방률	농지 총면적	소작지 면적	소작지 비율
전체	5,156	2,368	45.9	1,933	1,896	80.1	5,200	515	9.9
홋카이도	726	354	48.7	345	329	93.1	748	46	6.1
도호쿠	813	392	48.2	329	325	83.0	822	68	8.3
간토	874	442	50.6	345	343	77.5	882	108	12.2
호쿠리쿠	426	209	49.0	174	171	82.1	425	39	9.1
도야마	298	130	43.6	102	100	77.2	299	31	10.3
도카이	343	139	40.5	100	99	71.1	346	43	12.4
긴키	352	158	44.9	118	116	73.2	352	47	13.3
주고쿠	398	160	40.3	124	121	75.6	400	39	9.8
시코쿠	220	96	43.5	76	75	78.0	219	22	9.9
규슈	706	289	41.0	222	217	75.1	709	73	10.3
부현계	4,430	2,015	45.5	1,588	1,567	77.8	4,453	469	10.6

자료 : 三和良一, 『概說日本經濟史』, 東京, 東京大學出版會, 1993, p. 161.

터 시작한 것이라고 해야 옳다.

한국에서의 토지개혁은 일본과 마찬가지로 미군정에 의해 시작되었다. 한국에 진주한 지 불과 1개월도 못 된 1945년 10월 5일에 이미 미군정은 군정령 제9호로 〈최고소작료결정의 건〉을 공포하여 소작료의 3·1제를 실시할 것을 결정했다. 미군정이 이처럼 급속히 소작료 문제의 해결을 위해 나선 배경은, 당시 한국 인구의 대다수를 차지하고 있던 농민들에 대한 봉건적 착취가 고율의 소작료로 나타나고 있었으며, 따라서 이 문제의 해결이 선행되지 않고서는 점령지정책의 효과적인 실시를 기대할 수 없다는 판단 때문이다. 다른 한편으로는 일본에 대한 점령정책의 일환으로 실시된 토지개혁의 연장선상에서 일본의 개혁조치를 한국에 적용한 것이기도 했다.[3]

3 이대근, 「남북분단과 미군정 경제정책의 성격」, 박현채 외, 『한국경제론』, 까치, 1987, p. 61.

표 4-2 남한의 토지소유 상황(1945년)

	계	밭	논
총경지	232(100.0)	128(100.0)	104(100.0)
소작지	147(63.0)	89(70.0)	58(56.0)
전 일본인 소유	23	18	5
조선인 지주 소유	124	71	53
5정보 이상 소유 지주(5만 호)	57	43	14
5정보 이하 소유 지주(15만 호)	67	28	39
자작농(100만 호)	85(37.0)	39(30.0)	46(44.0)
신한공사 소유 경지	**28(13.4)**		

자료 : 조선은행 조사부, 『조선경제연보』, 1948, p. 29.

미군정이 공포한 최고소작료 결정의 내용은 다음과 같다. ① 토지 및 기타 자산의 점유 혹은 사용에 따른 소작료는 종래 어떠한 계약이 있었다 할지라도, 또 현금·금전 등 어떠한 형태로 납입하든 간에 토지 및 기타 자산의 점유 또는 사용에 의해 얻어지는 수확총액의 1/3을 초과해서는 안 된다. ② ①항의 액 이하의 소작계약이 있을 때는 계속해서 유효하다. ③ 현재의 소작계약의 유효기간 중 지주는 일방적으로 소작권을 해제할 수 없다. ④ 새로운 소작계약의 체결 혹은 소작계약의 연장·경신에서도 1/3 이상의 소작료를 정한 것은 위법이다. 본령을 위반한 경우에는 소정의 최고소작료에서 1할을 감량하여 납입하게 한다. ⑤ 현존 소작계약을 서면으로 토지등기소에 제출해야 한다. ⑥ 본령의 규정에 위반하는 자는 군율재판소에서 소정의 형벌에 처한다.[4]

소작료의 3·1제 실시는 단순히 소작료 문제로서의 의의를 넘어 이후 한국 정부에서 실시될 토지개혁의 첫 단계라는 의의를 가진다. 물론 미군정이 토지개혁을 위한 일관된 계획이나 의지를 가지고 있었던 것으로 보이지는 않는다. 뿐만 아니라 그것이 과연 당시의 한국 농민들이 갈구하던 방향으로의 개혁이었던가에 대해서는 더욱 의문스럽다. 미군정은 토지개혁을 근본적으로 지지한 것은 아니며, 그런 의미에서 소작료 3·1제는 오히려 지주의 토지소유를 바꾸지 않는다고 하는 전제 위에서의 정책이

4 이해주, 『한국경제발전론』, 부산대학교출판부, 1996, p. 104.

라고 해야 옳다.[5]

한편 같은 해 12월 6일 미군정은 법령 제33호 〈조선 내 소재 일본인재산권 취득에 관한 건〉을 공포·실시함으로써 일본인이 소유하고 있던 토지 및 그 수입을 모두 접수하게 된다. 이리하여 1946년 2월 말 현재 미군정의 소유로 귀속된 토지의 면적은 모두 324,464정보에 달했는데, 그중 일반농지가 282,480정보, 과수 및 뽕밭이 4,287정보, 산림이 37,697정보였다. 미군정은 동양척식주식회사를 신한공사The New Korea Company로 개칭하여 소유하고 있던 재산을 관리시켰다. 이후 신한공사는 미군정의 소유로 된 모든 농지에 대한 보관, 이용, 회계기관으로 지정되었다. 이어서 미군정은 1948년 3월 22일 〈중앙토지행정처설치령〉을 공포하는 동시에 〈신한공사해산령〉을 내려 신한공사의 재산을 토지행정처로 이관해서 분배하기 시작했다. 농지의 대가는 해당 토지 주생산물의 연생산고의 3배로 하고, 지불방식은 연생산고의 20%씩을 15년간의 연부로 현물로 납입토록 한다는 것이었다. 한국 정부가 수립될 때까지 분배된 귀속농지의 건수는 727,632건, 분배면적은 245,554정보로서, 그 가운데 논이 189,518정보, 밭이 56,036정보였다. 이로써 대상 경지의 약 91%, 대상 건수의 약 87%가 분배 완료되었다.[6]

1948년 8월 15일 한국 정부의 수립과 더불어 일체의 귀속재산은 한국 정부에 반환되었으며, 아직 미완인 채였던 토지개혁의 과제도 한국 정부에 이전되었다. 정부는 "농토는 농민에게 분배하며 그 분배의 방법, 소유의 한도, 소유권의 내용과 한계는 법률로써 정한다"고 한 〈헌법〉 제86조에 따라 토지개혁을 위한 법안의 작성에 착수했다. 그러나 한민당을 비롯한 이승만 정권의 주요 정치세력들이 토지에 기반을 두고 있었다는 것은 주지의 사실이다. 대부분 지주계급 출신이었던 의회와 행정부 내 집권세력의 소극적인 태도로 법안 작성은 매우 더디게 진행되어 〈농지개혁법〉이 공포된 것은 1949년 6월 21일이었다. 뿐만 아니라 동법의 시행령, 시행세칙 등이 잇달아 공포되고 농지분배점수제가 공포됨으로써 최종적으로 토지개혁 실시의 법적 혹은 절차적인 면에서의 준비가 완료되었던 것은 한국전쟁이 일어나기 불과 이틀 전인 1950년

5 櫻井浩, 『韓國農地改革の再検討』, アジア經濟研究所, 1976, pp. 45-47.

6 유인호, 「해방후 농지개혁의 전개과정과 성격」, 『해방전후사의 인식』, 한길사, 1980, p. 412.

6월 23일이었다.

〈농지개혁법〉의 주요내용은 다음과 같다. ① '유상몰수, 유상분배'의 방법과 '경자유전耕者有田'의 원칙을 취하고 전답의 소유한도에서는 최고 3정보로 제한한다. 다만 과수, 상전 등의 다년생 작물에 관해서는 이러한 제한이 없다. ② 분배된 농지에는 경작자의 소유권이 인정되나 상환 완료 시까지는 자유처분이 제한된다. ③ 매수농지의 평가는 당해농지 주작물의 평년작 생산물의 150%로 한다. 지주에게는 이 생산량을 표시한 지가증권을 발급하고 매년 정부가 정한 농산물가격으로 환산한 금액의 1/5씩을 5년간 지불한다. 다만 다년생 식물재배지, 유지, 농로, 수로 등 농지의 부속시설은 시가에 의하여 사정하고, 개간·간척지에는 특별보상을 해준다. 동일 피보상자에 대한 보상액에는 총생산량 및 금액에 의하여 체감률을 적용한다. 지주는 지가증권을 귀속재산 불하대금으로 충당할 수 있고, 또 기업자금에 사용할 때는 정부가 융자를 보증한다. ④ 대상 농지는 기경전답, 잡종지와 그 부속토지에 한하며 산림이나 미간지는 제외한다. ⑤ 분배되는 주체는 대상 농지의 소작농을 우선시키며, 그 밖에 영농능력을 가진 피고용 농가, 순국열사의 유족 및 국외로부터 귀환한 농가의 순위로 정부에 의하여 분배된다. ⑥ 소작이나 일반적인 위탁경작지는 일체 폐지하나 재촌농가의 자영은 인정하고 또 위토를 비롯하여 질병, 입대 등에 한하여 경작위탁을 인정한다. ⑦ 분배농지의 대소규모는 수배 농가의 노동력과 농업생산수단의 보유상태에 의하여 지역별 농지위원회의 심사를 거쳐서 결정한다.[7]

표 4-3 한국의 토지개혁 실적

구분	수배 농가(호)	분배면적(정보)		
		논	밭	합계
일반농지	952,753	191,411	76,467	267,878
귀속농지	596,801	160,999	41,145	202,144
합계	1,549,532	352,410	117,612	470,022

자료 : 김병태, 「농지개혁의 평가와 반성」, 김윤환 외, 『한국경제의 전개과정』, 돌베개, 1981, p. 48.

7 이해주, 『한국경제발전론』, 부산대학교출판부, 1996, pp. 105-06.

표 4-4 한국의 소유 형태별 농가 구성 (단위 : %)

	1945년	1947년	1964년	1965년
자작농	13.8	16.5	71.6	69.5
자소작농	16.4	38.3	14.8	15.5
소자작농	18.2		8.4	8.0
소작농	48.9	42.1	5.2	7.0
불경작자	2.7	3.1	–	–
계	**100.0**	**100.0**	**100.0**	**100.0**

자료 : 문팔룡 외, 『한국의 농촌개발』, 한국개발연구원, 1981, p. 248.

토지개혁의 결과 1945년 전체 농가의 48.9%였던 소작농의 비율은 점점 줄어들어 1964년에는 불과 5.2%에 불과했다. 또 소작지의 면적도 전체 경지의 약 60%에서 15% 이하로 하락했다. 그러나 종중宗中 소유의 토지, 교육기관 및 특수기관의 소유지, 개간지 등 토지개혁의 대상에서 제외된 토지가 약 8%에 달했으며, 통계에 잡히지 않은 불법소작지의 비율도 약 8%에 해당했던 것으로 추정되므로 실제 소작지의 비율은 이보다 훨씬 높았을 것이다.[8] 이미 지적한 것처럼 남한의 토지개혁 과정은 농민의 참여가 원천적으로 봉쇄된 상태에서 오직 지주계급의 대표자들에 의해 철저히 그들의 이해관계를 보호하기 위한 방향으로 진행되었다는 점에서 근본적인 한계를 지니고 있었다. 뿐만 아니라 그러한 불충분한 개혁조차도 한국전쟁으로 인해 중단 상태에 빠지고 말았다. 규모 조정과 지주에 대한 보상조치 또한 부진하여 분배농지의 상환실적은 10년이 지났어도 완결되지 않은 상태였다.[9]

한국의 토지개혁이 부진할 수밖에 없었던 원인은 무엇보다도 농민부담의 과중으로 인한 결과였다. 농지대가의 납입은 1950년부터 시작되어 1954년에는 끝날 예정으로

8 문팔룡 외, 『한국의 농촌개발』, 한국개발연구원, 1981, p. 248.

9 당시 한국의 주요 정치세력들은 지주계급 출신으로, 근본적으로 이들은 토지개혁에 대해 소극적이었을 뿐만 아니라 더 나아가서는 토지개혁을 거부하고자 하는 입장이었다. 그럼에도 불구하고 이들이 토지개혁에 나설 수밖에 없었던 것은 결국 토지개혁에 대한 농민들의 요구가 그 자체를 거부할 수는 없을 만큼 강력했다는 것, 특히 북한에서 이미 1946년 3월에 토지개혁에 착수하여 비교적 성공적인 재분배를 완료하고 있었다는 사실 때문이었다. 여기에 남한의 조속한 사회적 안정을 바란 미국의 압력이 더해져, 이승만 정권은 마지못해 토지개혁에 착수하지 않을 수 없었던 것이다.

되어 있었으나 실제로는 1954년까지의 납입률은 56.8%에 그쳤다. 이처럼 토지개혁을 전후한 한국 농가의 생활은 지극히 어려웠는데 그 원인은 첫째, 상환기간이 한국전쟁과 겹쳐 농업생산이 크게 저하되고 있었다는 사실이다. 둘째, 〈임시토지수득세법〉에 의하여 1951년부터 농민에게 중세가 부과되었기 때문이다. 전쟁으로 말미암아 정부의 재정지출은 증가하는데도 공업 부문은 전쟁의 피해로 세수 재원을 확보하기 어려워 결국 농민에게 과중하게 부담되고 말았던 것이다. 셋째, 토지의 피분배농가는 정부에 토지대가와 임시토지수득세를 함께 현물로 납입했는데 정부는 토지수득세를 우선적으로 충당했다. 넷째, 농민에 대한 금융조직의 정비가 따르지 않아 농업경영에 곤란을 가져왔다. 다섯째, 영세경작자가 압도적으로 많아 토지대가와 토지수득세의 납입이 곤란했다. 이러한 상황에서는 정부가 기대했던 농업생산력의 향상 및 농민생활의 개선은 도저히 기대할 수가 없었다.[10]

한편 정부의 지주에 대한 지가보상 상황을 보더라도 1955년 5월 말 현재, 즉 보상이 완료되지 않으면 안 될 단계에서 필요보상금액 153억 2,700만 환에 대하여 지불액은 42억 5,600만 환으로 약 28% 선에 그쳤다. 이 당시 피분배농가의 상환율은 60% 정도에 이르고 있었으므로 정부의 지주에 대한 보상률은 상환율의 절반에도 못 미치고 있었다. 이 때문에 지주에 대한 보상기간도 지가상환과 같이 1957년 말까지 연장되었다. 그러나 1957년 말 현재까지의 보상 상황은 87.6%로서 농지대가의 상환율 89.1%에도 밑돌았다. 이처럼 지주에 대한 보상이 지연되었을 뿐 아니라, 보상액의 환산에 적용된 곡물의 공정가격은 시중가격의 40~70%에 지나지 않았다. 따라서 지가상환과 마찬가지로 지가보상도 1960년대로 이월되어 1962년 말에 가서야 보상률은 간신히 94.8%에 이르렀다.[11]

대만의 토지개혁은 한국과는 다른 조건에서 시작되었다. 토지개혁 당시 대만의 농가구성은 자작농이 34%, 반자작농 26%, 소작농 40%로서, 소작농과 반자작농을 합치면 모두 2,542,273명에 이르렀는데, 이는 농업인구의 66%에 해당했다.[12] 토지소유

10 이해주,『한국경제발전론』, 부산대학교출판부, 1996, pp. 106-07.

11 같은 책, p. 107.

12 湯武,「臺灣의 土地改革」,『思想界』, 1956년 9월호, p. 174.

규모를 보면 상위 10%의 농가가 토지의 60%를 소유한 반면에 하위 40%는 단지 5%만을 소유하고 있었다.[13] 그러나 소작농이 인구의 80%를 넘었던 한국과 비교하면 농민들의 경제적 처지는 덜 열악한 편이었다. 두 나라에서 보다 중요한 차이는 본토에서의 군사적 패배가 농민들의 지지를 획득하지 못한 데서 비롯되었다는 인식이 국민당 정부로 하여금 토지개혁에 대한 강력한 의지를 갖게 했다는 사실이다. 이 점에서 대만의 토지개혁은 미군정에 의해 시작되었고 지주계급의 반발로 지지부진했던 한국의 토지개혁과 근본적으로 구분된다.

대만의 토지개혁은 "국가가 토지의 분배와 관리를 함에서는 자경농과 직접 토지를 사용하는 사람을 부식하는 것을 원칙으로 한다"[14]고 규정한 〈헌법〉 제143조 제3항에 입각하여 3단계로 진행되었다. 1단계는 '소작료의 감조the rent reduction program'이다. 1951년 6월 7일 대만성 주석이던 천선陳盛은 〈토지법〉 제177조 규정에 의해 〈경지375감조조례〉를 입법원에 제출했는데, 이 조례의 제2조는 "경지의 지세액은 주요농작물의 전년 수확량의 1,000분의 375(375‰)를 초과할 수 없으며, 원래 지세를 1,000분의 375 이상으로 계약한 자는 이를 1,000분의 375로 감하고, 1,000분의 375 이하로 계약한 자는 이를 증가할 수 없다"고 규정했다. 또 조례의 제4조는 "경지의 주요농작물의 전년 수확 총량의 표준은 각 향진의 경지조정위원회에서 경지등급에 준하여 평의하고 각급정부의 결재를 받아야 한다"고 되어 있으며, 제5조는 "경지대여기간은 6년 이내로 하지 못하며 그 본래 계약이 6년을 초과한 자는 원래 약정에 의할 것"을, 제12조는 "대차인의 농사는 대여인이 원래 무조건으로 제공한 것은 본 조례 시행 후에도 계속 대차인이 사용하며, 대여인은 이를 거절하든가 보수를 수취할 수 없다"고 각각 규정했다.[15]

대만의 375감조減租는 본격적인 토지개혁을 위한 전주로서 실시되었다는 점에서 미군정이 실시한 소작료의 3·1제와 유사한 의미를 갖는다. 대만에서 토지개혁 1단계의 성과는 다음과 같이 요약된다. 첫째, 감조의 결과 소작농의 매년 수입이 평균 30% 증

13 Rabushka, *The New China: Comparative Economic Development in Main China, Taiwan, and Hong Kong*, San Fransisco, Westview Press, 1987, p. 110.

14 湯武,「臺灣의 土地改革」, 1956, p. 173.

15 같은 글, p. 175.

표 4-5 **375감조 전후의 토지가격** (1948년 = 100, 단위 : %)

연도	7등급지	10등급지	16등급지	22등급지
1948년	100	100	100	100
1949년	65	71	67	65
1950년	67	63	57	41
1951년	56	48	42	38
1952년	38	43	35	27

주 : 논의 경우의 토지가격임.
대만의 논은 비옥도에 따라 1~26등급지로 구분되는데, 등급이 낮을수록 비옥도가 높음.
자료 : Hsiung, J. C., *The Taiwan Experience 1950-1980*, The American Association for Chinese Studies, 1981, p. 142.

가했다. 그 이유는 첫째, 농업생산성의 증가로 1950년 대만성 전체의 미곡생산량이 평균 30% 증가했다. 둘째, 소작농의 생활이 현저하게 개선되었다. 셋째, 농지가격의 하락이다. 농지가격은 서부 지역에서는 평균 39.56%, 동부 지역에서는 평균 50.48% 하락하여 전국 평균으로는 42.30%가 하락했다. 이러한 농지가격의 하락은 농민들의 토지 구입을 용이하게 했는데, 1949~52년간 농지를 구입한 소작농의 호수는 25,165호(11.85%), 그 면적은 20,108갑 — 1갑甲은 약 2.3968에이커 또는 0.9699헥타르에 해당함 — 에 이르렀다.[16] 375감조가 미친 효과를 보면, 지력이 중간 정도인 논 1헥타르에서 지대를 제하고 얻는 농민의 수입은 그 전년에 비해 각각 1950년에는 49%, 1951년에는 63%, 1952년에는 71%, 1953년에는 81%라는 높은 비율로 계속 증가했다.[17] 이러한 직접적인 경제적 성과 이외에도 감조는 그동안 남용되어 왔던 지주의 권한을 대폭 축소시킨 동시에 소작권을 강화함으로써 농민의 생활 향상과 생산의욕의 고취에 크게 기여했다.

대만에서의 토지개혁 제2단계는 '공유지의 불하公地放領'이다. 이는 정부가 소유한 농지를 개방하여 농민들로 하여금 경작하게 한다는 의미이다. 당시 대만의 전체 토지면적 3,707,657갑, 경지면적 841,305갑 가운데 국유, 성유, 현시 및 향진 소유의 공

16 같은 글, p. 176.

17 Han Lih-Wu, *Taiwan Today*, Taipei, Cheng Chung Book Company, 1976, pp. 65-66.

유지는 모두 181,490갑에 이르렀다. 국민당 정부는 1951년 5월 〈방령공유경지부식자경농실시판법方領公有耕地扶植自耕農實施辦法〉을 공포하여, 현재 공유지를 대차하여 경작하고 있는 농호, 고용농, 대차경지가 부족한 소작농, 경지가 부족한 반자작농, 경작할 토지가 없는 자로서 경작할 토지를 수요하는 자, 농업으로 전업한 자 등에게 공유지를 분배했다.

각 농가는 논 2/5갑 또는 밭 1~4갑을 취득했으며 공유지를 취득한 사람은 지가를 현금지불 대신 실물로 납부할 수 있었다. 지가는 10년으로 나누어 상환되었으며, 특히 매년 상환하는 액수는 토지세까지 포함하여 취득한 토지의 전년 생산액의 1,000분의 375를 초과할 수 없었다. 이 법의 시행으로 1948~51년간 토지취득 농가는 96,906호, 면적은 49,702갑으로서 매호 평균 0.5129갑(1.23에이커)에 해당되었다. 다수의 농민들은 이미 약간의 자기 경지를 가지고 있는 경우가 많았으므로 실제의 평균 소유지는 1.2083갑(2.8960에이커)에 달했다. 자작농과 소작농을 합친 대만의 총농가가 566,270호, 평균경작지가 1.3009갑이라는 점을 고려하면 이러한 규모의 토지소유면적은 전혀 좁다고 할 수 없다.[18]

표 4-6 375감조 이후의 소작관행 변화

지주권 남용의 예	감조 이전	감조 이후
소작계약 기간	거의 명시되지 않음	3~6년
소작계약 형태	거의 구두계약	모두 문서계약
재소작	광범히 만연함	모든 소작계약은 지주와 임차인이 직접 체결함
선대금	1년치 소작료를 예치함	모든 선대금은 금지하며, 기존의 선대금은 환불함
흉작 시 지대 지불	지대 인하나 면제 없음	수확감소율에 따라 지대 인하 및 면제
지대의 선징수	광범하게 만연함	직접적으로 금지함
보조작물에 대한 지대	광범하게 만연함	직접적으로 금지함

자료 : Han Lih-Wu, *Taiwan Today*, Taipei, Cheng Chung Book Company, 1976, p. 66.

18 湯武,「臺灣의 土地改革」, 1956, p. 177.

마지막으로 토지개혁의 제3단계는 '경자유전'의 원칙에 의한 토지재분배계획이다. 1953년 1월 29일 국민당은 지주의 소유경지가 3갑을 초과하지 못하게 하고 나머지 토지는 국가에서 몰수하여 소작농에게 재분배했다. 징수한 경지의 지가는 주요농작물의 전년 수확 총량의 2.5배로 책정되었으며, 상환방법은 일체의 현금지불 없이 실물토지채권 7할과 공영사업체주권 3할을 지급했다. 실물토지채권은 연리 4%로 원리금을 합하여 10년 동안 분할상환하게 되어 있었다. 이러한 계획에 따라 1953년 2월에서 1954년 1월까지 징수한 경지는 147,433갑에 달했으며, 이를 195,000호의 농가에 분배했다.

이상과 같은 일련의 단계적이면서도 일관된 개혁조치들에 의해 대만에서는 모두 215,000헥타르의 자작지가 추가로 만들어졌는데, 이는 전체 경지의 25%에 달하는 규모였다. 또한 그 결과로 1948년에는 경지의 44%였던 소작지가 1953년에는 17%로 축소되었으며, 소작농의 비율도 1947년의 41%에서 1953년에는 21%, 1970년에는 10%로 축소되었다.[19]

대만의 토지개혁이 한국에서보다 더 일관되고 철저하게 진행될 수 있었던 가장 근본

표 4-7 대만의 토지개혁 성과

	토지재분배			375감조
	공유지 매각	경자유전 분배	총분배	
해당 토지면적(甲)	71,663	143,568	215,231	256,948
논	34,089	121,535	155,624	220,029
밭	37,524	22,033	59,557	35,305
기타	50	–	50	1,614
총경지 중 비율(%)*	8.1	16.4	24.6	29.2
해당 농가 수	139,688	194,823	334,511	302,277
총농가 중 비율(%)*	20.0	27.9	47.9	43.3
해당 지주 수	–	106,049	106,049	–

* 1951~55년 평균.
자료 : Thorbecke, "Agricultural Development," Galenson, W. ed., *Economic Growth and Structural Change in Taiwan*, Ithaca, Cornell University Press, 1979, p. 173.

19 Amsden, "The State and Taiwan's Economic Development," Evans et al. eds., *Bringing the State Back In*, Cambridge, Cambridge University Press, 1985, p. 40.

적인 차이점은, 대만의 정치엘리트와 정책담당자들은 본토 출신으로서 토지소유에 아무런 이해관계를 가지고 있지 않았다는 점일 것이다. 이런 이유에서 국민당의 관료들은 비교적 지주계급의 이해로부터 자율적이었다. 반면에 한국의 경우 관련 법안들을 입안하고 실시한 당사자들이 지주계급 출신으로서 토지개혁과 상반된 이해관계를 가지고 있었다. 뿐만 아니라 국민당 정부는 토지개혁을 추진하고자 하는 경제적 목적 이외에 강력한 정치적 목적을 가지고 있었다. 즉 토지개혁을 통하여 본토에서 공산당이 실시한 토지개혁에 대한 농민들의 심리적 공감을 견제하고 나아가서 공산당과 본토 농민들에 대한 선전효과를 얻고자 했던 것이다.[20]

2. 토지개혁의 성과와 의의

한국에서 토지개혁의 성과에 관한 기존의 연구는 대체로 두 가지 경향으로 구분된다. 하나는 개혁의 허구성 내지는 불철저성을 강조하는 비판론이며, 다른 하나는 개혁의 의의를 적극적으로 강조하는 긍정론이다. 비판론의 주장은 ① 개혁의 지연으로 인한 소작지의 사전방매, ② 지가증권의 가치저하와 방매로 인한 토지자본의 산업자본화 실패, ③ 영세과소농제의 창출에 의한 소작제 부활방지의 실패 등에 근거하고 있다. 반면 긍정론은 ① 지주제 해체=자작농체제의 창출, ② 토지자본의 산업자본화 실현, ③ 농업생산의 성장과 소농민경영의 연속적 발전의 기초 창출 등을 근거로 제시하고 있다.[21] 1980년대 중반까지만 해도 대부분의 연구가 비판론적 입장을 견지했으나, 최근 풍부한 실증연구의 축적에 힘입어 긍정론을 주장하는 연구 성과들이 잇달아 제시되고 있다. 그런데 이 두 견해의 대립은 사실 어느 쪽이 절대적으로 타당하고 또 그렇지 못하다기보다는 관점과 기준의 차이에서 비롯된 측면이 크다. 즉 전자의 연구들이 대체로 토지개혁의 직접적이고 단기적인 효과를 기준으로 평가하고 있는 반면에 후자의 새로운 연구들은 이후 한국의 경제발전이라는 보다 거시적이고 장기적인

20 Haggard, *Pathway from the Periphery: The Politics of Growth in the Newly Industrializing Countries*, Ithaca, Cornell University. Press, 1990, p. 82.

21 전강수, 「한국 농지개혁의 재평가」, 『공업화의 제유형(II)』, pp. 213–14.

관점에서 그것을 평가하고 있다고 볼 수 있다. 이 책에서는 기본적으로는 후자의 관점을 지지하되, 양자의 절충론적 입장에 서서 토지개혁의 장단기적 효과를 평가해보고자 한다.[22]

흔히 토지개혁의 일차적 성과에 대해서는 단순히 얼마나 많은 토지가 재분배되었는지를 놓고 생각하기 쉽다. 그러나 정작 개발도상국의 경제성장에서 그 의의는 그것에 국한되지 않는다. 토지개혁의 일차적인 목적 가운데 하나는 산업화에 필요한 자원의 조달이다. 그러나 토지자본의 산업자본으로의 전화라는 측면에서는 한국과 대만 모두 성공적이었다고 하기 어렵다. 먼저 한국의 경우를 보면 지가증권을 받은 지주층은 산업자본가로 전신할 기회를 거의 포착할 수 없었다. 왜냐하면 당시 귀속재산의 불하가 연고가 있는 개인 중심의 불하방식을 취하면서 영세지주에게는 참가의 기회를 주지 않았으며, 주식참여의 기회도 제공하지 않았기 때문이다. 지가보상의 95%가 지주의 생계비에 충당되는 현금지출에 사용되었으며, 그마저 누진적인 인플레이션 때문에 액면가격의 50% 정도로 시중에 투매되는 일이 많았다. 일부의 대지주를 제외하면 지주로서 산업자본가가 된 사례는 매우 드물었고, 지가증권은 곡물투기상과 고리대업자 등의 상업자본에게 본원적 자본축적의 기회를 제공했을 뿐이다. 따라서 토지자본을 산업자본으로 흡수하여 공업화를 추진한다고 하는 정책목표에서 본다면 한국의 토지개혁은 실패했다고 해야 할 것이다.[23]

대만의 경우에도 경자유전 원칙의 개혁이 산업자본가계급을 전면적으로 창출하지는 못했다. 지주들은 지가의 30%를 국영기업의 주식으로 보상받았으나, 이 기업들은 국가의 직접경영 아래에 놓여 있었기 때문에 지주들은 경영에 참여할 기회를 전혀 가질 수 없었다. 게다가 그들이 포기한 토지의 가격이 시중가격보다 훨씬 낮았고 채권의 이자율도 낮았기 때문에 지주들은 거의 헐값으로 그 채권을 매각할 수밖에 없었다.[24] 하지만 그렇다고 해서 한국과 대만의 토지개혁이 산업자본의 형성에 전혀 기여

22 다만 이후 한국의 경제개발에서 토지개혁의 의의가 충분히 인정되어야 한다고 해서, 그것이 이승만 정권이 의도적으로 그러한 효과를 계획했다거나, 더 나아가 그 때문에 한국의 경제성장이 가능했다고 평가하는 것은 지나치다는 점도 분명히 언급되어야 옳을 것이다.

23 이해주,『한국경제발전론』, 1996, pp. 107-08.

24 Haggard, 앞의 책, 1990, p. 82.

하지 못했다는 것은 아니다. 토지개혁은 농업에서의 잉여획득의 기회를 축소시킴으로써 토지자본이 산업 부문에서 새로운 투자처를 찾지 않을 수 없게 만들었다. 가령 한국의 경우에 토지자본의 상당한 부분이 상업자본을 통하여 귀속재산의 불하에 돌려짐으로써 결과적이기는 하지만 산업자본의 형성에 일정한 기여를 했다. 대만의 경우에도 토지소유의 재집중을 강력히 억제하는 정책을 추진함으로써 농촌의 잉여자본을 산업 부문으로 유도하는 데 비교적 성공했다고 평가할 수 있다.[25]

한편 봉건적 토지소유관계를 해체하고 농민의 경제적 지위를 향상시킨다는 목적에서 보면 한국과 대만은 모두 일정한 성과를 얻었다. 대만에서는 토지개혁의 결과 농민의 경제적·사회정치적 자립이 현저하게 나타났기 때문이다.[26] 먼저 경제적인 측면에서 보면 1948년 당시 소작농의 비율이 전체 경지의 44%, 농가의 41%를 차지했으나, 토지개혁 후인 1953년에는 그 비율이 각각 17%와 21%에 불과하게 되었다. 불과 수년 만에 토지개혁은 지주지배적 농업을 자영농민 중심의 농업으로 전환한 것이다.[27] 한편 정치적·사회적으로도 농민들의 지위는 크게 상승했다. 한 예로 각급 지방의회의 의원 가운데 농민대표의 비율이 1953년 이전에는 14%에 불과했으나 개혁 이후에는 27%로 증가했다.[28]

대만에서 토지개혁의 성과 가운데 가장 중요한 것은 이처럼 농민들의 경제적·사회적 향상이 농업생산성의 향상으로 이어짐으로써 이후 대만의 고도성장에 중요한 기

25 Amsden, 앞의 책, 1985, p. 42.

26 그러나 한국에 비해 대만은 이미 일본의 식민지배기간 동안 농업에서 상당한 발전이 이루어진 상태였다는 사실도 충분히 감안해야 한다. 대만의 봉건적·반봉건적 사회구조를 근본적으로 변화시킨 것은 아니었을지라도 일본은 수출용 농산품의 생산을 위하여 농업 부문의 근대화를 상당한 정도로 진행시켰다. 농촌의 사회간접자본에 대한 투자, 농업 투입요소들의 확대, 근대적 소유권제도의 확립 등은 설탕산업과 같은 가공산업과 연계되어 쌀과 열대작물들을 생산하는 상업화된 농업 부문을 창조하는 데 기여했다. 농업에 대한 일본의 투자는 피지배국가인 대만이 무역에서 흑자를 내고 정부투자와 경상경비를 세입으로 충당하는 것이 가능하도록 했다. 1930년대까지 대만은 일본에 대하여 순채권국이었던 반면 한국은 일본에 대해 지속적인 무역적자를 기록하고 있었다. 1916~1938년 사이에 이 두 식민지에서의 총자본형성액은 거의 동일했지만, 대만에서는 그 가운데 18.2%만이 장기 자본수입으로 충당된 반면 한국에서는 그 비중이 128.1%에 달했다. 동일한 제국주의체제에 위치했음에도 불구하고 양국 농업의 상이한 수익률이 상이한 종속의 상황과 정도를 만들었던 것이다(Haggard, 앞의 책, 1990, p. 135).

27 Ho, S. P. S., "Economics, Economic Bureaucracy, and Taiwan's Economic Development," *Pacific Affairs*, Vol. 60, no. 2, 1987, pp. 234-35.

28 湯武, 「臺灣의 土地改革」, 1956, p. 178.

표 4-8 대만 농업의 기간별 성장률 (연평균, 단위 : %)

연도	농업총생산	농업총산출물	총부가가치
1913~23	2.7	2.8	1.9
1923~37	4.0	4.1	3.8
1937~46	-4.9	-4.9	-3.9
1946~51	10.3	10.2	9.2
1951~60	4.6	4.7	4.1
1960~70	4.1	4.2	3.3
1913~37	3.5	3.6	3.0
1946~70	5.5	5.6	4.8
1951~70	4.3	4.4	3.7
1913~70	3.0	3.0	2.6

자료 : Thorbecke, "Agricultural Development," 앞의 책, 1979, p. 135.

표 4-9 대만 농업의 부문별 성장률 (연평균, 단위 : %)

연도	전체	주곡*	특수작물	과일	채소	가축
1947~53	10.3	8.1(8.8)	17.4	1.2	5.7	17.0
1954~67	4.4	3.2(3.0)	2.9	14.2	5.9	6.3
1968~74	2.3	-0.6(-0.1)	-0.8	6.1	9.7	5.9
1947~74	5.1	3.2(3.3)	4.9	8.7	6.9	8.7

* 괄호 안의 수치는 주곡 중 쌀의 성장률임.
자료 : Thorbecke, "Agricultural Development," 앞의 책, 1979, p. 145.

여를 했다는 점이다.[29] 대만의 경제성장에 대한 농업의 기여도는 크게 다음의 세 가지로 요약된다. 첫째는 도시거주자를 포함하여 전 인구를 부양하기에 충분한 식량을 생산했다는 점이다. 둘째, 외환을 획득하기 위한 수출 가능한 잉여를 제공했다는

29 리궈팅(李國鼎)은 대만에서 토지개혁의 성공은 처음부터 농업생산성의 향상을 목적으로 추진되었기 때문이라고 평가한다. 즉 토지개혁이 다른 개발도상국이나 중국 본토에서처럼 이데올로기나 농민에 대한 동정심에서 출발할 경우에는 결국 인구 압박으로 인해 장기적으로는 성공할 수 없다는 것이다(Li Kuo-Ting, *The Evolution of Policy Behind Taiwan's Development Success*, 1988, p. 113).

점이다. 마지막으로, 산업 부문에서 필요로 하는 노동력을 방출했다는 점이다.[30] 여기에 덧붙여 특히 최근 대만 경제의 주요한 핵심 부문으로 주목받고 있는 중소기업 중심의 경제구조를 형성하는 데도 토지개혁이 크게 기여했다. 대만에서 중소기업의 성장에는 몇 번의 주요한 계기가 나타나는데 그 가운데 최초의 계기는 바로 토지개혁이었다.

대만의 제조업 부문 기업 수에서 차지하는 종업원 500인 미만 기업의 비중은 1961년의 99.2%로부터 1981년의 99.4%까지 예외 없이 99%를 넘는다. 중소기업을 종업

표 4-10 농업성장의 국제비교 (단위 : %)

		1952~60년	1960~73년	1973~84년
대만	생산	4.5	4.2	1.8
	고용	0.7	-0.5	-1.9
	노동생산성	3.8	4.7	3.9
한국	생산		4.3	2.9
	고용	1.9*	1.4	-3.2
	노동생산성		2.9**	6.3
칠레	생산	2.9	-0.1	4.5
	고용	0.2	-2.1	1.2
	노동생산성	2.7	2.0	3.3
아르헨티나	생산	-0.1	1.9	1.7
	고용	-1.5	-0.8	-1.3***
	노동생산성	1.4	2.7	3.0***

* 1955~60년간
** 1963~73년간
*** 1973~82년간
자료 : Lin Ching-Yuan, *Latin America vs East Asia: A Comparative Development Perspective*, New York, M. E. Sharpe, 1989, p. 41.

30 Fei, J. C. H., "A Bird's Eye View of Policy Evolution on Taiwan: An Introductory Essay," Li Kuo-Ting, 앞의 책, 1988, pp. 35-36.

원 수 100인 미만으로 좁혀서 규정하더라도 그 비율은 1966년의 97.3%로부터 1981년의 95.9%까지 역시 95%를 넘는다. 이렇듯 대만 경제에서 중소기업의 비중이 특히 높은 것은 산업입지의 분산화, 즉 농촌 지역의 높은 공업화율과 밀접한 관련이 있다. 대만에서는 1970년대에 이미 공장 수의 약 60%, 생산총액의 44%, 종업원 수의 48%가 농촌에 분포했으며, 1980년대 초에 오면 공장 수의 비중은 약간 낮아졌지만 생산총액과 종업원 수는 오히려 높아져 각각 52%와 54%를 차지했다. 이러한 제조업의 지리적 분산은 농가 취업 형태에도 영향을 미쳐, 대만의 농가호수 가운데 겸업농의 비중은 1960년대에 이미 52.4%나 되었으며, 1980년에는 무려 91%에 달했다. 이에 반해 한국의 겸업농 비율은 1965년 13%, 1980년 23.8%에 불과하다.[31] 이러한 산업입지의 분산화를 가능하게 한 요인은 결국 토지개혁으로 인해 농업 부문의 소자본들이 중소기업으로 전환했다는 점과 농민의 소득증대에 의해 농촌 지역의 구매력이 상승했던 데 있다.[32]

이에 반해 한국의 경우 토지개혁은 일제하에서부터 고율의 소작료에 신음해 온 소작농민들에게 자작농이 될 수 있는 계기를 마련해주기도 했으나, 다른 한편으로는 농가 경작면적의 협소화를 심화한 요인이 되기도 했다. 또한 한국전쟁 전후의 극심한 인플레이션에 의한 협상가격차의 확대는 농가소득을 더욱 저하시켰다. 이러한 조건에서는 농업생산성의 획기적인 향상을 기대할 수 없었으며, 이후 경제개발의 추진에 따라 산업의 중심이 급속히 제조업으로 이행하면서 한국에서 경제성장에 대한 농업의 기여도는 계속 하락했다. 그러나 한국과 대만 두 나라 사이에 존재하는 차이는 상대적인 것이며, 토지개혁을 실시하지 못한 나라들과 비교할 때 두 나라 모두 토지개혁이 농업생산성의 상승을 가져왔다는 것은 분명한 사실이다. 일본, 한국, 대만 등 토지개혁을 실시한 동북아시아 국가들 중에서 개혁의 성과가 가장 불충분한 것으로 지적되는 한국에서조차 수출주도성장정책이 추진된 1960~70년대 동안 다른 산업에 대한 상대적 비중의 하락에도 불구하고 농업의 생산력 그 자체는 계속 성장해 왔다.

31 김준, 「대만경제의 특성과 장개석·장경국」, 1998, p. 157.

32 Hwang, Y. D., *The Rise of a New World Economic Power: Postwar Taiwan*, London, Greenwood Press, 1991, p. 127.

이처럼 동아시아 신흥공업국들과 다른 후진국들을 비교할 때 경제성장의 초기조건 가운데 가장 두드러진 차이는 바로 토지개혁의 유무에 있다고 해도 틀리지 않는다. 한국과 대만은 토지개혁을 수행했으며, 도시국가인 홍콩과 싱가포르는 처음부터 토지소유에 이해관계를 가진 농촌엘리트계급=지주계급이 존재하지 않았다. 반면 남미 국가들에서는 제대로 토지개혁이 실시되지 못했다는 사실은 이후 두 지역이 각각 추진한 발전전략들과 그 전개 과정의 차이를 이해하는 데 중요한 단서를 제공한다. 한국과 대만 두 나라에서 토지개혁의 직접적인 경제적 성과들은 앞에서 서술한 바와 같다. 그러나 이러한 직접적인 경제적 성과들 이외에 토지개혁은 이후 두 나라가 본격적인 경제개발정책을 추진하는 데 있어서 매우 중요한 몇 가지 경제적·사회적·정치적 조건들을 형성하는 데 기여했다. 개발도상국의 경제성장에서 토지개혁이 갖는 진정한 의의는 바로 이러한 조건들에 있다고 해도 틀리지 않는다.

한국과 대만에서 토지개혁의 첫 번째 중요한 성과는 소득불평등의 완화에 기여했다는 것이다.[33] 한국의 경우 토지개혁은 지주가 아닌 농가의 소득을 1/3 이상 증가시켰다.[34] 대만의 경우에도 토지개혁으로 인한 소득재분배의 효과는 GNP의 13%에 달한다.[35] 이것은 경제적 측면뿐만 아니라 중요한 정치적 의미를 가진다. 즉 토지개혁은 한국과 대만에서 정권에 농촌의 지지를 주었다. 특히 이들 국가에서는 본격적인 고도성장정책이 실시되던 동안 정치권력이 내내 정치적 정통성과 권위주의의 문제에 직면해 있었기 때문에, 정권에 대한 농민들의 지지는 국가가 사회집단들로부터 자율성을 확보하고 경제정책을 지속적으로 추진할 수 있게 하는 데 크게 기여했다. 물론 한국과 대만 모두 수출주도 성장정책으로의 전환 이후 농업의 비교우위는 급격히 감소했다. 그러나 이들 국가에서는 정치권력이 농촌의 지지에 상당 부분을 의존했으므로, 이들은 정책 전환 이후에도 계속 농민들을 보호하는 방향으로 정책을 추진했다.[36]

33 한국개발연구원(KDI)과 하버드대학 국제개발연구소의 공동연구도 한국의 토지개혁이 농업생산성의 향상에 얼마나 기여했는가에 대해서는 확언하기 어렵지만, 토지개혁이 미친 가장 중요한 영향은 소득분배에 대한 것이었다고 지적한다(문팔룡 외, 『한국의 농촌개발』, 1981, p. 259).

34 문팔룡 외, 같은 책, p. 265.

35 Ho, S. P. S., 앞의 책, 1987, p. 235.

36 Haggard, 앞의 책, 1990, p. 36.

한편 한국과 대만에서 토지개혁에 의한 소득분배의 평등화는 보다 균등한 교육기회라는 이차적 효과를 동반했다. 동아시아의 경제성장을 가져온 요인들 가운데 하나가 교육에 대한 높은 투자라는 점은 세계은행의 보고서를 비롯한 다수의 연구자들이 공통적으로 지적하고 있는 사실이다. 1960년대에 이미 한국과 대만은 1인당 국민소득이 훨씬 낮았음에도 불구하고 멕시코나 브라질과 맞먹는, 혹은 이들 국가를 능가하는 초등교육수준에 도달해 있었다.[37] 한국의 예를 보더라도 1960년대 초부터 농촌에서도 적령기의 거의 모든 아동이 초등학교에 진학했으며, 중학생의 수도 크게 증가했다.[38] 결국 토지개혁으로 인한 농가소득의 상승이 없었다면 이러한 높은 성과는 나타나기 어려웠을 것이라는 사실은 분명하다.

그러나 한국과 대만 모두에서 토지개혁의 가장 중요한 결과는 지주계급의 해체라고 할 수 있다. 토지개혁은 산업화에 반대하는 잠재적 위협요인을 제거했다. 그 결과

표 4-11 동아시아와 남미 신흥공업국들의 농업 부문과 정책 전환

1. 수입대체 산업화(멕시코, 브라질)	
일차산품 수출 → 수입대체 1단계 수입대체 1단계 → 수입대체 2단계	- 농업세력의 상대적 약화, 그러나 계층적 농촌 사회구조 지속. 농산품 수출로부터의 재원으로 지속되어 온 수입대체 산업화가 농업 부문의 발전을 저해함
수입대체 2단계 → 수입대체 3단계	- 외국기업들을 포함하여 수출지향적 농업에 대한 유인을 증대시킴

2. 수출주도 성장(한국, 대만)	
일차산품 수출 → 수입대체 1단계	- 토지개혁이 수입대체 산업화로의 정책 전환과 함께 일어남으로써 소득과 재산분배의 불평등 완화에 기여함
수입대체 1단계 → 수출주도 1단계	- 천연자원 수출의 결여가 정책 전환의 조건
수출주도 1단계 → 수출주도 2단계	- 농업이 점차적으로 보호됨. 집중화되고 현대화된 생산을 위한 노력

3. 중개항적 성장(홍콩, 싱가포르)	
	- 농업 부문이 중요한 의미를 갖지 못함

자료 : Haggard, S., 앞의 책, 1990, p. 41.

37 Haggard, 앞의 책, 1990, p. 238.

38 문팔룡 외, 『한국의 농촌개발』, 1981, p. 270.

일차적으로는 수입대체 산업화정책으로 나아가는 과정에 방해가 될 수 있는 사회세력이 제거되었고, 그럼으로써 국가의 운신 폭이 훨씬 넓어졌다. 또한 토지개혁은 더 나아가서는 일차산품 수출에 이해관계를 가지고 있는 지주계급을 약화시킴으로써 흔히 평가절하를 둘러싸고 일어나는 사회적 갈등의 소지를 감소시켰고, 수출주도 성장으로의 전환을 용이하게 했던 것이다. 브라질이나 멕시코와 같이 훨씬 풍부한 부존자원과 국내시장을 가지고도 경제성장에 실패한 나라들에게 결여되어 있었던 것도 바로 이 점이라고 할 수 있다. 멕시코의 경우 토지개혁은 산발적으로 일어난 농민폭동의 와중에서 추진되었으나 소유권에 대한 규제는 지체되었고, 낮은 생산성과 최저생존수준에 달해 있던 영세경작규모의 문제도 여전히 남아 있었다. 한편 브라질에서는 어떤 종류의 실질적인 토지개혁도 실시된 적이 없었다. 그 결과 브라질의 토지소유 유형은 거대한 라티푼디아latifundia나 파젠다fazenda와 함께 미니푼디아minifundia와 수많은 소작농들이 혼재하는 이중구조로 남게 되었다.[39]

산업화는 일반적으로 농업 부문에 불리하다고 이야기된다. 실제로 한국과 대만에서는 토지개혁에 의한 지주계급의 해체가 수입대체 산업화가 추진될 수 있었던 전제조건의 하나로 작용했다. 그러나 수입대체 산업화가 반드시 농업, 광업, 수출업자들 간의 과두적 지배를 약화시키는 것은 아니며, 때로는 그와 반대로 농산물수출업자와 공업가들 간의 타협을 의미하기도 한다.[40] 미흡한 토지개혁의 결과 산업화와 함께 브라질에서는 농촌엘리트계급과의 정치적 타협이 나타났으며, 멕시코에서는 새로운 농촌엘리트계급이 급성장하면서 낡은 기득권계급을 대체했다.[41] 결국 두 나라 모두 일차산품 수출업자들과 수입대체 부문의 산업자본가들 간 계급동맹이 수입대체 산업화의 지속에 강력한 이해관계를 가지고 있었기 때문에 세계경제 환경의 변화에 적극적으로 대처할 수 없었다.

흔히 남미 국가들의 실패는 수입대체전략의 근본적인 오류 때문인 것처럼 지적된다. 이에 반해 동아시아의 성공은 수출주도라는 올바른 성장전략을 추진했기 때문이

39 Haggard, 앞의 책, 1990, p. 238.

40 정일용, 「종속적 발전모형으로서의 신흥공업국」, 이대근·정운영 편, 『한국자본주의론』, 까치, 1977, p. 263.

41 Haggard, 앞의 책, 1990, p. 36.

라는 것이다. 하지만 이러한 주장은 문제의 본질을 지나치게 단순화하고 있다. 왜냐하면 이러한 주장들은 왜 특정 국가가 특정 시기에 특정한 전략을 선택할 수밖에 없었는가 하는 외적·내적 제약에 대한 분석을 결여하고 있으며, 선택된 전략을 추진하고 애초에 목적한 성과들을 달성하기 위해 필요한 조건들이 무엇인가 하는 분석 또한 결여하고 있기 때문이다. 브라질과 멕시코의 경험은 남미 국가들의 발전전략과 그 성과를 평가함에서 수입대체 산업화는 원인일 뿐만 아니라 동시에 결과이기도 하다는 것을 보여준다. 미흡한 토지개혁은 이들 국가에서 농업 부문의 대토지 소유를 온존시켰고, 따라서 일차산품 생산업자와 수출업자의 이해관계가 성장전략의 선택에 강력한 영향력을 행사했다. 특히 남미 국가들에서는 수입대체 산업화가 동아시아에서보다 훨씬 오랜 역사를 가지고 있기 때문에 이 기간 동안 형성되고 강화되어 온 농업자본과 수입대체 부문의 산업자본 간의 계급동맹이, 개발도상국의 제조업수출상품에 대한 세계시장이 확대되고 따라서 성장전략의 변화가 요구되던 시점에서 정책 전환을 지체시켰던 것이 남미 국가들의 경제적 정체의 가장 중요한 원인 가운데 하나이다.

05 Chapter

경제 환경의 변화와 중화학공업화

1. 세계경제의 위기와 국제무역구조의 변화

제2차 세계대전의 종전 이후 1950~60년대를 지나오면서 자본주의 세계경제는 역사상 유례가 없는 장기간의 호황을 누렸다. 어떤 이는 이를 장기 호황의 시대라고 부르기도 하고 또 어떤 이는 이를 전후 자본주의의 황금기라고 부르기도 한다. 그러나 1970년대 초반 들어 세계경제는 급격한 위기로 빠져들었다. 이 위기의 근본적인 원인은 단순한 것은 아니어서 한 가지로 설명하기는 어렵다. 다만 이 위기의 직접적인 계기가 된 사건은 바로 국제통화위기, 즉 달러위기와 석유파동으로 인한 공급위기이다. 1971년 8월 15일 미국의 닉슨Richard Nixon 대통령은 금과 달러의 태환정지를 핵심 내용으로 한 경제긴급조치를 발표했다. 앞에서도 서술한 바와 같이 막대한 규모의 대외원조와 국제수지의 악화로 인해 1958년 이후 미국의 금 유출은 계속 증가해 왔다. 해외보유 달러, 즉 달러 채무가 크게 늘어난 반면 미국의 금보유고는 계속 줄어들어, 1968년에 이르러서는 약 107억 달러에 불과했다. 이는 해외보유 달러의 40%밖에 상환할 수 없는 수준으로, 그 결과 달러의 태환성은 점점 더 불안해졌다.[1] 이와 같이 장기 호황기 동안 유럽과 일본의 경제력은 급신장한 데 반해, 달러화의 가치는 막대한 대외살포로 계속 하락했고, 1971년 들어서는 드디어 무역수지마저 적자를 기록했다. 이처럼 세계경제에서 미국의 지위가 크게 약화되어 감에 따라 미국은 결국 달러의 금태환을 중지하기에 이른 것이다.

닉슨 대통령의 경제긴급조치의 주요 내용은 ① 달러화의 금태환 및 외국통화와의 교환 중지, ② 수입품에 대한 10%의 과징금 부과, ③ 임금과 물가의 90일간 동결, ④ 대외경제협력자금의 삭감, ⑤ 감세에 의한 경기활성화 등이다. 이 가운데서 특히 달러화의 금태환 중지가 달러방어정책에 해당하는 것이라면 10%의 수입과징금 부과는 유럽과 일본에 대한 보호무역조치의 일환이라고 할 수 있다. 닉슨의 긴급조치는 그때까지 전후 자본주의 세계경제의 기본 질서로서 유지되어 온 IMF·GATT체제, 즉 브레튼우즈체제Bretonwoods System의 붕괴를 의미하는 동시에 전후 세계무역의 기본 원리였던 자유주의가 쇠퇴하고 신보호주의 시대가 개막했음을 의미한다. 전후 국제통화체제의 안정을 유지해 온 기본 조건으로서 1950~60년대 자본주의 세계경제의 고도성장을 이끌어 왔던 IMF·GATT체제는 닉슨 선언을 계기로 사실상 붕괴되었다. 닉슨 선언 이후 대부분의 선진국들은 국제협력을 통해 국제통화체제의 혼란을 수습하고자 했으나 큰 실효를 거두지는 못했으며, 결국 주요 선진국들은 고정환율제를 포기하고 환율을 시장에 맡기는 변동환율제를 채택하게 되었다.[2]

장기 호황을 종식시킨 두 번째 계기는 석유파동Oil Shock이다. 1973년 10월 발발한

1 Magdoff, H., 앞의 책, 1982, p. 108.

2 닉슨 대통령의 긴급조치로 국제통화체제의 동요와 세계경제에 대한 위기감이 고조되자 1971년 12월 워싱턴의 스미소니언 박물관에서 선진 10개국 재무장관 및 중앙은행 총재의 연석회의가 개최되었다. 이 회의의 주요 결정사항은 ① 고정환율제도를 종전과 같이 유지하되 각국이 미국 달러화에 대한 기준율을 설정하고, ② 달러화의 가치를 1온스당 35달러에서 38달러로 평가절하하며, ③ 환율변동폭을 달러기준율의 상하 각각 1.0%에서 2.25%로 확대한다는 것이다. 스미소니언합의에 의해 금의 공정가격은 1온스=38달러가 되어, 달러는 7.89% 평가절하되었고 다른 국가들의 통화가치는 절상되었는데, 달러의 평가절하는 37년 만의 일이었다. 한편 영국의 파운드와 프랑스의 프랑은 금에 대한 평가를 그대로 둠으로써 달러에 대해 각각 8.6%, 독일의 마르크는 금에 대해 4.6%, 달러에 대해서는 13.6%, 일본의 엔화는 금에 대해 7.6%, 달러에 대해 16.88% 평가절상하는 것으로 조정되었다. 이와 같이 각국의 통화가치가 조정됨으로써 12월 20일 미국은 수입물품에 부과했던 10%의 과징금을 철폐했다. 그러나 각국의 통화가치를 조정함으로써 고정환율제를 유지하고자 했던 스미소니언체제는 단명으로 끝나고 말았는데, 1973년 초 미국은 다시 달러의 평가절하를 단행했고, 주요 선진국들은 자국의 통화가치를 인상시키면서 변동환율제로 이행했다. 이로써 고정환율제는 완전히 붕괴되었으며, 국제통화기금(IMF)은 1976년 4월 자메이카의 수도 킹스턴에서 가맹국들의 변동환율제를 정식으로 공인했다.

제4차 중동전쟁을 계기로 아랍의 석유수출국들은 석유생산시설의 국유화와 유가의 대폭적인 인상을 시도했다. 이들은 석유수출국기구Organization of Petroleum Exporting Countries, OPEC의 주도하에 원유가격의 결정권을 장악하고 가격을 일시에 4배로 인상했다.[3] 당시 전 세계 원유 생산의 43.6%가 중동에 편재되어 있었기 때문에 가격인상은 용이하게 실현되었다. 이에 따라 원유의 공시가격은 인상 직전인 1973년 9월 말 배럴당 3달러 10센트에서 1974년 초에는 11달러 65센트로 올랐으며, 1979년 1월 제2차 석유파동 때는 13달러 40센트, 1980년 11월에는 32달러, 그리고 1981년 10월에는 사상 최고수준인 34달러로 급상승했다.[4] OPEC국가들의 경상수지흑자는 1974년 한 해 동

표 5-1 주요 자본주의국가들의 경제지표

	연도	미국	영국	프랑스	서독	일본
국내총생산(%)	1960~70	3.8	2.8	5.6	4.7	11.2
	1970~73	4.7	4.3	5.6	3.9	8.1
	1973~78	2.4	0.9	2.9	2.0	3.7
소비자물가지수 (1970년=100)	1973	114	128	120	119	124
	1977	156	249	183	146	204
실업자(100만 명)	1968	2.8	0.6	0.3	0.3	0.6
	1973	4.3	0.6	0.4	0.3	0.7
	1977	6.8	1.5	1.1	1.0	1.1
	1979	6.2	1.3	1.2	0.8	1.1

자료 : Beaud, M., *A History of Capitalism: 1500-1980*, 정동현 편, 『자본주의 역사와 변모』, 부산대학교출판부, 1995, p. 296.

3 정확히 말하면 이때의 석유가격 인상을 주도한 것은 아랍석유수출국기구(Organization of Arabian Petroleum Exporting Countries, OAPEC)이다. 그러나 OPEC의 주요 회원국 대부분이 OAPEC에 속하기 때문에 흔히 OPEC이 유가인상의 주체였다고 이야기한다.

4 석유파동의 근본적인 원인은 사실상 전후 세계경제의 전개 과정에서 이미 배태되고 있었다. 제2차 세계대전 이후 세계의 원유 생산 증가율은 연평균 15% 이상으로서 수요 증가율 7%를 크게 상회했다. 따라서 원유가격은 1920년대의 배럴당 12달러 80센트에서 1960년대 초에는 1달러 60센트까지 폭락했다. 이는 명목가격으로도 1920년대의 1/8에 불과할 뿐 아니라 달러의 구매력을 기준으로 하면 1/40까지 하락한 것이나 다름없었다. 그 결과 1970년대 초 산유국들의 원유 배럴당 수입도 1949년 수준의 2/3에 지나지 않았다. 이와 같이 원유수입의 감소에 따른 산유국들의 불만이 팽배한 가운데 닉슨 선언에 의한 달러의 평가절하는 원유 판매대금을 달러로 축적하던 산유국들의 수입과 자산을 더욱 대폭 감소시키게 되었다.

안에만 무려 600억 달러에 달하는 등 산유국들은 막대한 오일 달러를 비축하게 되었다.

석유파동과 일차산품가격의 급등으로 대부분의 자본주의국가들은 일시에 큰 혼란상태에 빠지고 말았다. 당시 원유는 석유화학공업뿐만 아니라 호황을 누리고 있던 철강과 금속공업, 전자산업 등에까지 생산원료 및 에너지원으로서 중요한 비중을 차지하고 있었다. 따라서 원유의 대폭적인 가격 인상은 세계경제를 급속한 인플레이션과 이윤율의 급락, 산유국과 비산유국들 간의 심각한 국제수지 불균형이라는 상황으로 빠뜨렸다. 이러한 혼란은 결국 1974~75년의 대공황으로 이어졌는데, 특히 이때의 대공황은 전후 세계경제의 중요한 전환점으로 작용했다. 왜냐하면 이때부터 선진국 경제는 전후의 장기 호황기를 끝내고 이른바 저성장경제로 전환하게 되었으며, 특히 생산이 감소하고 실업이 증가하면서도 인플레이션은 계속 진행되는 이른바 스태그플레이션stagflation 현상이 본격적으로 출현하게 되었기 때문이다.

국제통화체제의 위기와 석유파동에서 비롯된 공급위기의 충격으로 1973년 이후 세계무역의 성장추세도 급격히 둔화되었다. 1973~88년간 세계무역의 성장률은 약 3.8%에 머물렀는데, 이는 그 이전 10년의 평균성장률이 8.7%였던 것과 비교하면 절반에도 못 미쳤다. 공산품만 보면 평균 약 5.3%로 조금 더 높은 성장률을 보이고 있지만 이 역시 호황기 성장률에는 절반에도 못 미치는 수준이었다.[5] 이러한 위기에 선진국들은 보호무역주의를 확대함으로써 대응했는데, 그 충격에 가장 심각하게 노출되어 있었던 것은 바로 개발도상국들의 노동집약적 경공업제품 수출이었다. 장기 호황기 세계경제의 주요한 특징 가운데 하나는 개발도상국의 경제성장이 선진국에서보다 급속하게 진행되었다는 점이다. 특히 선진국에서의 생산과 국제무역의 급속한 성장은 이 시기에 본격적인 경제개발을 시작한 개발도상국들에게 매우 유리한 국제적 조건을 제공했다. 또한 선진국에서의 자본축적은 이들 국가가 국제자본시장에서 보다 쉽게 외자를 도입할 수 있게 했으며, 저렴한 일차산품가격과 선진국들 사이에서의 생산재 수출을 둘러싼 경쟁은 가공무역형의 경공업화에 유리하게 작용했다. 그

5 Amstrong · Glyn · Harrison, 앞의 책, 1993, p. 423.

표 5-2 1970년을 전후한 한국의 주요 경제지표

	1966년	1967년	1968년	1969년	1970년	1971년	1972년
경제성장률(%)	12.4	7.8	12.6	15.0	7.9	9.2	7.0
경상수지(100만$)	-103.4	-191.9	-440.3	-548.6	-623	-848	-371
차관원리금 상환액(천$)	41,231*	38,556	60,402	102,692	170,451	215,663	315,028
도매물가 상승률(%)	8.9	6.4	8.1	6.8	9.2	8.6	14.0
소비자물가 상승률(%)	12.0	10.9	11.2	10.0	12.7	12.3	11.8

* 1959~66년 합계.
자료 : 경제기획원, 『주요경제지표』, 1975.

러나 석유를 비롯한 일차산품가격의 급격한 상승과 선진국 경제의 위축에 따른 보호무역주의의 강화는 이들 국가의 지속적인 성장에 대해 심각한 위협이 될 수밖에 없었다.

수출주도정책으로의 전환 이후 한국과 대만이 현저한 고도성장을 이루었다는 사실은 명백하다. 그러나 1970년대에 들어서면서 한국 경제는 다시 위기를 맞게 된다. 1970년의 성장률은 7.9%였는데, 물론 절대적인 수준에서 본다면 그다지 낮은 성장률이라고 할 수 없지만 그 전년의 15.0%라는 경이적인 성장률과 비교하면 절반 수준을 겨우 넘긴 데 불과했다. 1970년대 초 한국 경제가 당면한 문제는 크게 인플레이션과 경기침체 및 국제수지 악화의 세 가지로 요약할 수 있다.

먼저 인플레이션은 대체로 1960년대 후반의 고성장과 1969년의 삼선개헌을 추진하는 과정에서 급증한 통화량, 그리고 해외로부터 인플레이션의 유입 등에 의한 것이었다. 한국의 통화량은 1966년 이후 매년 60~70%씩 증가했는데, 특히 1969년의 삼선개헌으로 나타난 심각한 통화증발을 흡수하는 것은 매우 시급한 문제였다.[6] 인플레이션을 억제하기 위한 긴축정책은 경기침체를 가져왔는데, 기업들은 불황의 타개를 위한 경기활성화정책을 요구했지만 정부는 불황을 일시적 정책조정의 결과로 인

6 삼선개헌을 전후한 한국의 화폐발행액 증가 추세를 보면 1967년 46.5%, 1968년 40.5%, 1969년 35.7%, 1970년 22.3%였다. 총통화의 증가율도 1967년 61.7%, 1968년 72.0%, 1969년 61.4% 등으로 급팽창하다가 1970년에는 27.4%로 다소 안정되기 시작했다(한국은행, 『통계월보』, 각호).

식하고 긴축정책을 계속 유지하고자 했다. 그 결과 1970년 이후 한국의 성장률은 계속해서 한 자리 숫자에 머물렀다.

무엇보다도 심각한 것은 국제수지였다. 1965년 910만 달러의 흑자를 기록했던 한국의 경상수지는 1966년 처음 1억 달러 이상의 적자를 기록한 이후 급격히 악화되어 적자규모가 1967년에는 1억 9,190만 달러, 1968년 4억 4,030만 달러, 1969년 5억 4,860만 달러 등으로 확대되어 갔다. 물론 한국의 수출은 1960년대 전체를 통해 연평균 40%를 넘는 높은 신장률을 기록했지만, 1960년대 후반부터 나타나기 시작한 선진국들의 보호주의 경향은 한국의 수출신장률을 둔화시켰고, 반대로 일차산품가격의 상승은 높은 수입의존도를 가지고 있던 한국의 국제수지를 더욱 악화시켰다.

한국의 국제수지 문제를 더욱 가중시킨 것은 수출주도정책으로의 전환 이후 대규모로 도입한 상업차관의 원리금 상환이었다. 1959~66년 동안 4,100만 달러에 불과하던 상환액은 1967년 3,900만 달러, 1968년 6,000만 달러, 1969년 1억 달러 등으로 급증해 갔다. 이에 따라 경상수입 총액에 대한 차관의 원리금 상환부담률도 1966년의 2.2%에서 1968년 10.1%, 1969년 14.08%, 1970년 19.01%, 1971년 19.82%로 증가했다. 단기 신용까지 포함할 경우에는 이 비율이 더욱 높아져 1968년에만 부담률 14.2%에 상환액 6,500만 달러였으며, 1969년 21.2%, 1억 3,200만 달러, 1970년 32.1%, 2억 6,800만 달러로 급증했다.[7] 여기에 경상수지적자의 보전을 위한 외자도입 부담까지 추가되면서, 1970년대 이후 한국 경제는 만성적인 국제수지 문제에 직면하게 된다.

한편 대내적 조건들만을 고려한다면 1970년을 전후한 대만의 경제적 상황은 좀 더 안정적이었다. 〈표 5-3〉에서 나타나듯이 대만은 1969년에 한국이 기록한 15.0%의 성장률과 같은 경이적인 성과는 달성하지 못했지만, 한국에서와 같은 성장률의 극단적인 동요를 경험한 적도 없었다. 석유파동이 일어날 때까지 대만에서는 대체로 10% 이상의 성장률이 지속되었다. 인플레이션 문제에서도 1970년을 전후한 한국의 소비자물가는 평균 12% 내외의 상승을 기록했지만 석유파동 이전까지 대만의 물가 상승

7 김재훈, 「공황론에서 본 1969~72년의 한국경제」, 경제사학회, 『현대 한국자본주의의 전개』, 1990, pp. 66-67.

표 5-3 1970년을 전후한 대만의 주요 경제지표 (단위 : %)

	1969년	1970년	1971년	1972년	1973년	1974년	1975년
경제성장률	8.5	10.9	11.5	11.9	12.0	0.6	2.9
제조업 성장률	19.4	20.3	24.1	21.0	19.2	-1.5	5.8
소비자물가 상승률	5.1	3.6	2.8	3.0	8.2	47.5	5.2

자료 : Council for Economic Planning and Development, *Taiwan Statistics Data Book*, 1976.

률은 대체로 3% 내외에 머물러 있었다.

1970년을 전후해 두 나라의 경제현실에서 가장 현저한 대조를 나타내고 있는 것은 무역수지이다. 한국이 1960년대 이후 계속 적자를 지속하고 있었던 데 반해 대만의 무역수지는 1970년을 계기로 오히려 흑자로 전환했다. 1970년 대만은 2억 1,000만 달러의 흑자를 기록했으나 같은 해 한국의 무역적자는 무려 10억 4,000만 달러에 이르렀다. 대외적인 수출여건의 악화와 1971년의 국제통화위기에 대응해 대만에서도 평가절하가 단행되었지만, 인하폭이 그다지 크지 않았기 때문에 대만의 통화는 미국 달러화에 대해서는 오히려 평가절상된 셈이었다. 더구나 환율 인상은 일본과의 무역수지를 개선하는 데 적지 않게 기여했다.[8] 따라서 대내적 조건들만을 고려해본다면 적어도 석유파동 이전의 대만에서는 한국에서만큼 심각한 위기적 징후는 보이지 않았다.

국제통화위기와 석유파동이 본격화되기까지는 경제적 불안정보다 오히려 정치적·군사적 불안정이 대만으로서는 더욱 심각한 문제로 나타났다. 1971년 2월 25일에 발표된 닉슨 대통령의 공산당 정부와의 관계정상화 선언이 바로 그것이다. 실제로 두 나라의 수교가 이루어진 것은 1978년 12월 15일이었지만, 대만의 경제발전에서 미국의 안보우산은 적지 않은 역할을 해 왔기 때문에 닉슨 대통령의 선언은 대만의 정치적 독립과 안정에 심각한 위협을 가져왔다. 이러한 위협의 경제적 영향은 즉각적으로 나타났는데, 한 예로 닉슨 대통령의 발표 이후 대만에 대한 외국인투자는 1971년 1억

8 Ranis, G., 앞의 책, 1979, p. 255.

6,300만 달러에서 1972년 1억 2,666만 달러로 대폭 감소했는데 이것은 1970년의 실적에도 미치지 못한 것이다.[9] 그런데 미국과 본토와의 관계정상화는 한국에 대해서도 사실상 동일한 위협이었다. 한국 역시 대만과 마찬가지로 미국의 정치적·군사적 헤게모니에 의해 보호받고 있었으므로, 중국의 국제사회 재등장으로 인한 동북아 지역에서의 국제질서 재편은 대만에 대해서뿐만 아니라 한국의 안보에도 중대한 위협이 되었기 때문이다. 여기에 베트남전쟁의 종식과 연이은 인도차이나반도의 공산화, 그리고 주한미군의 감축 등은 이러한 위협을 더욱 증폭시키는 계기가 되었다.

국제시장에서 원자재가격의 상승과 보호무역주의의 재등장이라는 세계경제 환경의 변화는 대만에 대해서도 기존의 수출주도 성장전략에 시급한 궤도 수정을 요구했다. 물론 경제적 위기의 심각성은 한국에서 더 현저하게 나타났지만 근본적으로 두 나라는 동일한 조건하에 있었는데, 한 예로 석유파동 이후 대만의 무역수지가 다시 큰 폭의 적자로 전락하고 말았다는 사실은 그 증거가 된다. 세계시장의 구조 변화에 대응하여 수출품의 구성을 변화시켜야 할 필요성과, 또한 해외시장에서 중간재 및 자본재 구입의 곤란과 비용 상승을 해결해야 할 필요성은 결국 두 나라의 수출주도 2단계, 즉 수출주도적 중화학공업화로 나타났다. 이러한 의미에서 한국과 대만의 중화학공업화는 기본적으로 1970년대 초반 세계경제의 위기가 미친 영향에 대한 대응의 산물이었다고 할 수 있다.[10]

2. 중화학공업화의 성과

한국에서 중화학공업에 대한 필요성이 처음 제기된 것은 1960년대 후반부터이다. 수

9 Gold, T. B., "Entrepreneurs, Multinationals, and the State," Winckler, E. A. & Greenhalgh, S. eds., *Contending Approaches to the Political Economy of Taiwan*, Armonk, M. E. Sharpe, 1988, p. 193.

10 한국에 비해서 대만의 중화학공업에 대한 연구는 상대적으로 빈약할 뿐만 아니라, 더 나아가서 대만의 경제성장 단계를 구분하면서 중화학공업화 시기를 이전의 수출주도 1단계와 구분되는 별도의 시기로 인정하지 않는 연구자들도 적지 않다. 가령 페이와 래니스도 1960~70년대를 총괄하여 외부지향기로 구분하고 있다(Fei, 앞의 책, 1988; Ranis, 앞의 책, 1988). 사실 대만의 경우에는 한국에서 박정희 대통령의 '중화학공업화선언'을 전후하여 나타난 것과 같은 대약진이나 민간기업의 투자경쟁을 찾아보기는 어렵다. 그러나 이 책에서는 대체로 중간재산업에 대한 투자가 확대된 1969년부터 장징궈(蔣經國)의 '10대 프 로젝트' 선언이 있은 1973년 사이에 대만의 중화학공업화가 본격화된 것으로 평가한다.

출주도 성장이 진행됨에 따른 경공업 부문의 생산력 확대는 중간재 및 생산재에 대한 수요증대를 가져왔으며, 중화학공업 부문에 대한 국내수요가 생산을 위한 최소규모에 접근함으로써 중화학공업의 기초적인 조건이 형성되었던 것이다. 특히 산업자본의 입장에서는 중화학공업의 건설을 통해 자신의 축적 기반을 확대하고자 했으며, 이에 따라 정부도 1960년대 말부터 이를 위한 정책들을 부분적으로나마 추진해왔다. 즉 1967년에는 〈기계공업진흥법〉이, 1969년에는 〈전자공업진흥법〉, 〈석유화학공업육성법〉, 〈자동차공업육성계획〉 등이, 그리고 1970년에는 〈철강공업육성법〉, 〈조선공업진흥기본계획〉 등이 잇달아 수립되었다. 그러나 이때까지는 아직 중화학공업화로의 전환을 위한 종합적인 육성계획이 마련되어 있지도, 그것을 실행하기 위한 금융 및 재정·조세정책적 지원조치들도 구체화되지 못한 상태였다. 이러한 조치들은 1973년 1월 박정희 대통령의 '중화학공업 선언' 이후에야 비로소 구체화되기 시작했다. 뿐만 아니라 이들 분야에 대한 본격적인 투자가 시작됨으로써 이른바 중화학공업화를 위한 '대약진big push'이 나타나는 것도 이때부터이다. 이 책에서 1973년 1월의 '중화학공업화선언'을 한국에서 본격적인 중화학공업화가 시작된 계기로 간주하는 것은 이런 이유에서이다.[11]

제3차 경제개발 5개년 계획기간인 1972~76년 동안 한국 경제는 국제통화체제의 동요와 제1차 석유파동 등으로 인한 세계적인 불황에도 불구하고 연평균 11.2%의 성장률을 달성했다. 세계경제의 위기가 진행되던 1974~75년 한국의 성장률은 8.7% 및 8.3%였는데, 이것은 1973년의 16.7%보다는 절반 수준이지만 국제적으로 비교해 보면 여전히 매우 높은 수치였다. 더군다나 1976년에는 15.5%의 성장률을 기록함으로써 한국 경제는 이전의 고도성장 추세를 거의 회복했다. 또한 산업구조에서 보면 이 기간 동안 광공업이 연평균 20%의 높은 성장률을 보임으로써, 1970년에 1차, 2차, 3차 산업의 비율이 28.4 : 21.7 : 49.9였던 데 비해 1976년에는 24.8 : 31.0 : 44.2로

11 여기서 또 한 가지 주목해야 할 것은 중화학공업화계획이 발표되기 1년 전인 1972년 11월에 한국 정부가 1980년대 초까지 수출 100억 달러, 1인당 국민소득 1,000달러의 달성을 목표로 하는 장기발전계획을 발표한 바 있다는 사실이다. 결국 중화학공업화는 이러한 장기 목표를 달성하기 위한 수단으로 채택된 것이라고 할 수 있다. 여기에 1972년의 10월 유신과 같은 정치·사회적 계기가 맞물려 사실상 정권의 정통성과 존립이 이러한 목표의 달성 여부에 긴밀하게 연관되어 있었던 것이 정부가 적극적으로 중화학공업화를 추진하게 된 또 하나의 배경이다.

고도화되었다.

그런데 제4차 경제개발계획은 성장률 목표를 3차 계획보다 높은 연평균 9.2%로 잡았으나, 1977~81년 사이의 실적은 5.5%의 성장률을 기록하는 데 그쳤다. 외형적으로 보면 이는 계획목표에조차 못 미치는 것은 물론, 3차 계획기간의 높은 실적과 현격하게 대비된다. 그러나 계획기간 동안의 각 연도별로 보면 1977년 10.3%, 1978년 11.6% 등 1979년 제2차 석유파동이 발생하기 이전까지는 계획목표보다 높은 성장률을 달성하다가, 1979년의 6.4%로부터 급락하여 1980년에는 1960년대 이후 처음으로 −6.2%라는 마이너스 성장을 기록했다. 따라서 제4차 5개년 계획기간 동안의 저조한 성취는 1979~80년의 경제적 위기 때문에 나타났는데, 이 위기의 원인은 바로 2차 석유파동과 세계경제의 스태그플레이션화 등과 같은 국제경제 환경의 악화였다. 물론 대내적으로도 1979~80년을 전후한 정치·사회적 불안정이 경제위기의 주요한 원인이 되었다. 따라서 1979~80년 이후 한국경제가 새로운 국면으로 전환했음을 고려하면, 1972~78년 사이에 진행된 한국의 중화학공업화는 매우 높은 성과를 기록했

표 5-4 제3차 및 제4차 경제개발 5개년 계획의 성과 (단위 : %)

	1976년	1972~76년 평균		1981년	1977~81년 평균	
	실적	계획	실적	실적	계획	실적
GNP 성장률	15.5	8.6	11.2	6.4	9.2	5.5
농림수산업	8.9	4.5	5.9	22.0	4.0	△0.1
광공업	25.4	13.0	20.0	7.2	14.2	9.7
기타 서비스업	11.3	8.5	8.4	3.2	7.6	5.2
산업구조						
농림수산업	24.8			19.6		
광공업	31.0			31.3		
기타 서비스업	44.2			49.1		
공업구조						
중화학공업	41.1			52.9		
경공업	58.9			47.1		
수출(100억 달러)	7,815			20,881		
수입(100억 달러)	8,405			24,299		

자료 : 이해주, 『한국경제발전론』, 부산대학교출판부, 1996, p. 158 및 p. 164.

다고 평가할 수 있다.

대만의 경우를 보면, 1970년 10.9%의 성장률을 기록한 이후 대만 경제는 1973년까지 매년 12% 이상의 고성장을 달성했으나, 석유파동과 수출여건의 악화로 1974~75년에는 각각 1.1%와 4.3%의 성장에 그쳤다. 특히 1974년에는 제조업 성장률이 국민당 정권의 성립 이후 처음으로 마이너스 성장을 기록했는가 하면, 무역수지도 전후 최대규모인 13억 2,700만 달러의 적자를 기록했다. 이는 수출부진도 주요한 원인이 되었지만, 그보다는 주로 원유를 비롯한 수입품의 가격 상승에 기인한 것이었다. 그러나 1976년부터는 대만 경제 또한 신속히 석유파동 이전의 수준을 회복했는데, 1976년 다시 13.5%의 높은 성장률을 기록한 이후 제2차 석유파동이 닥칠 때까지 대만은 매년 10% 이상의 고성장을 유지했다. 이처럼 대만 경제가 신속한 회복을 달성한 데는 1976년의 제조업 성장률이 23.3%에 이른 까닭도 있지만, 농업에서 10.0%라는 상대적 고성장을 기록한 것도 크게 작용했다.

중화학공업화의 성과는 성장률에서만 나타나지 않는다. 한국과 대만 모두 1960년

표 5-5 1970년대 대만의 주요 경제지표

(단위 : %, 100만 달러)

연도	성장률			산업구조			무역구조	
	GNP	농업	제조업	농업	제조업	서비스	수출	국제수지
1971	12.9	0.5	23.6	13.1	43.5	43.4	2,060	216
1972	13.3	2.2	21.2	12.3	46.6	41.1	2,988	475
1973	12.8	2.7	16.2	12.2	49.5	38.3	4,483	691
1974	1.1	1.9	−4.5	12.5	47.4	40.1	5,639	−1,327
1975	4.3	−1.2	9.5	12.8	45.9	41.3	5,309	−643
1976	13.5	10.0	23.3	11.5	49.0	39.5	8,660	567
1977	10.1	4.1	13.3	10.7	49.9	39.4	9,361	850
1978	13.9	−1.8	22.5	9.5	51.6	38.9	12,687	1,660
1979	8.5	5.2	6.4	8.7	52.0	39.3	16,103	1,329
1980	7.1	0.0	6.8	7.8	51.4	40.8	19,810	77

자료 : Council for Economic Planning and Development, *Taiwan Statistics Data Book*, various issues.

대부터 수출주도에 의한 고도성장전략을 추진해 왔음에도 불구하고 이 책에서 두 나라의 경제적 성취가 본격화하는 것이 1970년대의 중화학공업화 이후라고 평가하는 근거는 무엇보다도 중화학공업화 이후의 급속한 수출증대에서 나타난다. 즉 〈그림 5-1〉에서 볼 수 있듯이 한국과 대만 모두 1970년대 초·중반을 계기로 수출의 비약적인 성장세를 기록하고 있다. 〈그림 5-1〉을 보면 한국과 대만의 수출액은 1960년대를 통틀어 10억 달러 내외의 수준에 머물러 있었다. 그러나 대만의 수출은 1971년에 처음으로 20억 달러를, 1973년에는 40억 달러를 돌파한 이후 1976년 81억 6,600만 달러, 1977년 93억 6,000만 달러, 1978년 126억 8,700만 달러라는 급성장을 거듭했다. 한편 1973년 처음으로 30억 달러를 넘어서기 시작한 한국의 수출은 특히 석유파동 이후 본격적인 급신장 추세를 보이면서 1975년 50억 8,100만 달러, 1976년 77억 1,500만 달러를 기록했는데, 1977년에는 드디어 100억 4,600만 달러를 기록함으로써 애당초 제4차 5개년 계획이 끝나는 1980년대 초로 설정되었던 100억 달러 목표를 조기달성하면서 처음으로 대만의 수출실적을 추월했다.

이러한 수출의 급신장을 이끈 것이 중화학공업화라는 사실은 수출품의 구성에서도 나타난다. 한국의 경우 제4차 5개년 계획기간인 1977~81년 사이에 일차산품과 경

그림 5-1 한국과 대만의 수출액 추이 (단위 : 100만 달러)

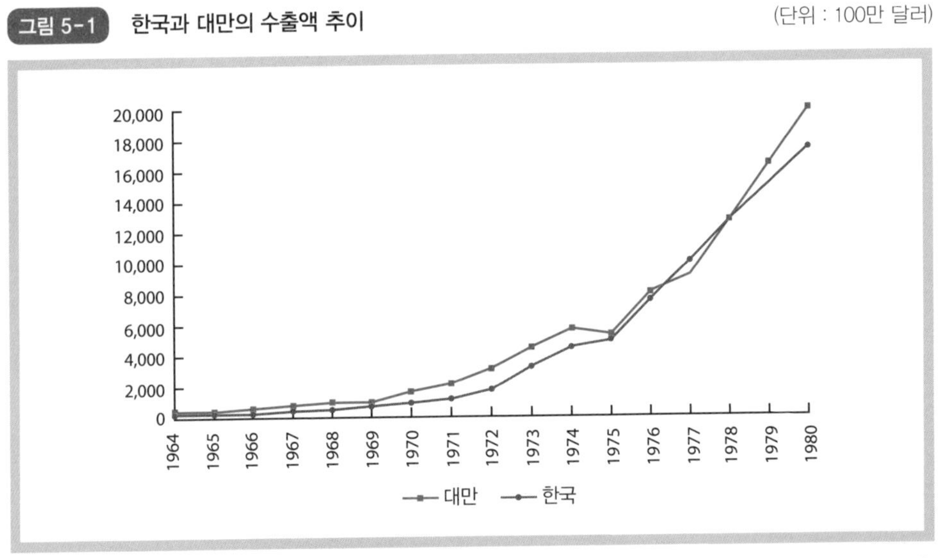

자료 : 한국은행, 『조사통계월보』, 1982. 2., Council for Economic Planning and Development, *Taiwan Statistics Data Book*, 1981.

공업제품의 수출 증가율이 각각 8.4%와 10.9%에 그친 반면 중화학공업제품의 수출 증가율은 24.7%에 이르렀다. 전체 수출액에서 차지하는 비중도 1977년에는 중화학공업과 경공업이 각각 40.2%와 48.7%였던 것이 1981년에는 각각 47.8%와 43.5%로 역전되었다.[12] 이는 한국과 대만의 중화학공업화가 단순히 기존의 수출주도정책의 연장선상에서 수출상품의 구성만을 변화시킨 것이 아니라 한국과 대만의 경제성장 과정에서 생산력과 공급능력의 획기적인 비약을 가져온 주요한 계기였다는 것을 말해준다.

중화학공업화정책의 직접적인 목표인 산업구조의 고도화가 이 기간 동안 두 나라에서 어느 정도 달성되었는지는 〈표 5-6〉에서 확인할 수 있다. 두 나라 모두 중화학공업화의 속도가 매우 빨랐다는 사실은 분명하다. 경제개발계획을 시작한 1962년 당시 한국의 중화학공업 비율은 1975년 불변가격으로 생산액에서는 26.9%, 부가가치에서는 25.8%로, 어느 기준으로 보나 제조업 전체에서 1/4을 겨우 넘는 수준이었다.

표 5-6 한국과 대만의 제조업에서 중화학공업의 비율 (단위 : %)

		1965년	1971년	1975년	1981년	1984년
대만	경공업	51.2	50.7	46.7	43.4	41.5
	중화학공업	49.8	49.3	53.3	56.6	58.5
	ISIC code 35*	14.7	14.6	21.8	26.2	27.0
	ISIC code 38**	7.5	9.7	20.4	24.0	24.8
한국	경공업	61.8	54.7	51.6	47.2	43.2
	중화학공업	38.2	45.3	48.4	52.8	56.8
	ISIC code 35*	9.7	10.4	18.1	20.2	19.6
	ISIC code 38**	9.8	12.4	14.4	18.8	14.9

* 화학·석유화학·고무제품.

** 금속·기계·전기기계·수송장비.

자료 : Wade, R., *Governing the Market: Economic Theory and the Role of Government in East Asian Industrialization*, Princeton, Princeton University Press, 1990, p. 45.

12 Lee Myun-Suk, "Changes in the Industrial Structure," Park·Shin·Zo eds., *Economic Development and Social Change in Korea*, Frankfurt, Campus Verlag, 1980, p. 103

중화학공업화 직전인 1972년에도 이 비율은 각각 43.9%와 41.8%에 불과했다. 그러나 1976~77년을 전후해서 한국에서 중화학공업의 비율은 50%를 넘어선다.[13] 대만에서는 한국보다 이른 1970년대 초에 이미 중화학공업의 비율이 50%를 넘고 있다. 참고로 일본의 연대별 중화학공업 비중을 보면 1950년 47.5%, 1960년 59.8%, 1970년 65.8%였다. 이러한 비율만을 가지고 단순 비교해본다면 1970년대 말 현재 한국과 대만의 중화학공업 부문은 일본의 1950년대 수준에 이르렀다고 할 수 있겠다.[14] 한편 부가가치를 기준으로 중화학공업에 대한 경공업의 비율을 의미하는 호프만비율을 보면 대만의 경우 1971~72년 사이에 1에 도달했으며, 한국은 그보다 수년 뒤에 1이 되었다. 이 비율이 4에서 1까지 이르는 데 두 나라 모두 약 15년밖에 걸리지 않았으나, 일본에서는 그 기간이 25년(1910~35년)이었다. 영국, 미국, 독일 등 선진국의 경우에는 이 비율이 2에서 1까지 이르는 데 평균 45~55년이 소요되었다.[15]

그런데 여기서 한 가지 특이한 사실은 1970년대 후반까지 대만의 제조업생산에서 중화학공업이 차지하는 비중이 한국의 그것보다 높게 나타나고 있다는 점이다. 대만의 제조업에서 중화학공업이 차지하는 비중은 1971년 49.3%, 1975년 53.3%, 1981년 56.6%인 데 반해 같은 기간 한국에서 중화학공업의 비중은 45.3%, 48.4%, 52.8%에 그치고 있다. 물론 1970년대 이후 중화학공업 부문의 성장률에서는 한국이 대만보다 급속했으므로 점점 그 차이가 좁혀지기는 했지만, 1980년대 초반 대략 1984년까지는 여전히 대만의 산업구조에서 차지하는 중화학공업의 비율이 한국의 경우보다 높게 나타나고 있다. 언뜻 일반적인 통설과는 정반대인 것처럼 보이는 이러한 현상은 실은 두 나라의 중화학공업이 가지고 있는 특성상의 차이에서 비롯된 것이다. 기계, 금속, 자동차 등 중화학공업 부문의 주요 장치산업에서는 대부분 한국의 비중이 대만보다 높다. 반면에 대만은 플라스틱 분야에서 세계 1위를 차지한 적이 있으며, 미국 시장에서도 블라인드나 조화 등 관련 상품이 오랫동안 높은 점유율을 차지

13 한국은행, 『주요경제지표』, 1979, p. 94.

14 尾崎彦朔, 『第三世界と國家資本主義』, 편집부 역, 『제삼세계와 국가자본주의』, 이삭, 1984, pp. 161-64.

15 Wade, R., 앞의 책, 1990, pp. 45-46.

했다.[16] 〈표 5-6〉에서도 보듯이 대만의 중화학공업 비중이 한국보다 높게 나타난 것은 바로 이러한 화학·고무 부문의 비중이 높았기 때문이다.

3. 위기와 정책대응의 국제비교

한국과 대만을 비롯한 동아시아의 경제적 성공은 흔히 수입대체라는 다른 발전전략을 선택했던 남미 국가들의 실패와 비교된다. 그러나 어떤 의미에서는 이미 상식화되었다고도 할 수 있는 이러한 비교는 자칫 두 지역의 경제발전에 대한 몇 가지 부적절한 일반화를 불러오기 쉬운데, 그중 하나가 동아시아의 성공과 남미의 실패가 수출주도와 수입대체라는 발전전략 그 자체로부터 필연적이었다는 오해이다. 이러한 오해는 마치 1960년대라는 그 시점에서 이미 두 지역의 국가들 간의 경제적 지위의 역전이 결정된 것처럼 간주하는 또 다른 오해를 야기한다. 그러나 두 지역의 경제사를 잠시 개괄해보기만 해도 이러한 오해가 그다지 사실과 부합하지 않는다는 사실을 알 수 있다. 사실 1960년대에는 물론이거니와 1970년대 후반까지도 브라질과 멕시코 등 남미의 신흥 공업국들은 동아시아의 한국이나 대만보다 높은 소득수준과 생산능력을 유지하고 있었기 때문이다.

두 지역에서 경제적 역전이 본격화되기 시작하는 것은 1980년을 전후한 시점이다. 특히 남미 국가들에서 1980년대는 흔히 '잃어버린 10년'으로 불리는 반면 같은 기간 동아시아 국가들은 전 세계적인 저성장에도 불구하고 1960~70년대와 비교해서도 결코 낮지 않은 고도성장을 달성함으로써 이른바 '동아시아의 기적'을 만들었던 것이다. 물론 이와 같이 두 지역의 경제적 지위가 1980년대로 진입하면서부터 가시화되기 시작했다는 것은 그러한 차이의 요인들이 이미 그 이전부터 형성되어 왔음을 의미한다. 여기에는 1960년대 이후 동아시아가 추진해 온 수출주도전략도 하나의 계기를 형성했을 것이다. 그러나 동아시아의 경제사를 조금 더 엄밀히 살펴보면 1970년대로

16 1981년 《포춘》이 선정한 세계 500위 대기업에 포함된 대만 기업은 국영기업인 중국석유를 제외하고 나면 대만소교(Formosa Plastic)가 유일한데, 이 기업은 한때 세계 최대의 PVC 생산능력을 가지고 있었으며, 1980년 기준 대만 GDP의 4%를 차지했다.

들어오면서 특히 한국과 대만의 발전전략에는 중대한 전환, 즉 수출지향적 중화학공업화가 나타난다는 것을 알 수 있다.

일정한 기간 동안 매우 높은 성장률을 기록한 예는 동아시아가 아니더라도 충분히 찾아볼 수 있다. 그러나 한국과 대만을 포함한 동아시아의 고도성장을 평가함에 있어 주목해야 할 점은 이들이 30년 이상의 고도성장을 지속해왔다는 점에 있으며, 이러한 장기 성장의 요인은 단순히 1960년대의 수출주도전략만으로는 설명할 수 없다. 따라서 여기서는 두 가지 사실이 적극적으로 평가되어야 한다. 첫째, 동아시아, 특히 한국과 대만의 경제적 성공과 1980년대 이후 본격화된 동아시아와 남미 국가들 간의 경제적 지위의 역전은 1970년대의 수출지향적 중화학공업화의 성공에서 기인한다. 둘째, 1980년대 이후 한국과 대만의 경제구조 및 산업구조는 사실상 그 기본적 측면에서는 거의 변화하지 않았으며, 이 기본 구조는 주로 1970년대의 수출지향적 중화학공업화를 통하여 형성되었다. 물론 중화학공업화의 추진 이후에도 한국과 대만의 기본적인 발전전략은 여전히 수출주도전략이었다. 그러나 두 나라의 경제발전 과정에서 갖는 의의에서 보면, 중화학공업화는 1960년대 초반에 있은 수입대체로부터 수출주도로의 전환 못지않게 근본적인 정책 전환이었다고 평가할 수 있다. 결국 이들 두 지역의 경제적 성취에서 현저한 차이를 만들어낸 것은 1970년대 세계경제의 위기를 배경으로 한 새로운 발전전략의 수립과 실천에 얼마나 성공했는가에 좌우되었다는 뜻이다.

다양한 국가들의 경제성장 과정에서 나타나는 경제정책의 성격과 역할의 차이점들을 보다 명확히 이해하기 위한 방법들 가운데 하나는 동일한 위기에 대한 여러 국가들의 상이한 대응의 성격과 과정을 비교해보는 것이다. 1960년대 후반부터 나타나기 시작해 1970년대 초반 국제통화위기와 석유파동을 거치면서 현저화된 세계경제 환경의 변화에 한국과 대만이 수출주도 2단계, 즉 중화학공업화로의 전환을 통해 대응했음은 이미 서술한 바와 같다. 그런데 이 위기에 대한 남미 국가들의 대응방식은 과연 어떠했는가 하는 문제이다. 1970년대 초반 세계경제의 위기로 인한 충격과 각국의 대응 과정은 크게 석유파동 이전과 이후로 구분해볼 수 있는데, 석유파동 이전에는 아직 세계경제의 위기가 그다지 심각하게 현상화하지 않았기 때문에 각국의 대응

표 5-7 동아시아와 남미 신흥공업국들의 성장률 비교 (단위 : 10억 달러, 달러, %)

		1967년	1969년	1971년	1973년	1975년	1977년	1979년	1981년
한국	국민총생산	4.3	6.6	9.5	13.4	20.8	36.6	61.4	66.2
	1인당 GNP	142	210	288	395	590	1,008	1,640	1,719
	실질성장률	6.6	13.8	9.1	14.0	6.8	10.7	7.0	6.6
대만	국민총생산	3.6	4.9	6.6	10.6	15.3	21.5	32.8	47.2
	1인당 GNP	276	350	437	684	956	1,288	1,892	2,627
	실질성장률	10.6	9.0	12.9	12.8	4.2	–	9.6	5.7
홍콩	국민총생산	–	–	–	7.6	9.4	14.8	21.4	29.6
	1인당 GNP	–	–	–	1,772	2,124	3,242	4,288	5,703
	실질성장률	–	–	–	–	0.2	12.5	11.7	9.4
싱가포르	국민총생산	–	1.7	2.2	4.1	5.6	6.5	9.4	13.3
	1인당 GNP	–	817	1,058	1,855	2,490	2,776	3,936	5,461
	실질성장률	-3.0	13.7	12.5	11.5	4.1	7.9	9.4	9.9
브라질	국민총생산	28.3	40.3	51.8	79.8	124.5	174.8	227.7	264.7
	1인당 GNP	332	447	544	799	1,186	1,586	1,968	2,134
	실질성장률	5.4	9.8	12.2	13.5	5.6	5.7	6.4	-3.3
멕시코	국민총생산	24.5	30.0	39.2	55.3	88.0	81.9	134.5	239.7
	1인당 GNP	537	613	747	984	1,463	1,284	1,992	3,364
	실질성장률	6.3	6.3	4.2	8.4	5.6	3.4	9.2	7.9

자료 : 경제기획원, 『주요해외경제지표』, 1987, pp. 15-24.

형태도 대체로 소극적인 것이었다. 따라서 동아시아와 남미 두 지역의 국가들 간의 상이한 정책대응의 성격들이 보다 명확하게 드러난 것은 석유파동 이후이다.

석유파동을 전후해 한국과 대만에서 전개된 위기의 원인이나 실태는 거의 동일했다. 위기에 대한 두 나라의 대응조건이나 대응방식에서도 부분적인 차이는 나타나지만 기본적인 측면에서는 사실상 거의 동일했다. 이 점은 두 나라를 남미 신흥공업국들의 대응 형태와 비교해보면 확연히 드러난다. 사실 동아시아 국가들뿐만 아니라 브라질과 멕시코 등 남미 신흥공업국들은 석유파동이 일어나기 직전까지 수출과 소득에서 급속한 성장을 기록하고 있었다. 1960년대 중·후반 이들의 성장은 전통적인 수입대체전략으로부터의 정책 변화에 힘입은 것이었는데, 새로운 정책의 핵심적인 내용은 기본적으로는 기존의 수입대체정책의 기반을 유지하면서 동시에 수출 확대를 적극적으로 지원한다는 것이었다. 이러한 정책 변화의 요인은 먼저 대내적으로는 중간재 및 자본재 부문에서의 수입대체 산업화가 진행됨으로써 나타난 수요의 포화이며, 대외적으로는 역시 국제수지의 악화와 외환부족이었다. 정책 변화의 효과는 특히 비전통적 부문의 수출 확대에서 나타났다. 가장 대표적인 예는 브라질인데, 1969~73년은 흔히 '브라질의 기적'으로 불리는 시기로서 1969년에 9.8%를 기록한 브라질의 성장률은 1970년에는 2.2%로 둔화되었으나 1971년부터는 다시 10%를 넘는 고도성장을 기록하기 시작했다. 1971~73년간 브라질의 실질 GDP 성장률은 각각 12.2%, 11.1%, 13.5%였다. 이 시기 브라질의 고도성장을 이끈 것은 바로 수출의 급신장이었다. 1972~73년 사이 브라질의 수출은 46.1%의 성장을 기록했는데, 같은 기간 대만과 한국의 수출증가율은 각각 47.5%와 73.7%였다.[17]

하지만 이러한 성과에도 불구하고 이들 국가의 경제정책이 근본적인 면에서는 변화한 것은 아니었다. 왜냐하면 이들 국가의 수출촉진정책은 어디까지나 수입제한체제 위에 수출유인체제를 올려놓은 것에 불과했기 때문이다. 브라질의 경우 수출촉진을 위하여 수출보조금, 국내산업보호의 축소, 통화의 평가절하 등과 같은 유인정책들이 실시되었으나, 이러한 유인제도들은 수입량 제한이나 수입의 완전금지와 같은 기존의 수입대체정책들과 동시에 추진되었으며 수출에 대한 보조금도 실은 수입제한으로 인한 반작용을 상쇄하기 위한 것에 불과했다.[18] 멕시코 역시 수입대체 산업화에서 파생된 경제적 문제들을 해결하기 위한 수단으로 세금환급, 보조금 지급 등의 수출촉진정책을 이용했다. 칠레에서는 1958~63년 사이에 중간재에 대한 간접세의 삭

17 Lin Ching-Yuan, *Latin America vs East Asia: A Comparative Development Perspective*, New York, M. E. Sharpe, 1989, p. 152.

18 Haggard, S., 앞의 책, 1990, pp. 181-84.

감과 수출업자에 대한 조세환불 및 수출신용의 제공 등을 포함한 유인제도들이 특정 산업들에서 만들어졌는데, 1966년 이후 이 조치들은 전 산업으로 확대되었다. 아르헨티나에서도 역시 수출업자들에 대해 관세환불제도와 수출신용의 제공 등과 같은 유인제도들이 실시되었다. 그러나 다양한 수출유인책들의 도입에도 불구하고 이들 나라의 유인제도는 여전히 수출증대에 역행하는 편향을 강하게 지니고 있었다.[19] 석유파동을 전후한 이들 국가의 정책적 변화를 수출주도전략으로의 전환으로 평가하지 않는 이유도 여기에 있다.

석유파동을 계기로 동아시아와 남미 두 지역의 신흥공업국들 간에 경제적 지위의 역전이 어떻게 일어났는지는 〈표 5-8〉에서 확인할 수 있다. 1차 석유파동으로부터 2차 석유파동이 발생하기까지인 1976~78년 동안 한국과 대만의 실질산출량은 각각

표 5-8 석유파동을 전후한 주요 경제지표의 비교 (단위 : %)

		1966~73년	1971~73년	1974~75년	1976~78년	1979~80년
브라질	실질산출량	8.5	12.2	7.6	6.8	6.8
	소비자물가지수	23.3	16.7	28.3	41.5	67.1
	무역수지/GDP	-29.4	-39.5	-74.9	-46.4	-57.7
	제조업 산출량	11.5		5.8	7.5	7.1
대만	실질산출량	11.0	13.0	2.7	12.4	7.3
	소비자물가지수	4.5	4.6	24.6	5.1	14.3
	무역수지/GDP	2.6	12.9	-13.1	15.1	-1.5
	제조업 산출량	21.0		0.7	21.6	7.7
한국	실질산출량	11.5	9.8	7.7	11.2	2.1
	소비자물가지수	11.3	9.3	24.8	13.3	23.4
	무역수지/GDP	-43.6	-27.7	-36.1	-3.9	-22.7
	제조업 산출량	23.6		24.2	25.2	9.2

자료 : Lin Ching-Yuan, *Latin America vs East Asia: A Comparative Development Perspective*, New York, M. E. Sharpe, 1989, p. 76 및 p. 94.

19 Lin Ching-Yuan, 앞의 책, 1989, pp. 26-27.

11.2%와 12.4% 성장함으로써 불과 2~3년 만에 석유파동 이전의 수준을 완전히 회복했다. 이에 반해 같은 기간 브라질의 성장률은 6.8%에 불과했는데, 이것은 석유파동이 진행 중이던 1974~75년간의 성장률 7.6%보다 오히려 후퇴한 기록이었다. 무역수지에서도 대만의 경우 1974~75년에는 적자를 기록했으나 1976년부터는 다시 흑자국으로 전환하여 1976~78년 평균 국내총생산의 15.1%에 달하는 흑자를 기록했다. 한국은 여전히 무역적자국이었으나 국내총생산에 대한 적자의 비율은 1976~78년 평균 3.9%에 그쳐 오히려 석유파동 이전에 비해 크게 개선되었다고 할 수 있다. 반면 브라질에서는 GDP에 대한 무역적자의 비율이 46.4%에 달했는데, 이것은 석유파동이 진행되던 기간보다는 줄었으나 그 이전보다는 현저히 악화된 수치이다.

두 지역의 국가들 간에 나타나는 위기에 대한 정책적 대응의 차이를 가장 확연하게 보여주는 것은 인플레이션에 대한 태도이다. 정도의 차이가 있기는 하지만 대만과 한국에서는 사실상 인플레이션을 억제하는 데 정책의 첫 번째 우선순위가 부여되었다고 해도 과언이 아니다. 석유파동이 발생하자 대만 정부는 1973년 7월에 곧바로 금융기관의 지불준비율을 5%에서 법정최고율인 10%로 인상했다. 같은 해 10월에는 예금 및 대출금리의 인상을 단행했으며, 1974년에는 다시 2.5~4.3%의 금리 인상과 신용제한조치가 이루어졌다. 이러한 조치들의 결과 1974년 대만의 실질국내신용은 1%, 실질통화공급은 13% 감소했다. 1974년 48%까지 급증했던 대만의 인플레이션율이 1년 후인 1975년에는 불과 5%로 하락한 것은 이와 같은 대만 정부의 신속하고 적절한 대응 때문이었다.

한편 한국의 금융정책은 대만과 브라질의 중간에 위치했다고 할 수 있다. 한국에서도 정부는 수출산업을 제외한 모든 부문에 대해 신용제한정책을 실시했다. 1975~76년 사이에 한국의 국내신용 증가율은 브라질의 그것보다 훨씬 낮았다. 그러나 대만에 비하면 한국의 금융정책은 더 유연했다. 한국 정부가 금융정책에서 대만보다 상대적으로 자유로울 수 있었던 이유는, 한국에서는 1971~72년 사이의 경기침체로 1973년 초반까지 물가가 상대적으로 안정적이었기 때문이다. 1974년 이후 한국의 금융정책은 대만에 비해 훨씬 팽창적이었으며, 따라서 인플레이션의 회복속도도 대만에서보다는 완만했다. 그러나 안정화수단의 강화라는 측면에서 보면 한국의 금융정책은 대만의 그것과 거의 동일했다.

한국과 대만의 인플레이션 억제정책이 상대적으로 성공할 수 있었던 데는 크게 다음과 같은 요인들을 지적할 수 있다. 첫째, 두 나라 정부는 가격안정의 문제를 보다 심각하게 받아들였으며, 신속히 강력한 안정화수단들을 동원했다. 둘째, 브라질과 대다수의 남미 국가들과는 달리 두 나라, 특히 대만에서는 제한적인 금융정책이 인플레이션을 억제하는 데 기여했다. 셋째, 수입가격 상승에 대응하여 브라질에서는 다시 수입대체에 대한 강조가 부여되고 보다 강화된 수입제한정책이 실시된 반면에 두 나라에서는 개방화의 수준을 확대하거나 유지한 것이 국내의 물가안정에 기여했다.[20]

한국과 대만에서의 강력한 안정화정책과는 대조적으로 브라질 정부는 경제적 및 때로는 정치사회적 고려 때문에 상당한 정도의 인플레이션은 불가피하다는 태도를 취했다.[21] 따라서 대만이나 한국과는 대조적으로 1973~74년 사이 브라질의 금융정책은 매우 느슨한 편이었다. 1971~73년 동안 브라질의 국내신용 증가율은 47.9%를 기록했는데, 같은 기간 대만과 한국의 증가율은 각각 31.9%와 29.3%였다. 외환보유의 급감에도 불구하고 1973년 한 해에만 브라질의 통화공급은 49%나 증가했다. 다양한 공공기관들을 통해 신용공급은 더욱 확대되었는데, 1974년 브라질의 명목국내신용은 50.8%, 실질국내신용은 17.5% 증가했다. 특히 이 기간 동안 브라질에서 신용확대의 가장 큰 비중을 차지한 것이 전통적인 수입대체 산업 부문과 농업 부문이었다는 사실은 이 시기 브라질의 성장전략이 기본적으로는 여전히 수입대체적인 것이었음을 말해준다.[22]

석유파동으로 인한 브라질, 대만, 한국의 수입단가 상승률은 각각 100%, 92%, 106%였다. 하지만 국내물가 상승률은 경제규모가 작고 개방도가 높은 대만과 한국에서 더 높았다. 1972년 대만의 소비자물가 상승률은 3.8%에 불과했으나 1973년에

20 Lin Ching-Yuan, 앞의 책, p. 86.

21 1964년의 쿠데타로 군부가 정권을 장악했을 당시 브라질의 가장 심각한 경제적 문제는 인플레이션이었다. 따라서 집권 초기 군부의 정책목표는 안정화에 주어졌다. 그러나 이후 경제가 어느 정도 회복되자마자 안정화정책은 다시 폐기되고 말았다. 여기에는 국내 민간 부문 및 중간계급의 지지를 회복하고자 한 군부의 정치적 목적도 작용했다(Haggard, S., 앞의 책, 1990, pp. 180-81).

22 Lin Ching-Yuan, 앞의 책, 1989, pp. 92-93.

표 5-9 세계의 공업 생산 및 수출에서 차지하는 비중 (단위 : %)

국가	생산			수출		
	1963년	1970년	1977년	1963년	1970년	1977년
한국	0.11	0.22	0.69	0.05	0.78	1.20
대만	0.11	0.23	0.46	0.16	1.04	1.23
브라질	1.57	1.73	2.49	0.05	0.35	0.41
멕시코	1.04	1.27	1.45	0.17	0.64	0.51
신흥공업국	5.40	6.61	9.28	2.59	6.29	7.12

자료 : OECD, *The Impact of the Newly Industrializing Countries on Production and Trade in Manufactures*, 1979, pp. 18-19.

는 8.2%, 1974년에는 47.5%의 급상승을 기록했다. 한국에서도 1973년 불과 5.1%에 그쳤던 소비자물가 상승률이 1974년에는 44.1%나 상승했다. 이에 반해 1974년 브라질의 물가 상승률은 28.3%에 그쳤다.[23] 1972년과 1973년 브라질의 물가 상승률이 각각 17.5%와 14.7%였다는 점을 고려하면, 석유파동에도 불구하고 브라질에서는 인플레이션의 압박이 한국이나 대만의 절반 수준에 불과했다는 사실을 알 수 있다. 그러나 석유파동 직후인 1976~78년 사이의 소비자물가에서 한국은 13.3%, 대만은 불과 5.1% 상승에 그쳤으나 브라질에서는 41.5%의 상승률을 기록해, 석유파동이 한창 진행되던 동안의 인플레이션율을 오히려 초과하는 현상을 보였다.

석유파동을 전후해 두 지역의 신흥공업국들 사이에서 나타나는 가장 중요한 차이는 역시 수출이다. 〈표 5-9〉에서 나타나는 것처럼 이 시기를 전후하여 동아시아 국가들은 세계의 공업 생산과 수출에서 차지하는 비중 모두에서 남미 신흥공업국의 비중을 추격하고 있다. 특히 수출에서는 절대액에서조차 동아시아 국가들이 1970년대 이후 남미 국가들을 추월하고 있다. 또한 〈표 5-10〉에서 나타나듯이 이 시기 한국과 대만의 수출신장이 주로 제조업에서 이루어진 것인 데 반해, 브라질과 멕시코에서는 비전통적 부문의 확대에도 불구하고 여전히 일차산품의 비중이 높게 나타나고 있다. 이러한 사실은 이들 국가에서 전개된 수출신장정책의 한계를 보여준다.

23 Lin Ching-Yuan, 앞의 책, 1989, pp. 89-92.

표 5-10 수출상품 구성의 국제비교 (단위 : %)

국가	일차산품 합계		공산품 합계		섬유·의류		기계·수송장비		기타 공산품	
	1960년	1981년	1960년	1981년	1960년	1981년	1960년	1981년	1960년	1981년
한국	86	10	14	90	8	30	0	22	6	38
대만	–	15	–	85	–	30	–	21	–	34
브라질	97	59	3	41	0	4	0	18	3	19
멕시코	88	61	12	39	4	3	1	19	7	17

자료 : World Bank, *World Development Report*, various issues.

석유파동을 전후한 두 지역의 경제적 성취의 역전을 낳은 가장 주요한 요인은 정책의 일관성과 정책수단의 유효성으로 요약해볼 수 있다. 브라질에서는 1970년대 초반까지 수출촉진정책이 얼마간의 효과를 거두었으나 수입대체 산업화가 만들어낸 기존의 산업구조 및 정치적 특권세력이 개혁의 범위를 제한했고, 정부가 목표를 달성하기 위해 이용할 수 있는 수단들에 부정적 영향을 주었다. 특히 석유파동은 수입대체 산업화에 따른 국제수지 문제를 결정적으로 악화시켰는데, 이에 대응하기 위한 정부의 수출유인책들은 수출신장에 반대로 작용하는 보호정책들과 동시에 추진되었다. 한 예로 석유파동 이후 국제수지의 악화에 대응하기 위하여 브라질에서는 수입제한조치들을 더욱 확대했다.[24] 멕시코에서도 인플레이션과 재정적자는 수출특혜신용이나 수출보조금 등 수출유인제도들의 폐지를 가져왔으며, 기업들은 수출에서보다 국내판매에서 더 많은 보호를 제공받았다.

1970년대 초반의 경제위기를 전후하여 동아시아와 남미 신흥공업국들 간의 경제적 성취를 분기시킨 주요한 요인들 가운데 또 다른 하나는, 이 기간 동안 한국과 대만에서는 대내외적인 여건의 악화에도 불구하고 노동생산성에서 괄목할 만한 상승이 있었다는 점이다. 〈표 5-11〉에 의하면 1974~75년 사이 브라질과 대만의 노동생산성 및 단위노동비용의 상승률은 브라질이 각각 -0.4%와 36.4%, 대만이 각각 -2.6%와 29.7%였다. 그러나 1976~78년 사이 대만에서는 노동생산성이 13.1% 상승했으나 단위노동비용

24 奧村茂次·山崎書成,『現代世界經濟と新興工業國』, 東京大學出版會, 1983, p. 157.

표 5-11 석유파동을 전후한 노동생산성의 국제비교 (단위 : %)

		1966~73년	1971~73년	1974~75년	1976~78년	1979~80년
브라질	노동생산성	53.3		-0.4	3.8	5.5
	단위노동비용	23.1		36.4	43.7	65.1
대만	노동생산성	8.9		-2.6	13.1	1.3
	단위노동비용	4.3		29.7	3.1	18.5
한국	노동생산성	11.9		11.8	12.5	7.6
	단위노동비용	8.8		17.9	18.9	9.0

자료 : Lin Ching-Yuan, *Latin America vs East Asia: A Comparative Development Perspective*, New York, M. E. Sharpe, 1989, p. 76 및 p. 94.

은 3.1%의 상승에 그침으로써 현저한 개선이 나타난 데 반해 브라질에서는 노동생산성의 상승은 3.8%에 그친 대신 단위노동비용은 43.7%나 상승함으로써 오히려 악화되었다. 석유파동 이후 한국과 대만의 중화학공업화가 가속화되면서 수출의 비약적인 신장이 나타나는 등 두 지역의 신흥공업국들 간의 경제적 격차가 확대되게 된 데는 결국 노동생산성의 향상과 단위노동비용의 절감에서 나타나는 이러한 차이가 중요한 역할을 했던 것이다.[25]

요약해보면 1970년대 세계경제의 위기가 국내경제에 미친 충격은 남미 국가들에서보다 동아시아 국가들에서 더 심각했었다. 한국과 대만은 빈약한 자원, 협소한 국내시장, 그리고 자원과 시장 모두에서 높은 해외의존도 등으로 인해 외적 위기에 보다 민감할 수밖에 없는 조건이었다. 위기의 전개 과정 역시 동아시아 국가들의 경우가 훨씬 급속하게 진행되었다. 그러나 앞의 〈표 5-8〉에서 이미 본 것처럼 석유파동 직

25 그렇다면 이러한 노동생산성에서의 차이는 어디서 기인한 것인지는 한 가지 이유로 명료하게 대답하기 곤란하다. 노동생산성(Y/L)의 상승률은 자본생산성(Y/K)의 상승률과 자본비율(K/L) 상승률의 합으로 계산된다. 그런데 중화학공업은 초기에 대규모 설비투자를 필요로 하는 반면 자본의 회임기간이 긴 특성상 단기적으로는 자본생산성이 낮을 수밖에 없다. 실제로 한국의 경우 1970년대 초·중반까지 중화학공업의 투자효율은 경공업보다 낮은 것으로 나타나고 있다(박영구, 「중화학공업의 효율성에 관한 연구」, 한국경제학회, 『경제학연구』, 제43집 제1호, 1995). 또 다른 분석에 의하면 자본장비율과 노동생산성이 매우 큰 폭으로 상승한 반면 자본생산성은 오히려 하락했다(장하원, 「한국산업정책의 전화과정과 이윤율 추세(1963~1990)」, 조원희 편, 『한국경제의 위기와 개혁과제』, 풀빛, 1997). 따라서 중화학공업화로 인한 자본장비율의 상승이 이 시기 한국과 대만의 노동생산성의 향상에 영향을 미친 가장 주요한 요인들 가운데 하나라고 볼 수 있다.

후인 1976~78년 사이 세 나라의 국민소득과 제조업 실질산출량은 한국과 대만이 각각 11.2%와 25.2%, 12.4%와 21.6%의 성장을 기록한 반면 브라질에서는 불과 6.8%와 7.5%의 증가만을 기록했을 뿐이다. 동일한 위기에 남미 국가들보다 동아시아 국가들이 보다 적절하게 정책적으로 대응했다는 것이다. 이러한 차이는 동아시아 신흥공업국들이 정책의 일관성이 유지되고 국가가 효율적인 정책수단들을 가지고 있었던 데 반해 남미 국가들에게는 바로 그러한 조건들이 결여되어 있었다는 데서 비롯된다. 세계경제의 위기와 특히 석유파동 이후 심화된 국제수지의 악화에 대응하기 위하여 남미 국가들 역시 수출을 확대하고자 했지만, 그러한 노력들은 빈번히 기존의 수입대체를 위한 환율정책이나 관세정책들과 충돌했다. 따라서 이들 국가는 거시경제체제와 유인제도를 개혁하기보다는 전통적인 보호주의로 복귀하는 손쉬운 길을 선택할 수밖에 없었다. 결국 이러한 대응방식의 차이가 1970년대 이후 동아시아 신흥공업국들과 남미 국가들 간의 경제적 성취의 격차를 만들어낸 것이다.

06 Chapter 동아시아 경제성장과 문화적 요인

1. 동아시아 경제와 유교문화

동아시아 국가들의 경제성장에서 문화적 요인의 역할이 어떠한가 하는 논의는 주로 유교儒教를 중심으로 전개된다. 제2차 세계대전 이후 이른바 '동아시아의 기적'을 이룩한 나라들은 모두 유교문화권에 속한다는 공통점을 가지고 있다. 유교가 동아시아, 특히 한국 자본주의의 발전에 어떤 영향을 미쳤는가 하는 문제는 한국 경제의 정체성을 규명하는 데 매우 중요한 문제이다. '유교자본주의론'을 둘러싼 기존의 논의들은 크게 유교적(문화적) 관점에서 접근할 것인가, 자본주의적(경제적) 관점에서 접근할 것인가로 구분해볼 수 있다. 그런데 후자의 경우 외국의 이론을 소개하는 데 그친 측면이 없지 않으며, 전자의 경우 경제적 문제를 윤리적 문제로 환원해 버린 측면이 없지 않다. 무엇보다도 기존의 논의들이 가진 가장 중요한 한계는 전부가 아니면 전무라는 식으로, 동아시아의 경제적 성공을 모두 유교의 기여로 설명하든가, 반대로 유교의 긍정적 영향 자체를 부정해 버리는 편향이 있었다는 점이다.

'유교자본주의론'을 처음 제기한 것은 미국의 저명한 미래학자 허먼 칸H. Kahn이다. 그는 동아시아에서 성공적으로 경제개발을 수행한 나라들이 공통적으로 유교문화권에 속한다는 점에 착안하여, 유교가 동아시아 경제발전의 원동력이라는 주장을 제기했다. 그에 따르면, "유교사회에서 가장 중요한 것은 인간과 가족의 안전, 교육에 대한 높은 평가, 다양한 능력의 숙달에 대한 욕구, 과업, 직업, 가족, 책임에 대한 의무의식이었다. 이러한 인간적 특징은 조화로운 인간관계, 협동, 위계질서의 중요성을 강조하는 조직적 특징과 결합할 때, 근대자본주의에 적합한 인간형을 낳았다. 프로테스탄트 윤리와는 반대로, 유교 윤리는 충성, 헌신, 책임감을 발전시키고 공고화하는 데, 또한 조직과 역할에 대한 동일성을 강화하는 데 적합하다"[1]는 것이다. 칸의 이러한 주장은 이후 포겔E. Fogel과 버거Peter Berger 등의 학자들에게 수용되었고 이로써 '유교자본주의론'의 본격적인 확산이 시작되었다. 이들 역시 칸과 마찬가지로 동아시아 자본주의의 특수성을 반反개인주의·집단주의에서 찾았다. 동아시아의 경제발전은 서구의 합리주의와 개인주의를 따르지 않고 동아시아에 일반적으로 확산되어 있는 유교적 이념과 가치로부터 도출된 행동양식으로 구성되었다는 주장이다.

서구 학자들에 의한 유교의 재발견은 곧 동양권 출신 학자들에게도 영향을 미쳤다. 하버드대학의 저명한 중국계 학자 투웨이밍杜維明은 동아시아가 역사적으로 유교문화와 밀접히 연관되어 있음을 지적하면서, 유교문화의 영향이 큰 동아시아 국가들의 산업화와 경제발전은 서양에서와는 다른 양상으로 진행되었다는 점을 강조했다. 특히 그는 유교가 배경인 이른바 '아시아적 가치'가 동아시아 경제성장의 원동력이 되었다고 주장하면서, 동아시아 지역의 두드러진 문화적 특징으로 ① 교육의 중시, ② 정부와 기업 간의 긴밀한 관계, ③ 가족, 향토, 동문 등을 중심으로 한 대가족관념, ④ 도덕·윤리적 사회관계, ⑤ 신뢰를 바탕으로 한 사회, ⑥ 집단의식, ⑦ 저축습관, ⑧ 강한 문화적 동질감 등을 들고 있다.[2]

1 Kahn, *World Economic Development: 1979 and Beyond*, Westview, 1979, pp. 155-156.

2 Tu Wei-Ming ed., *The Triadic Chord: Confucian Ethics, Industrial East Asia, and Max Weber*, Singapore: Institute of East Asian Philosophies, 1991, p. 31.

한국에서 유교자본주의론의 본격적인 소개는 정작 한국이 이 논쟁의 가장 중심부에 있는 국가들 가운데 하나라는 점에서 보면 오히려 늦은 감이 있다.[3] 한국의 유교자본주의론자들의 주장은 대체로 다음과 같이 요약된다. 첫째, 유교에 본래 존재했던 역사, 자연, 인간 간의 조화의식을 계승하여 역사와 인간, 자연과 인간, 인간과 인간 사이의 조화를 도모해야 한다. 둘째, 가족집단주의의 질서와 윤리를 계승하여 기능공동체인 기업이 운명공동체로까지 인식될 수 있도록 해야 한다. 셋째, 덕치주의와 경제윤리를 조화시켜 자신의 관리를 통한 근면, 절약, 청빈, 위민의식 등의 중요한 덕목이 나타날 수 있도록 해야 한다. 넷째, 유교적 집단주의로부터 가족집단주의의 제도, 민족의식, 발전의지, 공동체 원리, 상호부조의 정신 등을 배워 경제문화에 의한 사회통합을 이룰 수 있도록 해야 한다. 마지막으로 유교의 '덕본재말론德本才末論'을 계승하여 금욕윤리와 집단윤리를 보존함으로써 마음의 안정과 평화를 도모하고 정신적 기쁨을 얻는 것이 진정한 행복임을 느끼도록 해야 한다는 것 등이다.

유교자본주의론을 주장하는 이들은 동아시아의 경제발전에서 유교의 역할을 서유럽의 근대화 과정에서 프로테스탄티즘이 '자본주의의 윤리'를 형성하는 데 수행했던 역할과 유사한 것이라고 그 성격을 규정하고 있다. 다시 말해 유교자본주의론의 핵심은 역설적이게도 유교를 동양사회가 자본주의로 이행하지 못한 이유로 파악했던 막스 베버Max Weber의 '유교 테제'를 반대방향으로 역전시킨 데 있다는 것이다.[4] 첫째로 베버가 근대자본주의의 발전에 주된 장애로 보았던 '적응주의'는 근대자본주의의 발전을 촉진하는 긍정적 요인으로 간주되고 있다. 20세기 중반에 자본주의 사회체계가 외부로부터 도입되어 하나의 제도로 고착되었을 때, 유교문화의 '적응주의'는 사람들을 새로운 자본주의 실천에 재빨리 적응하는 것을 허락한 유능한 문화적 특질인 것으로 증명되었다.[5]

3 한국에서 유교자본주의론을 처음 소개한 것은 김일곤(1994)이다. 그런데 여기서 한 가지 지적하고 싶은 사실은 같은 이의 과거 저작(김일곤, 1978)에서는 유교를 한국 경제가 발전하지 못하고 빈곤상태에 머물러 있게 한 가장 주요한 원인으로 지적하고 있다는 것이다. 나중에 김일곤은 자신의 이러한 견해를 수정했지만, 최소한 1980년대 중반까지는 유교를 한국에서 자본주의가 미발전한 원인이라고 주장했다.

4 Weber, M., *The Protestant Ethic and the Sprit of Capitalism*; 본문 중의 인용은 주로 전태국(2003)에서 재인용했다.

5 국민호, 『산업화와 동아시아의 유교』, 전남대학교출판부, 1999, p. 225.

둘째, 가족의 번영과 안전을 지고의 과업으로 간주하는 유교의 전통적 '가족주의'는 가족 성원들에게 가족을 위해 기꺼이 헌신할 것을 자극했다. 부모, 특히 아버지는 자신을 희생해 가면서 가족의 장래를 위해 쉬지 않고 저축했다. 반대로 자녀들은 부모를 부양했다. 이러한 가족주의를 통해 근면과 절약, 복종, 헌신, 협동, 조화가 자연히 표현되었다. 이에 덧붙여, 동아시아의 기업들은 이러한 가족주의를 적용하고 확대함에 의해 노동자로부터 조직에 대한 충성과 집단적 응집력을 성취할 수 있었다. 셋째, '인격주의'에서는 감정적 인간관계, 정서적 연관, 그리고 조화가 관료제적 합리성보다 우위를 갖는데, 이 인격주의가 동아시아의 경제발전에 핵심적 역할을 수행했다. 동아시아 사회는 낯선 합리주의적 개인주의가 아니라, 집합주의와 협동을 중요하게 여기는 유교적 가치를 따름에 의해 발전을 추구했다. 동아시아의 경제성장은 이 지역의 고유한 문화에 기초한 비개인주의적 자본주의의 결과이다. 동아시아는 서구적 산업화 전략을 인간중심적 전통문화와 연결함으로써 급속한 경제성장을 달성할 수 있었다.[6]

마지막으로 '교육주의', 즉 교육에 대한 높은 평가, 교육을 통한 다양한 능력의 숙달에 대한 욕망은 경제발전을 촉진하는 데 효과적인 요인임이 증명되었다. 동아시아에서 '성공'은 여전히 사회에서 높은 지위를 갖는 것을 의미한다. 교육을 높이 평가하고 상업을 경멸하는 유교적 전통은 기업가들의 자아개념에서도 표현되고 있다. 돈을 버는 것은 그들의 목표가 아니고, 지위를 얻기 위한 수단이다. 교육이 열렬히 추구되고 있는 것은 지위의 상승이동에 대한 기대에 돌려져야 한다. 왜냐하면 교육이 신분상승을 위한 유일한 수단이기 때문이다. 교육을 받았는지 여부가 사람의 지위를 구별하는 기준으로 간주된다. 이런 교육열은 훈련받은 양질의 싼 노동자를 제공함으로써 경제성장의 토대를 제공했다는 것이다.

그러나 이러한 유교자본주의 옹호론, 즉 동아시아의 경제발전 요인을 유교에서 찾고자 하는 일련의 주장에 대해서 비판론자들은 다음과 같이 주장한다. 첫째, 유교자본주의론자들은 막스 베버가 유교는 자본주의의 발전에 역기능을 했다고 본 데 대해

6 Hung Chao Tai, *Confucianism and Economic Development: An Oriental Alternative?* The Washington Institute Press, 1989, pp. 26-27.

비판하면서 정작 막스 베버의 방법을 그대로 사용하고 있다. 물론 그 방법론이 타당하다면 베버를 비판하면서 베버의 방법론을 원용할 수도 있다. 문제는 베버의 방법론 그 자체가 과연 동아시아의 경제발전을 설명하는 데 타당한가 하는 것이다. 영국의 경제사학자 토니R. H. Tawney가 지적했듯이 프로테스탄티즘이 자본주의를 낳은 것이 아니라 오히려 자본주의가 프로테스탄티즘의 윤리를 낳았다 — 최소한 선택했다 — 고 보는 편이 역사적 사실에 더 부합한다는 것이다.[7]

동아시아의 경우도 마찬가지로 설명할 수 있다. 덕담 수준에 불과했던 주장이 불과 10년도 못 되어 치열한 학문적 토론의 대상으로 부상한 것은 동아시아의 경제적 성공 때문이다.[8] 1970년대 초반까지만 하더라도 일본을 제외한 다른 동아시아권 국가들의 경제발전은 서구의 큰 주목을 끌지 못했다. 그러나 1970년대 말에서 1980년대로 넘어오면서 세계경제가 일본에 뒤이어 이른바 '아시아의 네 마리 용Four Gangs of East Asia'에 주목하게 되었고, 이들의 성공 요인이 무엇인가에 대한 연구도 활발히 나타나게 되었다. 유교자본주의론은 이러한 배경 속에서 나타난 것이다. 다시 말해서 유교자본주의가 동아시아 경제발전에 대한 세계의 관심을 이끌어낸 것이 아니라 반대로 동아시아 경제발전에 대한 관심이 유교자본주의론을 주목하게 만들었다는 뜻이다. 많은 경우 유교자본주의론자들은 유교를 동아시아의 경제발전을 설명하기 위한 유일하면서 전능한 이론으로 간주하는 경향이 있다. 그러나 유교자본주의론 역시 동아시아의 경제발전을 설명하는 여러 가설들 가운데 하나이며, 따라서 때로는 다른 가설들과 충돌할 수도 있고 때로는 양립할 수도 있다는 점을 전제하지 않고서는 합리적인 토론은 불가능해진다.

유교가 동아시아의 경제발전을 설명하는 데 가장, 혹은 얼마나 적절한 변수인가를 토론하기 위해서 또 한 가지 고려해야 할 점은 과연 동아시아 국가들에서 유교가 모

---

7 Tawney, Richard H., *Religion and the Rise of Capitalism*, NewYork: Harper and Row, 1926. 임원혁, 「유교자본주의와 유교민주주의: 이론과 현실」, 『사회과학논평』, 제21호, 2001, p. 146에서 재인용.

8 본격적으로 학문적 연구의 형식을 취하기 수년 전에 이미 칸 교수는 유사한 주장을 피력한 바 있다. 칸은 1972년 전경련의 초청으로 한국을 방문한 바 있으며, 이때 이미 그는 "21세기는 동아시아의 시대가 될 것이며, 그 원동력은 유교"라고 주장했다. 1972년이라는 시점이나 그가 초청된 정황을 보면 사실 한국 자본주의에 대한 그의 의견은 거의 덕담(lip service) 수준이었다고 해도 틀리지 않는다(김입삼 전 전경련 상임부회장 회고록, 『시장경제와 기업가정신』, 한국경제신문). 냉정히 평가하면 수입된 유교자본주의론은 덕담 수준의 노변한담을 학문으로 치장한 데 불과하다는 뜻이다.

두 동일한 가치체계인가 하는 문제이다. 한국은 과연 유교사회인가라는 다소 도발적인 질문은 잠시 제쳐두고라도, 과연 중국과 한국과 일본에서 유교의 가치체계가 동일한가 또는 적어도 동일했는가 하는 것이다. 한국의 유교가 공적 영역에서의 충忠보다는 사적 윤리인 효孝에 기초하여, 충을 효의 외연적 확대로 파악한 반면, 일본의 유교는 주군과 사무라이侍 사이의 충만 있을 뿐이다. 따라서 한국의 유교는 일상생활 속에서 끊임없이 재생산되는 생활규범이지만, 일본의 유교는 공적인 영역에서만 존재할 뿐이다. 또한 한국과 일본의 유교에 반해 중국의 유교는 가족주의적이면서 합리주의적이라는 데 그 특징이 있다. 중국인들의 영리추구적 가치관에 대한 베버의 지적은 지나치리만큼 예리하다. 그렇다면 여기서 당연히 제기되어야 할 질문은 이것이 과연 유교적 가치체계, 최소한 극단적으로 명분론적인 한국의 유교적 가치체계와 부합하는가 하는 것이다. 바로 이러한 차이들을 무시한 채 진행되는 모든 논의는 공허할 수밖에 없다.

둘째로, 유교가 동아시아의 경제발전에 영향을 미쳤는가 하는 질문 그 자체의 문제이다. 동아시아의 경제발전에 미친 유교의 영향을 부정하기는 어렵다. 문제는 어떤 영향을, 어떻게, 얼마나 미쳤는가 하는 데 있다. 과연 유교의 제요소가 반드시 동아시아의 경제발전에 순기능만 한 것인가? 또 자본주의 발전에 순기능을 했다고 하더라도 그 유교적 요소들이 과연 옳게 해석되었는가? 극단적인 질문을 던져본다면, 유교가 그렇게도 자본주의 발전에 순기능을 했다면 왜 유교가 극성했을 때는 동아시아에서 자본주의가 발달하지 못했는가? 심지어 유교가 서구의 기독교보다 더 경제발전에 유리한 가치체계라면, 어째서 동아시아가 아니라 서구에서 먼저 자본주의의 발전이 이루어졌는가? 유교가 지난 30여 년만이 아니라 1,000년 이상에 걸쳐 동아시아의 가치체계에 막대한 영향을 미쳤다는 점을 고려한다면 20세기 전반기까지 이 지역이 빈곤에서 벗어날 수 없었던 이유도 함께 설명되어야 한다. 앞에서 지적했듯이 일부 유교자본주의론자들은 한국 경제가 아직 저개발 상태에 있던, 혹은 그렇게 평가되고 있던 시기에는 그것이 유교 때문이라고 주장하더니, 한국 경제의 고도성장에 대한 관심이 높아지자 그것도 유교 때문이라고 주장한다. 그렇다면 왜 유교라는 동일한 설명변수가 한 시기에는 경제의 침체를 가져오고 다른 시기에는 번영을 가져오는지에 대한 설명이 있어야 하는 것이다. 그렇지 못하다면 유교자본주의론의 주장은 결과론적인 해석, 결과에 원인을 끼워 맞추기에 불과해진다.[9]

2. 집단주의와 평등주의

유교적 문화전통이 동아시아의 경제발전에 미친 긍정적 영향으로 대부분의 논자들은 크게 두 가지, 즉 집단에 대한 순응주의적 태도와 교육에 대한 숭상을 지적한다. 동아시아 국가들에서 나타나는 집단에 대한 강한 순응주의는 분명 서구의 자본주의가 개인주의에 기초한 것과 극명한 대조를 이룬다. 따라서 이러한 집단주의가 동아시아 경제발전의 중요한 요인 가운데 하나임을 부정할 수 없다. 가령 유교의 전통적인 '화和'사상이 일본과 동아시아 신흥공업국들의 성장에 중대한 영향을 미쳤다는 연구들이 그것이다. 집단에 대한 순응주의는 동아시아의 경제발전 과정에서 국가에 대한 순응주의, 기업에 대한 순응주의, 기타 조직 — 가시적인 유형의 조직들뿐 아니라 각종 혈연·지연·학연적 연대 — 에 대한 순응주의로 나타난다. 가령 동아시아에서 기업은 확대된 가족으로 간주된다. '회사를 내 집처럼, 사원을 가족처럼'. 이것은 오랫동안 한국의 수많은 기업에서 볼 수 있는 표어였다.

유교가 근면과 성실을 강조하는 윤리체계이며, 동아시아의 경제적 성공이 노동자들의 근면함에서 가능했다는 것은 분명한 사실이다. 하지만 근면과 성실은 유교만의 특징인가 하는 문제 제기도 가능하다. 유교가 동아시아의 경제발전 과정에서 노동자들의 근로의욕, 근면성실, 높은 생산성 등을 가능하게 한 것은 바로 개인의 이기심보다는 집단의 성취를 중시하는 집단주의적 윤리 때문이다. 이런 점에서 유교 전통은 확실히 동아시아의 경제발전에 기여했다. 그러나 문제는 이 집단주의가 쌍방향적인 것이 아니라 단방향적인 것이라는 데 있다. 가족주의에 기초한 기업경영은 노동운

9 유교자본주의론에 중대한 타격을 가한 것은 바로 1997년 동아시아 국가들에 닥친 외환위기이다. 외환위기는 그동안 '기적'으로 칭송되던 동아시아 경제성장의 허실을 적나라하게 보여주었고, 동아시아의 성공을 설명하고자 했던 모든 가설을 동시에 기각시켜 버렸다. 나아가 이는 유교적 가치관을 비롯한 동아시아의 특징들은 '정실자본주의(crony capitalism)'의 발로에 불과한 것으로 평가받게 만들었다. 이러한 사태의 전변에 대해 일부 학자들은 이른바 '아시아적 가치론'이 여전히 유의미하다고 주장했지만, 당시의 상황에서는 주목받지 못한 것이 당연했다.

동과 갈등한다. 왜냐하면 기업의 경영자는 노동자의 요구를 수용할 준비가 되어 있지 않기 때문이다. 그들에게 노동쟁의는 유교윤리에 의해 유지된 조화로운 인간관계를 파괴하는 것을 의미한다. 따라서 경제개발시대 한국의 노동자들에게는 일방적인 희생만이 강요되었을 뿐 그들이 집단을 위하여 봉사한 대가는 주어지지 않았다. 이런 의미에서 한국의 노사관계는 가족주의가 아니라 오히려 반反가족주의라고 불러야 한다는 주장에도 수긍할 수밖에 없는 것이다. 또한 유교의 집단주의는 당연히 기업보다 더 큰 국가라는 거대한 공동체에 대한 순응적 태도를 만들었다. 한국과 동아시아 국가들에서 유교 전통이 준 국가에 대한 집단주의적, 순응주의적 태도는 군사독재를 유지시킨 중요한 계기로 작용하기도 했다. 군사정권하의 한국 사회에서 진정 유교에서 말하는 가족주의와 공동체가 존재한 적이 있었던가 하는 질문도 가능하다. 한국 사회의 특징을 단적으로 표상하는 재벌들의 족벌경영, 극단적인 집단이기주의, 폐쇄적인 유사pseudo가족주의, 도구적 연고주의는 유교적이라기보다는 오히려 반反유교적이다.

요컨대 한국과 동아시아 국가들에서의 강력한 권위주의는 전통문화의 유산이라기보다 오히려 일본 제국주의로부터 물려받은 군국주의문화의 유산과 신생독립국의 형성 과정에서 배태된 것이며, 오늘날 비판받는 왜곡된 공동의식이라는 것도 유교 고유의 것이라기보다는 오히려 신생독립국에서 압축적 근대화를 추진하기 위해 만들어진 국민동원을 위한 이데올로기의 성격을 강하게 가지고 있음을 부정할 수 없다. 물론 한정된 자원으로 압축적 성장을 추구하던 시기에 집단주의적 가치관이 행한 일정한 역할은 충분히 인정된다. 다만 그러한 집단주의적 정서가 특정한 시기에 비용을 초과하는 편익을 가져왔다고 해서 장기적으로도 그럴 것이라고 볼 수는 없다는 점이다. 최근 들어 문제가 되고 있는 한국의 사회경제적 수준에 맞지 않는 경직된 노사관계, 파행적 정치행태 등은 결국 앞 세대가 얻은 편익의 비용을 지금 세대가 지불하도록 강요하는 것이 아닌가 싶다.

집단에 대한 구성원들의 순응주의는 집단 내부에서의 갈등을 최소화할 때 가능해진다. 이때 가장 중요한 요소는 집단 내에서의 평등이다. 경제발전의 일반이론이나 한국의 경험에 대해 흔히 하는 오해 가운데 하나는 경제발전이 소득분배의 불평등을

표 6-1 각국의 지니계수 비교

		1960년	1965년	1970년	1975년	1980년	1985년
동아시아 국가	한국		0.38	0.35		0.37	0.30
	대만	0.28	0.29	0.29	0.31	0.26	0.29
	일본		0.35	0.36	0.34	0.33	0.36
개발도상국	브라질	0.53		0.58		0.58	0.40
	멕시코			0.46	0.56		
	인도	0.47	0.43				
선진국	미국	0.35	0.35	0.34	0.34	0.35	0.37
	영국		0.33	0.34	0.38	0.25	0.27
	독일	0.38		0.39	0.37	0.37	0.35

자료 : World Bank Database(http://www.worldbank.org/).

확대한다는 것과, 한국은 상대적으로 소득분배가 매우 불평등한 나라라는 것이다. 그러나 이 두 가지는 모두 사실이 아니다. 가령 경제발전이 소득분배의 불평등을 증가시킨다는 주장에 대해서는 선진국과 후진국 가운데 어느 나라가 더 소득분배의 불평등 정도가 큰가 하는 질문을 던져보면 쉽게 이해할 수 있다. 한 나라 안에서도 경기가 나쁠 때는 상대적으로 소득분배의 불평등이 증가하고 경기가 좋을수록 소득분배의 불평등이 감소한다. 외환위기 이후 수년간 한국의 소득분배에서 불평등의 정도가 증가한 것은 그런 이유에서이다. 동아시아 국가들에서는 일반적으로 성장의 결과로 소득분배가 더욱 균등화되어 갔다는 사실은 이 분야의 학자들 사이에서는 이미 폭넓게 인정되고 있다. 한국과 동아시아 국가들의 지니계수Gini coefficient를 다른 지역의 개발도상국들과 비교해보면 이러한 사실은 금방 알 수 있다.

지니계수는 소득분배의 불평등도를 측정하는 가장 일반적인 지표이다. 지니계수가 0이면 완전평등을, 1이면 절대불평등을 의미한다. 일반적으로 0.3~0.4 사이면 소득분배가 매우 건전하다고 평가된다. 〈표 6-1〉은 한국과 대만 등 동아시아 신흥공업국들의 지니계수가 다른 지역의 개발도상국들에 비해 매우 낮은 수준임을 보여준다. 이는 동아시아 국가들이 다른 지역에 비해 경제개발의 초기부터 상대적으로 평등한 분배구조를 가지고 있었으며, 경제발전 과정을 통해 그러한 가치관을 계속 지향해 왔다는 뜻이다.[10]

물론 평등주의가 반드시 경제발전에 유리한 것만은 아니다. 동아시아 국가들도 일방적인 평등주의를 추구해 온 것은 아니었으며, 오히려 선별된 전략산업에 대한 집중적인 지원과 육성을 통해 그 효과를 다른 산업으로 확산시키는 불균등발전전략이 일반적인 정책이었다.[11] 또한 경제발전이 어느 수준 이상에 오르면 양적 투자보다 정보와 지식에 기반한 고부가가치 첨단산업을 중심으로 산업구조가 이행해 나가야 하는데, 이때 평등주의에 대한 지나친 강조는 생산성 향상이나 연구개발투자에 대한 의지를 축소시키기도 한다. 외국학자들은 특히 한국인들의 극단적인 평등주의적egalitarian 정서를 지적하는 경우가 많다.[12] 그러나 적어도 경제개발의 초기 단계에서 한국과 동아시아 유교문화권 국가들에서 추구된 평등주의는 노동자들의 근로의욕과 성취의지를 북돋아주었으며, 이를 통해 생산성 향상과 국제시장에서의 신뢰성 획득에 기여했음을 부인할 수는 없다.

3. 경제성장과 교육

1950년대 말 한국은 세계에서 가장 빈곤한 나라 가운데 하나였을 뿐만 아니라 발전 가능성이라는 측면에서도 가장 비관적인 나라 가운데 하나였다. 대부분의 전문가들과 국제기구들이 하나같이 그렇게 예측했었다. 하지만 40년 후 한국은 세계에서 가

10 동아시아 신흥공업국들의 비교적 평등한 소득분배에는 경제개발의 초기에 토지개혁을 수행했다는 사실이 중요한 기여를 했다. 물론 싱가포르나 홍콩은 그 지리적 조건 때문에 사실상 토지개혁의 필요성이 존재하지 않았다. 앞에서도 서술한 것처럼 훨씬 유리한 초기조건을 가지고서도 동남아시아 국가들이 동아시아 신흥공업국들보다 본격적인 경제개발이 늦어진 이유 가운데 하나는 바로 이러한 토지개혁의 미비였다고 할 수 있다(조준현, 「동아시아의 후발공업화와 토지개혁」, 한국국민경제학회, 『경제학논집』, 제8권 제1호, 1999 참조).

11 동아시아 국가들 가운데서 정책적으로 이러한 불균등발전전략을 처음 시도한 것은 바로 1950년대 일본의 경사(lean)생산방식일 것이다. 그러나 이러한 발전전략의 타당성은 뮈르달(K. Myrdal)과 같은 발전경제학의 선구자들에 의해 이미 주장되어 왔다.

12 주한미국상공회의소(The American Chamber of Commerce in Korea)의 대표를 지낸 한 인사는 "중국인들은 스스로 사회주의라고 말하면서 자본주의적 가치관을 가지고 있는 반면 한국인들은 스스로 자본주의라고 말하면서 사회주의적인 가치관을 가지고 있다"는 말로 이를 지적한 적도 있다.

장 성장률이 높은 나라 중 하나가 되었다. 숱한 전문가들이 올바로 관측하지 못했던 요인은 무엇일까? 물적자원의 측면에서만 본다면 그들의 관측이 반드시 틀린 것은 아니었다. 그러나 한국의 경제성장에서 가장 중요한 요인은 바로 인적자원이었다.

한국과 동아시아 국가들의 고도성장을 가져온 요인 중 하나가 교육에 대한 높은 투자라는 점은 세계은행을 비롯한 다수의 연구기관과 학자들이 공통적으로 지적하고 있는 사실이다. 한 예로 1960년을 전후한 개발도상국들의 문맹률을 비교해보면, 국민소득은 브라질이나 멕시코의 1/10 수준이었음에도 불구하고 한국의 문맹률은 27.9%로서 비교대상이 되고 있는 국가들 가운데 가장 낮은 수준이었다. 대만의 경우 역시 42.3%로서 태국과 필리핀을 제외하면 다른 개발도상국들에 비해 낮은 수준이었다. 다만 높은 사회적 교육수준이 반드시 정부의 공적 교육투자에 의해서 이루어진 것은 아니다. 1960년대 한국 정부의 공공교육투자는 대부분의 다른 개발도상국들보다 낮았다.

표 6-2 **문자가독률과 초등학교 진학률의 국제 비교** (단위 : %)

국가	성인 문자가독률(1960년)	취학률(1965년)	GDP 대비 정부교육투자 (1965년)
미국	98	101	5.3
영국	99	88	5.1
일본	98	92	4.4
한국	71	72	1.8
아르헨티나	91	75	3.3
브라질	61	58	1.4
멕시코	65	60	1.9
콜롬비아	73	54	2.2
대만	54	74	2.8
필리핀	72	84	2.6
인도	28	40	2.6

자료 : Jones, G., *Population Growth and Educational Planning in Developing Nations*, New York: Halstead Press, 1975, pp. 26-29, 〈Table 3.1〉.

동아시아의 높은 교육열은 그 역사적·문화적 배경으로부터 이해되어야 할 것이다. 특히 동아시아 사회에서의 보다 균등한 교육기회는 소득분배의 균등성과 밀접하게 연관되어 있다. 이미 언급한 바처럼 동아시아 국가들에서는 성장의 결과로 소득분배가 더욱 균등화되어 갔다는 사실은 이 분야의 국내외 연구자들로부터 폭넓게 인정되고 있다. 하버드대학과 한국개발연구원의 공동연구는 특히 농지개혁 이후 농촌에서의 소득분배 개선이 농촌의 교육수준을 향상시키는 데 크게 기여했다고 지적한다.[13] 반대로 동아시아 국가들의 보다 균등한 교육기회는 소득분배를 평등화하는 데 기여했다. 다른 한편에서 소득분배의 공평성은 교육에 대해 보다 많은 투자를 가능하게 하기도 했다. 경제개발의 초기에 소득분배의 상대적 공평성은 보다 많은 소비와 저축을 가능하게 함으로써 경제성장에 기여했는데, 이러한 현상은 특히 동아시아의 고도성장을 선도해 온 일본과 한국, 대만에서 잘 나타난다.[14]

한국의 경제성장에서 교육이 미친 기여도에 대한 실증분석의 결과는 〈표 6-3〉에 나타나 있다. 1975~2003년 사이 한국에서 교육이 경제성장에 미친 기여율을 측정해보면 전체로는 3.03%, 남자만으로는 이보다 더 높은 5.19%로 계측되었다. 이는 지난 1975~2003년간 한국의 산업에 투입된 노동력은 전체적으로 교육에 의하여 수준이 높아졌고 생산성이 증대되었으며, 이로 인해 양과 질의 대체가 가능함으로써 경제성장이 지속적으로 이루어진 것으로 해석할 수 있다. 교육과 경제성장의 관계를 함수적으로 표현해본다면 결국 생산요소, 즉 노동력의 공급문제로 나타난다. 동아시아 국가들, 특히 한국의 예를 보면 적절한 노동력 공급 및 교육정책이 경제성장에 크게 기여했음을 알 수 있다. 경제성장 초기의 의무교육 실시, 1970년대 중화학공업화시기의 기술교육 확대정책, 첨단산업의 육성을 위한 과학기술인력 양성 등의 정책들이 시의적절하게 이루어져 왔다는 것이다. 이러한 한국의 경험은 경제개발 초기에 노동력

13 문팔룡 외, 1981.

14 동아시아 발전 모델에서 교육의 역할에 대한 중국의 최근 연구들도 한국이 이미 1970년대에 초등학교 진학률 100%를 넘었으며, 고등학교 진학률이나 대학교 진학률 등에서도 영국, 프랑스, 독일 등 주요 선진국 수준을 초과하고 있음을 지적하면서, 한국의 교육정책에서 나타나는 주요 특징을 다음과 같이 요약하고 있다. 첫째, 전 사회적 역량을 교육에 투입한 점, 둘째, 각종 제도를 통해 사립학교의 설립을 장려한 점, 셋째, 정부가 주도하여 기초교육을 확대한 것, 넷째, 고등교육을 가속적으로 발전시킨 것, 다섯째, 각종 직업교육을 통해 기술인력을 배양한 점, 그리고 과학연구기지 등을 설립하여 기술개발 능력을 갖춘 인재를 양성한 점 등이 바로 그것이다(範明, 2006, pp. 124-33).

표 6-3 한국에서 교육의 경제성장에 대한 기여율(1975~2003년)

교육의 취업자 1인당 노동생산성 향상에 대한 기여율			
구분	비율(%)	구분	비율(%)
연도별 취업자의 국민소득에서의 노동생산성	30.52	연도별 취업자의 국민소득에서의 노동생산성(남자)	36.98
총수업일수를 토대로 한 취업자 1인당 노동생산성의 변화	0.21	총수업일수를 토대로 한 취업자 1인당 노동생산성의 변화 (남자)	0.36
기여율(전체)	0.06	기여율(남자)	0.13

취업자 1인당 노동생산성의 GDP 성장에 대한 기여율			
구분	비율(%)	구분	비율(%)
교육의 취업자 1인당 노동생산성 향상에 대한 기여율	0.06	교육의 취업자 1인당 노동생산성 향상에 대한 기여율(남자)	0.13
GDP의 연평균 성장률	6.93	GDP의 연평균 성장률	6.93
기여율(전체)	0.92	기여율(남자)	1.88

1인당 노동생산성의 GDP 성장에 대한 기여율			
구분	비율(%)	구분	비율(%)
연도별 취업자의 국민소득에서의 노동생산성	30.52	연도별 취업자의 국민소득에서의 노동생산성	36.98
GDP의 연평균 성장률	6.93	GDP의 연평균 성장률	6.93
기여율(전체)	4.40	기여율(남자)	5.34

교육의 경제성장에 대한 기여율			
구분	비율(%)	구분	비율(%)
총수업일수를 토대로 한 취업자 1인당 노동생산성의 연간 변화비	0.21	총수업일수를 토대로 한 취업자 1인당 노동생산성의 연간 변화비	0.36
GDP의 연평균 성장률	6.93	GDP의 연평균 성장률	6.93
기여율(전체)	3.03	기여율(남자)	5.19

자료 : 곽소희·김호범, 『노동력 공급 감소와 질적 향상이 경제성장에 미치는 효과』, 한국산업경제학회, 『산업경제연구』, 제20권 제1호, 2007.

시장에서의 수요와 부합하지 않게 고등교육에 일방적인 투자를 했던 일부 개발도상국들의 사례와 대조적이다.

경제개발기의 각 단계별 한국의 교육정책에서 나타나는 중요한 특징은 〈표 6-4〉에 정리되어 있다. 한국의 경제성장에 대한 각급 학교별 교육의 기여율을 구체적으로 측정해본 결과는 〈표 6-5〉와 같다.

1966~70년 사이 한국의 경제성장에 대한 교육의 기여도는 3.84%인데 그 가운데

표 6-4 한국에서 경제발전 단계에 따른 교육정책의 내용

경제발전 단계	노동집약적 산업화	중화학공업화	기술집약적 산업화
시기	1960년대	1970~80년대	1980~90년대 이후
경제정책	경제개발계획(1962) 수출주도정책(1964)	중화학공업화(1973)	신경제 5개년 정책(1991) OECD 가입(1996)
교육정책의 초점	초등교육	중등/기술교육	고등교육
교육정책	의무교육제도 완성(1959)	중학교 무시험 입학(1969) 고교평준화(1974) 공업계 고등학교 특성화 (1974)	대학 졸업정원제(1983) 대학 입학정원조정(1990) 대학평가제(1990)
교육정책의 기여	• 경제발전에 필요한 집단적 규범과 가치체계의 내면화 • 자원의 효율적 배치와 활용 능력 증진 • 여성의 높은 기본교육 달성	• 중등교육 기회 확대 • 양질의 기술인력 공급	• 노동인구의 전반적 학력 수준 향상 • 연구개발인력 공급 • 고학력 경영인력 공급

자료 : 조준현, 「개발도상국의 경제성장과 교육투자」, 부산대학교 중국연구소, 『CHINA연구』, 제6집, 2009, p. 38.

표 6-5 한국의 경제성장에 대한 각급 학교별 기여도

(단위 : %)

연도	GDP 성장률(A)	교육의 기여도							
		총교육 (B)	중졸 이하(C)	고졸 (D)	대졸 (E)	B/A	C/A	D/A	E/A
1970	30.64	3.84	1.58	1.19	1.06	12.54	5.17	3.90	3.47
1975	30.01	3.36	0.80	1.71	0.85	11.19	2.67	5.60	2.84
1980	17.71	-	0.00	-	0.00	-	0.00	-	0.00
1985	10.31	3.17	0.06	1.53	1.58	30.76	0.55	4.86	15.35
1990	16.92	2.49	-0.20	1.55	1.14	14.70	-1.21	9.10	6.75

자료 : 김영화, 『한국의 교육과 경제발전』, 한국학술정보, 2004, p. 58.

1.58%가 초등교육의 기여도로서, 교육의 전체 기여도 가운데 41.3%가 초등교육에서 기인한 것으로 나타났다. 반면 같은 기간 중등교육은 1.19%로 전체의 31.0%를 차지하고 있다. 그러나 1971~75년 동안 중등교육의 기여도는 교육의 총기여도 가운데 50.9%를 차지한다. 한편 고등교육은 1971~75년 동안에는 0.85%로 전체의 25.3%를 차지하는 데 그쳤으나 1980~94년에는 전체의 49.4%를 차지했다.[15] 이러한 자료들은 한국의 경우 1970년대 초·중반의 중화학공업화를 전후하여 기술 및 직업교육 분야의 중등교육에 보다 많은 투자가 이루어졌음을 보여준다. 또한 1980년대 이후 자유화·개방화와 함께 한국 경제가 지식경제기반의 구축 단계로 이행해 가면서 고등교육에 대한 투자가 본격적으로 확대되었음을 역시 알 수 있다.

이처럼 한국의 경우 경제발전 단계에 따라 경제성장에 대한 교육의 기여도가 초등교육 → 중등교육 → 고등교육 중심으로 이전해 가는 전형적인 형태를 보여준다. 요컨대 유일하게 정당한 교육정책이란 없으며, 그 나라가 처한 경제수준과 지향하는 경제정책에 따라 올바른 정책이 선택되어야 한다. 한국의 경험은 경제개발 초기에 있는 개발도상국들의 경우 그 수준에서 요구되는 노동력 수요에 맞는 교육정책이 필요하며, 경제구조가 점점 고도화될수록 또한 그에 상응하는 교육정책의 변화가 필요하다는 것을 잘 보여준다.

15 김영화, 앞의 책, 2004, p. 59.

제 2 부

동아시아 경제발전과 대외관계

07 Chapter 발전전략과 경제적 자립

일본과 동아시아의 후발 공업국가들은 수출지향적 성장에 착수한 이래 무역과 외국 투자라는 연계를 통해 국제경제체제에 깊숙이 편입되어 왔다. 그러나 세계 시장에 더욱 의존하는 발전전략을 선택하기는 했지만, 이들 국가의 정책 전환을 추구하게 된 최초의 기본적인 목적은 국제수지 적자와 외환 부족이라는 외적 제약으로부터 자유로워지는 것이었다. 수출주도 성장전략의 성공이 과연 얼마나 이러한 목적을 충족시켜 주었는가 하는 것은 매우 미묘한 문제이다.

일반적으로 후발 공업국이나 개발도상국이 본격적인 경제개발을 추진하고자 할 때 가장 먼저 직면하게 되는 중대한 장애의 한 가지는 자본의 부족이다. 따라서 어떻게 필요한 자본을 동원하느냐 하는 것은 경제개발의 성과를 좌우하는 관건이 된다. 자원 조달의 방법은 크게 외자도입과 내자 조달로 구분해볼 수 있는데, 자본 부족에 시달리는 개발도상국들의 경우 특히 경제개발의 초기에는 개발 자원의 상당 부분을 외자에 의존할 수밖에 없는 것이 보통이다. 이 점에 있어서는 동아시아 국가들 또한 예외가 아니다.

그런데 여기서 대두하는 문제는 외국 자본 또는 거대 다국적기업들과 자본 도입국의 정부 및 국내 자본 간의 관계에 관한 것이다. 개발도상국의 경제성장에서 외국 자본의 역할에 대한 견해는 크게 낙관론(긍정론)과 비관론(부정론)으로 구분해볼 수 있는데, 전자를 대표하는 것은 프랑켈H. Frankel, 허쉬만A. O. Hirschiman, 볼J. Ball, 켐프M. C. Kemp 등이며, 후자를 대표하는 것은 넉시R. Nurkse, 그리핀K. Griffin, 싱어H. Singer 등이다.

그러나 양자의 이론적 근원을 추적하기 위해서는 꽤 먼 곳까지 거슬러 올라가야 하는데, 근대화이론과 종속이론이 그것이다. 물론 한마디로 근대화이론이라고 하더라도 그 안에는 다양한 이론적 경향이 포함되어 있는 것이 사실이지만, 그중에서도 개발도상국의 경제성장에 있어서 외국 자본의 역할에 대한 낙관론을 대표하는 것은 특히 확산이론이라고 할 수 있다. 이들은 논자에 따라 어느 요소를 강조하느냐는 다르지만 일반적으로 지식, 기술, 조직, 가치, 자본 등의 확산을 경제발전의 결정적 요인으로 간주한다. 확산이론의 가장 기본적인 명제는 자본(혹은 기술 및 제도)의 흐름은 발전된 나라로부터 저개발국으로 흘러 들어간다는 것이다.

반면 종속이론은 후진국의 경제개발에 관한 주류 경제학의 분석 틀에 대한 비판으로서 등장했다. 종속이론의 가장 핵심적인 주장은 일련의 경험적 연구에 의하면 제3세계에 대한 선진국 자본의 유입은 주류 경제학의 근대화이론이 주장하는 것과는 정반대로 다음과 같은 결과들을 가져왔다는 것이다. 즉 ① 제3세계에 대한 고도의 착취, 불평등한 교역조건을 통한 경제잉여의 착취, ② 제3세계로부터의 원료와 생산요소의 매입과 통제, ③ 중심부에 의한 제3세계 산업의 황폐화, ④ 부대조건부 차관과 지역 시장에 대한 다국적기업의 인수 등을 통한 제3세계 시장의 선점, ⑤ 제3세계를 중심부의 요구에 종속시키는 국제분업의 강요, ⑥ 전근대적 계급관계와 사회적 상황의 창출 등이 그것이다. 후진국의 경제개발 문제에 관한 한 종속이론은 후진국의 주체적 관점을 제기했다는 점에서 주류 경제학 이론에 대해 일정한 진보적 의의를 갖는다고 할 수 있다.

그러나 종속이론은 동시에 다음과 같은 약점을 가지고 있다. 첫째는 비역사적 성격이다. 종속이론은 제3세계 내에서의 변화를 획일적인 종속적 위상의 결과로 간주하는 경향이 있다. 그러나 실상 외국인 투자의 어떤 결과들은 국내 정책과는 무관하다. 둘째, 종속이론의 체계에서 가장 중요한 기본 개념이 되고 있으면서도 '발전Development' 또는 '저발전Under-Development'의 의미가 명확하게 규정되어 있지 못하다. 셋째, 일반적으로 종속이론은 민족문제에 대한 지나친 강조로 인해 계급문제의 중요성을 상대적으로 간과하고 있다.

이와 같이 종속이론에 대한 전면적인 비판이 제기됨에 따라 1980년대 이후 제3세계의 산업화, 특히 동아시아 신흥공업경제의 성장문제를 정면으로 다루면서 보다 세련된 분석을 제공하고자 한 이론들이 속속 등장했다. 카르도주F. H. Cardoso와 에반스P. B. Evans 등이 주장한 '종속적 발전론(신종속이론)'과 프뢰벨F. J. Frobel 등의 '신국제분업론'이 대표적인 이론이다. 종속적 발전론은 일단 제한적인 범위에서나마 제3세계의 발전 가능성을 긍정한다. 즉 진정한 의미에서의 자립적이고 완전한 발전은 아니지만 중심부 국가와의 교역이 주변부에서 지배와 착취를 강화하는 동시에 주변부의 성장과 변동을 자극하고 촉진한다는 것이다. 이러한 형태의 발전을 카르도주는 '결합된 종속적 발전Combined and Dependent Development'이라고 부르는데, 여기에는 다국적기업과 신국제분업이 핵심적 역할을 수행한다는 것이다. 한편 신종속이론이 제기하고 있는 논리의 연장선상에서 프뢰벨 등은 보다 체계적인 주장을 제시하고 있는데, 이들에 의하면 1960년대 후반 이후 미국 헤게모니의 약화, 국제금융체제의 불안정, 중심부 자본 간 경쟁의 첨예화 등 세계 자본주의체제의 위기적 징후들이 중심부 자본으로 하여금 세계 저임금 지역으로의 자본이동(해외직접투자), 제조업 생산의 배치 전환을 통해 생산비용의 절감 등을 모색하도록 강제하며, 이 과정에서 수출자유지역export enclave 등을 기반으로 세계시장의 공장 구실을 하는 일부 제3세계 국가들이 급속하게 성장하게 되었다는 것이다.

그러나 종속적 발전론 및 신국제분업론 역시 이들이 제3세계의 산업화에서 종속의 의의, 특히 후발 공업국가들의 주요한 성장의 동력으로서 다국적기업 및 해외직접투자의 역할에 대한 과도한 강조에서 근본적인 오류를 범하고 있다. 이들에 대한 비판의 핵심은 다음과 같이 요약해볼 수 있다.

첫째, 1970년대 세계경제의 위기 이후 주변 개발도상국으로의 자본이동이 증가하고 있다는 종속적 발전론의 주장과는 반대로, 개발도상국의 제조업에 대한 해외직접투자의 비율은 1960년대부터 1980년대까지 하락하고 있는 반면, 같은 시기 중심부 국가들 간의 해외직접투자는 오히려 증가하고 있다는 사실이다. 국제연합 초국적기업센터 United Nations Centre on Transnational Corporations, UNCTC에 의하면 1967~88년 사이에 해외직접투자의 유출에서 차지하는 선진국과 개발도상국의 비중은 각각 97.3%에서 97.2%, 2.7%에서 2.8%로 큰 변화가 없으나, 해외직접투자의 유입에서 차지하는 비율은 각각 69.4%에서 78.7%, 30.6%에서 21.3%로 선진국의 비중이 크게 증가하고 있다. 이것은 결국 자본의 국제적 이동이 중심부로부터 개발도상국으로가 아니라 선진 자본주의국가들 사이에서 더욱 증가하고 있음을 의미한다.

둘째, 중심부로부터 주변부로의 자본이동이 저임금의 이점을 살리기 위한 것이라는 주장 역시 현상을 지나치게 단순화하고 있다. 한 조사에 의하면 1976년부터 1980년까지의 기간 동안 해외직접투자에 직접적으로 영향을 미친 결정요인은 주변부의 비교우위라고 주장되는 임금 수준보다 투자대상국의 시장 규모, 물가·환율의 안정성, 정치적·제도적 안정성 등인 것으로 나타나고 있다. 따라서 외국 자본의 유입과 다국적기업의 지배가 강화됨으로써 개발도상국들은 더욱더 노동집약적 산업에 특화할 수밖에 없다는 주장 또한 현실적인 설득력을 거의 갖지 못한다. 오히려 동아시아 국가들은 장기적으로 볼 때 노동집약적 산업에서 점차 탈피하여 보다 기술집약적이고 자본집약적인 고부가가치산업으로 이동하고 있다. 이러한 신흥 수출산업들은 이른바 수출자유지역과는 별 관련이 없으며, 대신 잘 발달된 지역산업기반과 고도로 통합되어 있는 것이 일반적이다.

셋째, 종속적 발전론은 동아시아와 남미의 신흥공업경제 사이에 존재하는 종속의 성격 차이를 파악하는 데 실패하고 있다. 이 두 지역에서 종속의 강도와 성격은 본질적으로 상이하다. 즉 동아시아 신흥공업국들에서의 종속은 해외 원조와 해외 무역에 대한 강력한 의존의 산물인 데 비해 남미 국가들의 종속은 해외직접투자와 해외 차관의 광범한 성장에 의한 것이다. 1972~76년 사이에 멕시코를 100으로 할 때 브라질의 외국인 투자는 235.3에 달하지만 한국의 외국인 투자는 17.6에 불과하다. 국민총생산에 대한 외국인 투자의 비율은 브라질 9.6%, 콜롬비아 10.6%, 그리고 터키가

10.5%인 데 반해 한국은 5.5%, 대만은 6.2%에 지나지 않는다.

라틴 아메리카 개발도상국들에서는 주요 전략산업에 대한 외국 자본의 지배가 일반적인 현상이다. 브라질의 자동차산업에서 외국 자본의 참여도는 100%에 이르며, 아르헨티나의 기계산업에서는 그 비율이 82%에 이른다. 멕시코와 페루의 공업용 고무에서도 그 비율은 각각 84%와 88%를 기록하고 있다. 그러나 한국의 경우에는 산업별로 외국 자본의 참여도가 불과 1~20%에 불과해 극단적인 대조를 이룬다. 동아시아 국가들 중에서 가장 외국 자본에 대해 개방적인 싱가포르에서조차 외국 자본의 참여도는 남미 국가들보다 낮다. 이러한 차이가 결국 동아시아에서보다 남미 국가들에서 상대적으로 다국적기업과 초국적 금융자본의 개입 가능성을 더욱 커지게 했으며, 남미 국가들이 운신할 수 있는 정책 선택의 폭과 자율성을 위축시키는 결과를 초래했던 것이다.

넷째, 종속적 발전론은 동아시아 신흥공업국들 내에서도 외국 자본과 다국적기업에 대한 정책은 매우 상이하다는 사실을 간과하고 있다. 싱가포르의 산업화는 국내 제조업 부문의 취약성 때문에 외국기업에 의해 지배되어 왔다. 따라서 싱가포르에서는 외국 자본과 다국적기업의 비중이 매우 높다. 대만은 외국인 투자에 대한 심사제도를 계속 유지했으며, 구체적인 산업적 목표를 성취하기 위해 규제력을 사용해 왔다. 반면에 홍콩에서의 투자 관련 법률들은 국내외 기업 모두에 대해 엄중하게 중립적이었다. 그러나 두 정부 모두 기본적으로는 외국인 투자를 환영했다. 특히 대만은 사실상의 자본수출국이었으며 해외의 화교자본이라는 주요한 투자원을 가지고 있었으므로 경제적 이유보다는 정치적 이유에서 더 외국인 투자를 유치하고자 노력했다. 가장 대조적인 것은 한국의 경우이다. 한국에서는 유통 부문과 제조업 부문 간의 밀접한 연계와 외국의 지배에 대한 민족적 우려가 결합하여 외국인 투자에 대한 제한적 정책을 유지해 왔는데, 특히 한국 정부는 외국인 직접투자보다 차관 도입을 선호했다. 한국에서 외국인 직접투자가 총자본 유입에서 차지하는 비중은 다른 동아시아 국가들보다 훨씬 낮으며, 절대액의 규모 또한 작다.

마지막으로, 동아시아 신흥공업국들의 성공이 다국적기업들의 투자 우선순위의 변화에서 기인한 외국인 투자의 유입에 의한 것이라는 주장 역시 현실에 전혀 부합하지 못한다. 가령 외국인 투자의 역할과 관련하여 흔히 종속적 발전론은 동아시아의 수출에서 수출가공지역Export Processing Zone의 역할을 강조하지만, 실제로 동아시아 국가들에서 수출자유지역의 중요성은 그들이 주장하는 것만큼 크지 않다. 1980년대 초반 한국에서 수출자유지역의 수출액은 전체 수출액의 5% 이하에 불과하며, 대만의 경우에도 전체 수출액의 10% 수준을 넘지 않는다. 한국과 대만 모두 수출의 도약은 수출가공지역들이 건설되기 이전에 시작되었다. 한국에서는 1975년 이후 마산 수출자유지역으로부터의 수출이 전체 수출 증가율보다 낮은 비율로 성장했다. 이 지역에서 활동하는 기업 수는 1975년 이후, 고용은 1979년 이후부터 감소했다. 대만에서도 1975년 수출가공지역에 의한 수출은 총수출의 9%를 차지했을 뿐이다. 1966~70년에는 외국인 투자의 23%가 이 지역으로 유입되었으나 이 비율은 1876~80년 사이에 16%로 감소했다.

외국인 투자가 보다 중요한 역할을 한 것은 동아시아 국가들이 아니라 오히려 브라질이나 멕시코에서였다. 따라서 해외직접투자가 동아시아 국가들이 수출 신장에 성공한 원인이라면, 이 부문에 있어서 라틴 아메리카 국가들의 경제적 성취는 동아시아 국가들의 그것을 초과했어야 할 것이다. 그러나 1980년의 예를 보면 브라질은 개발도상국들 중에서 가장 많은 해외직접투자를 받아들인 국가인데도 불구하고 모두 92억 달러를 수출했을 뿐이지만, 같은 해 한국의 수출 규모는 무려 192억 달러였다.

이상의 비판과 반론들을 요약해보면 결국 동아시아 국가들이 다른 지역의 개발도상국들보다 더 종속되어 있다거나 고도성장이 이들을 보다 종속적이게, 즉 비자립적이고 선진국경제에 보다 의존적이게 만들었다고 주장할 만한 증거는 사실상 거의 아무것도 없다. 다국적기업의 침투와 해외직접투자가 개발도상국들의 산업화에 미친 영향은 통계적으로 그리 크지 않을 뿐만 아니라, 다양한 지역 및 국가들 사이에서 매우 불균등하게 분포되어 있다는 것이다. 요컨대 국제적 자본이동이 주변부의 산업화를 설명하는 데 있어서 중요한 요인 중 하나기는 하지만 절대적으로 중요한 요인은 아니라는 것이다. 어떤 의미에서 보면 동아시아에서 외국인 투자의 확대는 가속화한 성장을 선도했다기보다는 오히려 그 뒤를 따른 것이었다. 동아시아 국가들의 산업화에 미친 해외직접투자의 보다 중요한 효과는 자본 축적보다는 오히려 기술 이전에 있다고 할 수 있다. 장기적으로 보면 동아시아 국가들은 노동집약적 산업에서 점차 보다 기술집약적이고 자본집약적인 고부가가치 산업으로 이동하고 있는데, 이러한 기술적 능력의 습득에는 확실히 선진국으로부터의 해외직접투자가 중요한 역할을 했다.

그런데 동아시아의 경제성장과 종속의 문제를 지적하는 최근의 논의는, 이들 국가에서 다국적기업에 의한 해외직접투자의 비중이 경제를 직접적으로 지배할 정도로 중요한 몫을 차지하고 있지는 않다고 하더라도 소재와 시장 모두에서 이들 국가의 높은 해외의존도는 결과적으로 이들을 세계시장, 특히 주요 선진국경제에 대해 종속적이게 만든다고 주장한다. 물론 동아시아 경제에서 해외 부문의 비중이 매우 높은 것은 사실이다. 1980년 남미의 신흥공업경제인 브라질과 멕시코의 국내총생산에 대한 수출의 비중은 각각 9.6%와 8.2%에 불과했다. 그러나 같은 해 한국, 대만, 홍콩, 싱가포르에서 그 비율은 각각 34%, 47%, 72%, 162%였다. 두 남미 국가들이 그들이 생산한 제조업 상품의 약 14%를 수출했을 때, 아시아의 4개국은 재수출을 포함하여 각각 109%, 100%, 336%, 386%를 수출했다. 브라질의 제조업 수출액은 한국의 41%, 멕시코는 40%에 불과하다. 대부분의 선진국들의 경우 발전 단계를 불문하고 이와 같이 높은 무역의존도를 기록한 적이 없다. 흔히 동아시아 신흥공업국들의 발전 모델로 불리는 일본조차도 수출입 총액이 국내총생산의 35.5%를 넘은 적이 없다는 사실은 동아시아 국가들의 고도성장이 정확하게 얼마나 무역에 의존했는지를 말해준다.

높은 대외의존도는 말할 것도 없이 동아시아 국가들이 수출주도적 고도성장전략을 추구해 온 결과라고 할 수 있다. 한국의 경우 본격적인 경제개발을 시작하기 전인 1961년에는 16.8%(수출의존도 4.1%, 수입의존도 12.7%)에 불과하던 무역의존도가 1970년에는 40.5%(수출의존도 15.7%, 수입의존도 24.8%), 1981년에는 88.9%(수출의존도 40.6%, 수입의존도 48.3%)로 급상승하고 있다. 그러나 다른 동아시아 신흥공업국들에 비하면 한국의 무역의존도는 오히려 낮은 편이며 대만, 홍콩, 그리고 싱가포르로 갈수록 이 비율은 더욱 높아진다. 즉 1980년 현재 GNP에 대한 대만의 수출입 비중은 95.8%(수출 48.0%, 수입 47.8%), 홍콩과 싱가포르는 각각 153.5%(수출

71.9%, 81.7%)와 384.0%(수출 171.5%, 수입 212.5%)에 이르고 있다.

그러나 궁극적으로 모든 국민경제는 선진국이든 개발도상국이든 세계경제체제 속에서 상호 의존적일 수밖에 없다. 문제는 그러한 상호 의존이 대칭적인가 혹은 비대칭적인가에 있지만, 그것을 판단케 해주는 절대적인 기준 또한 존재하지 않는다. 결국 모든 개발도상국의 현실에는 어느 정도 종속적 측면과 탈종속의 측면 모두가 혼재하지만 그 형태는 각국의 역사적 조건과 경제구조에 따라 상이할 뿐만 아니라, 그러한 혼재성이 이들 국가가 자립적이지 않다고 주장할 만한 근거는 전혀 되지 못한다는 것이다. 오히려 그러한 주장들과는 반대로 한국과 대만의 고도성장이 세계 시장에서 그들의 지위를 향상시키고, 그럼으로써 이들 국가에게 보다 많은 능력과 자율성, 그리고 선택 가능한 정책수단들을 제공해주었다는 사실은 부정할 수 없다.

동아시아 경제협력과 일본의 역할

1. 동아시아의 기러기형 발전

동아시아의 경제성장 과정과 내용을 보면 지역 내 국가들 간의 관계에서 다른 지역에서는 찾아보기 어려운 주요한 특징이 나타난다. 바로 자본과 기술이 지역 내 선진국인 일본에서 한국과 대만으로, 또 한국과 대만이 괄목할 만한 경제적 성취를 거둔 이후에는 다시 중국과 동남아시아 국가들로 활발하고 역동적으로 이전되어 왔다는 사실이다. 이처럼 일본 → 신흥공업국 → 후발공업국으로 산업 및 기술이전이 이루어지는 유형의 발전을 안행형 flying geese type 발전 모델 또는 풀어서 기러기형 발전 모델이라고 부른다. 마치 기러기 떼가 줄지어 날아가듯이 후발국가들이 앞선 선발국가들을 따라가는 발전형이라는 의미이다. 동아시아 국가들에서 발견되는 이러한 안행형 발전은 이들의 경제성장이 단순히 시간적으로 연이어 일어났다는 의미일 뿐 아니라, 상호 학습과 협력을 통하여 이루어졌음을 의미한다. 그 결과 동아시아 국가들 사이에는 경제성장 과정과 경제구조에서 매우 밀접한 연관성과 유사성이 존재한다.

그림 8-1 동아시아의 기러기형 경제발전

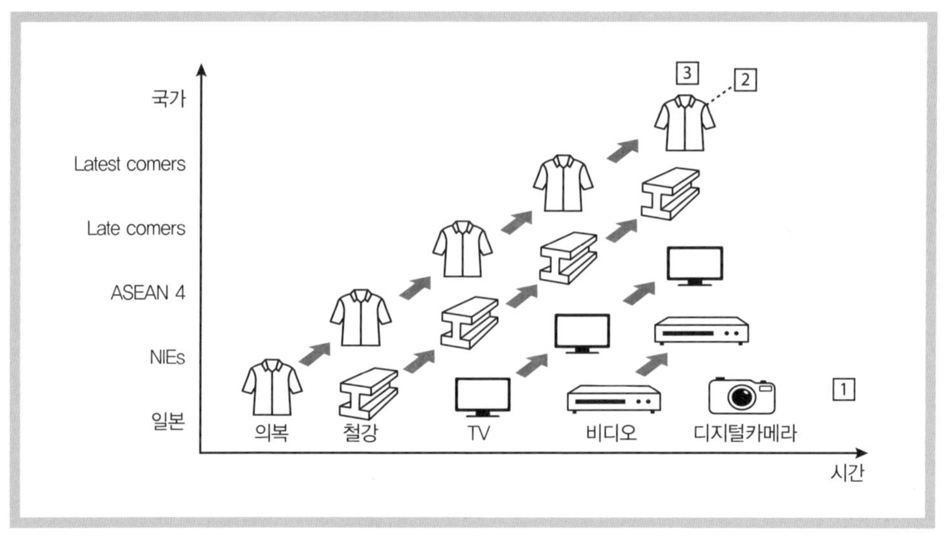

자료 : http://www.grips.ac.jp/forum/module/prsp/FGeese.htm

1960년대 이후 동아시아 신흥공업국들이 수출주도정책으로 전환하면서 이 지역에서 일본 자본의 영향력이 점증하게 된 것은, 누적되는 달러가치의 불안정성으로 인해 미국이 기존의 원조정책을 변화시키게 된 시점에 해외진출의 기회를 찾고 있던 일본 자본의 요구가 부합되었기 때문이다. 한국과 대만 모두 수출주도정책 이전까지 가장 주요한 외환원은 미국의 원조였다. 이미 본 것처럼 두 나라의 수출주도정책으로의 전환에는 사실상 미국 원조정책의 변화로 인한 외환 부족이 직접적인 계기 중 하나가 되었다. 따라서 두 나라 모두 경제개발을 새로 추진하거나 또는 지속해나가기 위해서는 새로운 외환원을 찾지 않으면 안 되었다. 수출주도정책으로의 전환에 즈음해 한국과 대만의 외자 도입에서 나타나는 공통적인 현상은 바로 일본 자본의 본격적인 유입이다.

먼저 한국의 경우를 보면, 5·16쿠데타로 집권한 박정희 정권은 취약한 정통성을 만회하기 위하여 의욕적으로 경제개발계획을 시작했으나 개발 초기의 상황은 결코 순조롭지 못했다. 즉 1963년의 곡가파동과 1964년의 외환파동 및 계속된 인플레이션으로 말미암아 한국 경제는 오히려 파탄 상태에 돌입하고 있었다. 1962년의 흉작과 원조물자, 특히 외국 농산물의 수입 감소로 인해 1963년의 곡가는 전년에 비해

58.5% 상승했으며, 도매물가도 20.5%나 상승했다. 1964년에 들어오면서 곡가 상승률은 26.3%로 다소 진정되는 기미를 보였으나 원조물자의 감소와 환換인플레이션으로 공산품가격이 36.8%나 상승함으로써 도매물가는 오히려 34.7% 상승했다. 이처럼 높은 인플레이션은 원조물자의 감소 등에 의한 총공급의 감소와 함께, 개발투자재원의 조달을 위한 통화팽창 등 경제개발에 따른 수요측 요인들이 동반작용함으로써 일어났다. 여기에 미국 원조의 감소와 외자 도입의 부진으로 수입에 필요한 외환 수요가 공급을 크게 초과함에 따라 심각한 외환위기가 환인플레이션과 동반하여 나타났다.[1]

이러한 경제여건에서 본격적인 경제개발을 추진한다는 것은 불가능한 일이었으므로 한국 정부는 불가피하게 원래의 계획을 축소 및 수정하지 않을 수 없었다. 이에 따라 수정계획은 성장률 목표를 연평균 7.1%에서 5.0%로, 총국내투자율을 22.6%에서 17.0%로 하향조정했으나 실은 이마저도 당시의 한국 경제로서는 자본조달의 어려움으로 인해 거의 실현 불가능한 것이었다. 따라서 박정희 정권은 미국의 원조감축을 대신할 새로운 외자원을 찾는 데 정권의 장래를 걸지 않을 수 없었다. 이승만 정권에서 1951년 이후 교착 상태에 빠져 있던 대일 청구권 자금의 도입 가능성은 위기에 처한 박정희 정권에게는 유일한 구원이었던 셈이다. 1965년의 한일 국교정상화는 양국이 오랫동안 해결하지 못했던 배상금 문제를 타결했다. 일본은 한국에 공공차관 2억 달러와 무상원조 3억 달러, 그리고 1966년부터 10년에 걸쳐 상업차관으로 3억 달러를 제공한다는 데 동의했다. 그런데 여기서 주의해야 할 점은 이 자금으로 조달되는 재화나 용역이 모두 일본 제품이어야 한다는 단서였다. 이에 따라 일본의 자본재가 도입되게 되고, 자본재에 내재된 생산기술로 인하여 소재부품의 도입으로 이어지면서 대일 무역역조를 초래했다. 이는 다시 새로운 자본 도입의 원인이 되는 악순환의 고리를 형성하면서 한국 경제의 대일의존을 구조화하는 틀을 만들게 되었다.

한일관계의 정상화에는 정부 못지않게 한국기업들의 이해관계도 또한 중요한 작용을 했다. 군사쿠데타 직후 한때 박정희 정권은 농가부채의 전면적인 탕감과 중소기업

---

1 전철환, 「한일회담과 대외지향적 개발의 정착」, 박현채·정윤형·이경의·이대근 편, 『한국경제론』, 한울, pp. 149-50.

표 8-1 일본 해외직접투자의 지역별 구성 (단위 : 100만 달러)

지역	1960년		1970년		1980년		1990년	
	금액	비율(%)	금액	비율(%)	금액	비율(%)	금액	비율(%)
북미	88	31.1	912	25.5	9,798	26.9	27,192	47.8
중남미	85	30.0	567	15.6	6,169	16.9	3,628	6.4
아시아	49	17.3	751	21.0	9,829	26.9	7,054	12.4
중동	56	19.8	334	9.6	2,259	6.2	27	0.0
유럽	3	1.1	639	17.9	4,471	12.2	14,294	25.1
아프리카	1	0.4	93	2.6	1,445	4.0	551	1.0
오세아니아	2	0.7	281	7.8	2,525	6.9	4,166	7.3
합계	284	100.4	3,577	100.0	36,496	100.0	56,912	100.0

자료 : 日本輸出入銀行,『海外投資研究所報』, 각호.

육성 및 부정축재자 처벌 등 일련의 민중주의적 정책을 추진했다. 그러나 인플레이션과 재정파탄 등 경제위기에다가 미국의 압력이 더해져 군사정권의 경제정책은 곧 보수주의로 회귀했다. 취약한 정통성을 보완하기 위해 경제개발을 정권의 제1목표로 상정한 박정희 정권으로서는 그러한 목적을 달성하기 위해서 결국 민간기업들과의 협력관계를 재구축할 수밖에 없었다. 따라서 이제 막 본격적인 축적을 시작한 한국의 산업자본에 매우 절실한 요구였던 한일관계의 정상화는 박정희 정권이 이러한 협력관계를 구축하는 데 중요한 계기가 되었다. 한국 기업들은 일본이 비교우위를 잃어가는 경공업의 일부를 자신들이 이전받을 수 있을 것이고 또 국교정상화에 따른 일본시장의 개방은 1950년대의 수입대체 산업화로 인한 시장의 포화상태에 일정한 해결을 가져다줄 것으로 기대했다. 더욱 중요한 것은 일본의 자본과 기술의 혜택을 얻을 수 있으리라는 기대였다. 물론 한국의 산업자본과 마찬가지로 일본의 산업자본 역시 한국과의 국교를 정상화하는 데 동일한 이해관계를 가지고 있었다. 일본의 산업자본은 1950년대부터 이미 시장과 저임금 노동력의 안정적 확보를 위해 해외, 특히 동아시아 지역으로의 진출을 적극적으로 모색하고 있었다. 한일관계의 정상화는 바로 그러한 일본의 동아시아 전략의 중요한 전환점이 될 것으로 기대되었다. 국교정상화에 대한 일본 자본의 기대는 우선 전통적 상품들을 팔 수 있는 한국 시장을 재점할 수 있으리라는 것과, 자국 내에서 사양화되는 산업들을 이전하거나 저렴한 노동력을 이용하여 하청생산할 수 있으리라는 것이었다.[2]

일본과 대만의 관계에서는 한국에서와 같은 극적인 전환은 존재하지 않았다. 그것은 먼저 기존의 대일관계에서 대만은 한국의 경우와는 달랐을 뿐만 아니라, 대만은 해외의 화교자본이라는 미국을 대신할 만한 자본원을 가지고 있었기 때문이다. 따라서 대만은 한국만큼 일본 자본의 유입에 절실한 이해관계를 가지고 있지는 않았다. 하지만 그럼에도 불구하고 미국 원조의 중단은 대만에 대해서도 역시 경제개발을 위한 국제적 지원의 원천을 다양화하지 않을 수 없도록 강요했다. 여기에는 자본만이 아니라 기술과 자본재의 제공 또한 중요한 문제가 되었는데, 한 예로 1960년대를 통틀어 일본으로부터의 자본재 수입에 대한 대만의 의존도는 오히려 한국에서보다 더

표 8-2 한국의 해외직접투자 유입에서 일본 및 미국 자본의 규모 (단위 : 100만 달러)

연도	일본	미국
1965	–	20.1
1966	–	2.1
1967	1.3	18.0
1968	4.5	12.9
1969	15.4	5.8
1970	14.1	39.5
1971	23.3	18.8
1972	74.2	29.4
1973	205.2	12.0
1974	94.5	31.9
1975	102.7	8.4
총액	535.2	198.9

자료 : Sano, "Foreign Capital and Investment," *Economic Development and Social Change in Korea*, 1980, p. 224.

2 Haggard, S., 앞의 책, 1990, pp. 72-73.

욱 빠른 속도로 증가했다. 요컨대 동아시아 지역에서 일본 자본의 재유입은, 단지 그것이 한국에서는 국교정상화라는 극적인 계기를 동반했을 뿐 공통된 현상이었다는 것이다.

2. 중화학공업화와 일본 자본

동아시아 신흥공업국들의 대일 의존구조를 심화하게 된 더 중요한 계기는 중화학공업화이다. 앞에서도 언급했듯이 중화학공업화는 대규모의 자본투입을 요구했지만, 당시의 한국이나 대만의 국내외적 경제여건은 그다지 충분하지 못했다. 무엇보다도 장기적으로 무역적자를 누적시켜 온 미국이 더 이상 외자원으로서의 역할을 하지 못함에 따라, 동아시아 신흥공업국들은 자연히 일본 자본에 대한 의존도를 높여갈 수밖에 없는 처지였다. 이러한 현상은 외국인 직접투자에서 더욱 두드러진다. 한국의 제1차 경제개발 5개년 계획기간 동안에는 전체 투자의 약 75%가 미국으로부터 유입된 데 반해 일본 자본의 비중은 22% 정도에 불과했다. 그러나 국교정상화 이후 일본 자본이 본격적으로 유입되기 시작하면서 이 관계는 곧 역전되는데, 특히 중화학공업화가 시작된 제3차 5개년 계획기간 중에는 일본 자본의 비중이 무려 71%에 이르렀다. 1965~75년간 한국에 대한 일본 자본의 직접투자 규모는 5억 3,530만 달러로서 전체 외국인 직접투자의 약 61%를 차지하는 반면 미국 자본의 직접투자는 2억 600만 달러로서 전체의 25%에 못 미친다. 특히 중화학공업화선언이 있은 1973년에는 한 해 동안만도 2억 520만 달러의 자본이 일본으로부터 유입되었는데, 이것은 미국으로부터의 직접투자총액과 거의 대등한 규모였다.[3]

중화학공업화와 관련된 해외직접투자 유입의 동일한 경향은 대만에서도 찾아볼 수 있다. 물론 대만의 경우에는 해외직접투자의 도입선이 다양할 뿐만 아니라 특히 해외화교자본의 비중이 크기 때문에, 장기적으로 보더라도 해외직접투자의 국가별 구성에서 한국에서만큼 극적인 변화는 나타나지 않는다. 그러나 1971~72년 사이 대만의

3 Sano, J. R., "Foreign Capital and Investment," Park·Shin·Zo eds., *Economic Development and Social Change in Korea*, Frankfurt, Campus Verlag, 1980, p. 224.

표 8-3 **대만의 투자국별 외국인 직접투자 유입** (단위 : 1,000달러, %)

연도	해외직접투자 총액	미국 자본	일본 자본
1971	162,956	43,736(26.8)	12,400(7.6)
1972	126,656	37,307(29.5)	7,728(6.1)
1973	248,854	66,876(26.9)	44,599(17.9)
1974	189,376	38,760(20.5)	38,901(20.5)
1975	118,175	41,165(34.8)	23,234(19.7)
1976	141,519	21,767(15.4)	30,760(21.7)
1977	163,909	24,242(35.3)	24,145(14.7)
1978	212,929	69,765(32.8)	50,336(23.6)
1979	328,835	80,375(24.4)	50,462(15.3)
1980	465,964	110,093(23.6)	86,081(18.5)

자료 : Gold, T. B., "Entrepreneurs, Multinationals, and the State," Winckler, E. A. & Greenhalgh, S. eds., *Contending Approaches to the Political Economy of Taiwan*, Armonk, M. E. Sharpe, 1988, pp. 192-93.

전체 외국인 투자에서 겨우 10% 미만을 차지하고 있던 일본 자본의 비중이 1973년을 계기로 크게 증가하고 있다는 사실에 주목할 필요가 있다. 1973~76년 대만에 대한 일본 자본의 직접투자는 평균 20%에 이르며, 그 이후에도 비교적 안정적인 증가세를 유지하고 있음을 알 수 있다. 이러한 사실은 한국의 경우만큼 심화되지는 않았지만 대만에서도 중화학공업화와 함께 일본 자본에 대한 의존도가 증대되어 갔음을 의미한다.

한편 1970년대 초반을 계기로 일본 자본의 해외직접투자가 빠르게 확대된 데는 특히 국제통화위기를 전후한 미국과 일본의 국제수지와 환율 문제가 중요한 계기로 작용했다. 즉 미국의 적자누적과는 대조적으로 1950~60년대의 장기 호황기 동안 지속적으로 국제수지 흑자를 확대해 온 일본은 1960년대 말에 이르러서는 과잉외환의 처리를 위해 해외투자에 대한 규제를 대폭 완화하게 된다. 일본 정부는 1969년 10월의 제1차 자유화 이후 1972년에는 자동인가제를 모든 해외투자에 대해 적용하는 실질적인 자유화 조치를 단행했다. 여기에 엔화의 평가절상과 석유파동으로 인한 비용 상승 또한 일본 자본의 해외투자를 더욱 촉진하는 계기가 되었다. 그 결과 1970년대로 들어서면서 일본 자본의 해외직접투자는 비약적으로 증가했는데, 그 가운데서도 특히 현저한 성장을 보인 곳이 바로 아시아 지역이었다. 1960년 일본의 전체 해외직접투자 중 아시아 지역에 대한 투자의 비중은 17.3%에 불과했으나, 1970년과 1980년에는 그 비중이 각각 21.0%와 26.9%로 증가했다.[4] 요컨대 중화학공업화를 전후하여 한국과 대만으로의 일본 자본 유입이 급증한 것은 이와 같은 일본의 대아시아 투자

표 8-4 일본의 대아시아 산업별 기술수출 (단위 : 100만 엔, %)

	연도	건수	대가취득액	1건당 대가	구성비
제조업 전체	1981	1,991	48,780	24.5	100.0
	1985	2,256	97,812	43.4	100.0
	1989	2,935	88,369	30.1	100.0
화학	1981	424	10,808	25.5	22.2
	1985	337	8,596	25.5	8.8
	1989	479	12,739	26.6	14.4
철강	1981	66	2,350	35.6	4.8
	1985	72	14,311	198.8	14.6
	1989	102	2,975	29.2	3.4
일반기계	1981	285	4,038	14.2	8.3
	1985	345	7,214	20.9	7.4
	1989	378	3,390	9.0	3.8
전기기계	1981	378	11,220	29.6	23.0
	1985	555	20,948	37.7	21.4
	1989	825	35,377	42.9	40.0
수송기계	1981	364	7,675	21.1	15.7
	1985	252	32,233	127.9	33.0
	1989	334	18,370	55.0	20.8

자료 : 大山道廣·高利和鑛, 『東アジアの國際交流と經濟發展』, 1993, p. 67.

4 조금 뒤의 일이지만, 일본 자본의 해외직접투자가 급증하게 된 또 한 번의 계기는 1985년 플라자 합의 이후의 엔고(円高) 현상이다. 엔고로 인한 비용 상승으로 국내생산으로는 경쟁력을 유지할 수 없게 되자 일본 기업들은 생산기지의 해외이전을 통해 비용압박을 해결하고자 했는데, 이때 주요한 투자대상지가 된 것이 아세안 국가들과 중국이었다.

전략이라는 맥락 속에서 이해되어야 한다.

한편 일본의 해외직접투자를 부문별로 보면 주로 전기·전자산업에 집중되었는데, 이는 핵심 공정은 자본·기술집약적이면서 조립 과정은 노동집약적이라는 특성 때문이다. 한국과 대만을 포함한 동아시아 신흥공업국들이 1970년대 이후 공통적으로 전기·전자 부문을 주력산업으로 육성하게 된 것이나, 한국과 대만의 해외직접투자 유입에서 이 부문이 가장 큰 비중을 차지하고 있는 것 등은 모두 이러한 일본 자본의 해외직접투자전략과 무관하지 않다.

이와 같이 1970년대 한국과 대만의 중화학공업화를 전적으로는 아닐지라도 부분적으로 가능하게 한 주요한 요인들 가운데 하나는 바로 일본 자본의 유입이었다. 그리고 이러한 대일 의존의 심화는 동아시아 지역에서 일본의 새로운 헤게모니를 대두시킴으로써 미국의 단일한 헤게모니적 지배를 미·일의 이중 헤게모니적 지배from a single

표 8-5 동아시아 국가들의 기술도입선별 비중 (단위 : 건, %)

국가	한국	대만	홍콩	싱가포르	태국	말레이시아
	1962~83년	1952~83년	1970~82년	~1983년	~1981년	1976~83년
일본	1,468 (56.3)	1,226 (65.5)	(13.0)	135 (25.0)	141 (36.4)	227 (31.3)
미국	609 (23.1)	401 (21.4)	(32.1)	132 (24.4)	73 (18.8)	75 (10.3)
영국	97 (3.7)	206 (11.0)	(15.7)	51 (9.4)	30 (7.7)	96 (13.2)
독일	127 (4.8)		(2.7)	32 (5.9)	144 (37.1)	54 (7.4)
프랑스	73 (2.8)		(0.7)	5 (0.9)		18 (2.5)
기타	249 (9.4)	38 (2.0)	(35.8)	186 (34.4)		255 (35.2)
합계	2,623	1,871		541	388	725

자료 : Masuzoe Yoichi, "Technology Transfer and Technical Cooperation in Regional Development," Scalapino, R. A. ed., *Economic Development in the Asia-Pacific Region: Appropriate Roles for Japan and the United States*, Institute of East Asian Studies, University of Califonia, Berkeley, 1986, p. 81.

hegemony to a dual hegemony로 전환시키는 계기가 되었다.[5] 그리고 이러한 동아시아 지역에서의 이중 헤게모니의 대두가 바로 1980년대 이후 미·일·동아시아의 삼각무역구조를 만든 주요한 요인이 되었다.

3. 성장의 삼각순환과 무역불균형

동아시아의 경제성장은 무역과 직접투자를 통한 지역 내 국가들 간의 상호협력에 힘입은 바 크다. 먼저 무역 부문을 보면 일본을 포함한 동아시아 국가들의 역내 수출의존도는 1984년의 36.7%에서 1994년에는 48.6%로 약 12%포인트 증가했으며, 대조적으로 대미 수출의존도는 같은 기간 동안 34.0%에서 24.5%로 낮아졌다. 그러나 이러한 역내 무역의 실정을 자세히 들여다보면 협력 확대의 이익이 반드시 상호적인 것만은 아니라는 것을 알 수 있다. 바로 대부분의 역내 국가들이 특정 국가, 즉 일본에 대해 심각한 무역불균형을 안고 있을 뿐 아니라, 그것이 더욱 심화되어 가고 있다는 사실이다.

본격적인 경제개발을 시작한 이후로 동아시아 국가들이 이른바 수출주도 성장전략을 추진해 왔다는 것은 주지의 사실이지만, 특히 이들 국가의 고도성장을 가능하게 한 것은 태평양을 사이에 둔 미국과 일본 그리고 동아시아 국가들 간의 이른바 삼각무역체제였다. 동아시아 국가들은 공급자로서의 일본 시장으로부터 자본재 및 중간재를 공급받아 그것을 국내에서 조립가공 과정을 거쳐 최종소비재 형태의 공산품을 생산하여 흡수자로서의 미국 시장에 수출하는 메커니즘에 의하여 성장해 왔다. 문제는 그로 인해 동아시아 국가들의 대일 무역적자가 고도성장에 동반하여 확대되고 있다는 점이다. 1970년대에 고도성장을 달성한 신흥공업국들은 이때부터 이미 대일 무역적자가 고착화되고 있으며, 원자재 수출로 일본에 대해 무역흑자를 기록해 왔던 아세안 국가들도 1980년대 중반부터 흑자폭이 축소되거나 적자로 전환하기 시작했다. 예외적으로 중국의 경우에는 1988년을 계기로 대일 무역흑자를 기록하고 있으나, 그

5 Cumings, B., 앞의 책, 1984, pp. 32-33.

표 8-6 동아시아 수출의 상대국별 비중 (단위 : %)

	연도	일본	동아시아 NICs	아세안	중국	북미
동아시아 NICs	1980	10.7	5.8	8.6	2.1	2.4
	1986	10.6	5.9	5.3	6.9	2.1
	1992	9.7	11.2	8.6	13.8	1.7
아세안	1980	29.6	7.0	18.2	1.0	2.9
	1986	22.5	9.2	18.3	1.9	2.5
	1992	17.0	11.4	18.2	2.4	2.2
중국	1980	23.9	24.3	9.5	7.5	1.6
	1986	18.0	33.4	7.8	18.1	1.2
	1992	13.6	46.3	4.9	10.7	0.9

자료 : 小浜裕久,『東アジアの構造調整』, JETRO, 1994.

표 8-7 동아시아 각국에 대한 일본의 무역수지 (단위 : 100만 달러)

연도	한국	대만	홍콩	싱가포르	태국	말레이시아	인도네시아	필리핀	중국
1970	589	449	608	336	259	−252	−321	−80	−
1975	939	1,009	1,132	1,132	235	−125	−1,581	−94	−
1980	2,353	3,180	4,211	2,413	800	−1,434	−9,754	−272	763
1985	3,015	1,652	5,790	2,286	1,012	−2,163	−8,001	−306	6,056
1990	5,756	10,924	10,924	7,158	4,986	188	−7,692	361	−5,912

자료 : IMF, *Direction of Trade Statistics*, several years.

이전까지는 중국 또한 상당한 규모의 적자를 누적시켜 왔다.

이러한 현상은 대부분의 동아시아 국가들이 고도성장의 모델로 일본형의 산업구조를 모방했고, 일본의 자본만이 아니라 기술, 특히 일본의 자본재와 중간재에 거의 전적으로 의존했던 데서 비롯된다. 그 결과 이들 국가에서는 성장이 진행되면 될수록 일본에 대한 무역 및 기술적 의존은 더욱 증대할 수밖에 없는 악순환이 심화되어 온 것이다. 다시 말해 동아시아 국가들의 심각한 대일 무역불균형은 대일 의존의 원인이라기보다는 오히려 경제개발 초기에서부터 누적되어 온 대일 의존의 결과라고 해야 옳다. 이러한 사실은 대일 무역적자의 가장 큰 부분이 자본재와 중간재 부문이라는 데서도 확인할 수 있다. 이러한 경향을 가장 뚜렷이 보여주고 있는 것은 부품의 수입의존도이다. 동아시아 신흥공업국들의 전자부품 대일 의존도는 20%로서 세계 전체의 대일 의존도를 약간 상회하고 있다. 그러나 자동차는 50%를 넘어 세계 전체의 20%보다 훨씬 높으며, 음향·영상기기의 경우에도 약 40%로서 세계 전체의 2배 정도로 나타났다. 한편 아세안 국가들의 일본에 대한 가전제품 수입의존도는 약 45%에 이르고 있으며, 자동차는 신흥공업국들보다 다소 낮은 40% 수준이나, 음향·영상기기는 이보다 훨씬 높은 70% 수준에 이른다.[6]

동아시아의 경제성장에서 일본이 자본공급자로서의 역할뿐만 아니라, 가장 주요한 기술공급기지로서의 역할을 수행해 왔다는 점은 객관적으로 평가되어야 한다. 일본으로부터의 직간접적인 자본 및 기술이전이 아니었다면 동아시아 신흥공업국들과 후발 개도국들의 경제성장 과정은 그렇게 순조롭지 못했을 것이다. 그러나 문제가 되는 것은 이와 같이 기술적으로 특정 국가에 편중하여 의존함으로써 무역불균형을 심화시키고 있을 뿐 아니라, 더 심각하게는 격화되어 가는 국제경쟁에 대응하기 위한 첨단기술의 개발을 가로막는 주요한 장애가 되고 있다는 사실이다.

동아시아 국가들이 필요로 하는 핵심 기술을 일본이 쥐고 있는 만큼 이들은 생산

표 8-8 동아시아 각국의 대일 자본재 수입의존도 (단위 : %)

연도	한국	대만	홍콩	싱가포르	말레이시아	인도네시아	필리핀	태국
1962	49.2	38.8	15.8	15.3	–	–	21.0	16.6
1965	57.4	50.2	20.7	21.6	–	–	32.2	28.2
1970	50.0	53.6	25.2	21.8	22.5	27.9	34.2	41.9
1975	48.1	33.0	26.6	19.3	21.9	32.3	35.1	34.7
1980	46.7	39.7	30.2	25.7	25.0	40.4	30.3	29.5
1985	32.8	49.7	35.8	24.8	18.0	22.1	28.7	40.2
1987	56.0	43.7	32.5	25.1	24.3	37.2	65.4	55.2

자료 : 西村明·渡邊利夫 編, 『環黃海經濟圈』, 九州大學出版會, 1991, p. 123.

6 홍유수, 「일본의 대아시아 기술이전전략과 한국의 대응」, 대외경제연구소 1993, p. 122.

표 8-9 동아시아 국가들의 대일 및 대미 무역의 비중 (단위 : 100만 달러)

국가	수출			수입		
	합계	미국	일본	합계	미국	일본
한국	28,090	10,195	4,464	30,796	6,962	7,656
대만	22,204	8,759	2,378	18,888	4,563	4,780
중국	24,824	2,313	5,155	21,313	2,753	5,495
홍콩	28,318	9,405	1,251	24,011	2,637	5,516
싱가포르	24,070	4,823	2,255	28,667	4,179	5,261
말레이시아	16,342	2,212	3,740	14,097	2,264	3,663
인도네시아	21,881	4,505	10,353	13,880	2,560	3,308
필리핀	5,343	2,032	1,034	6,262	1,714	851
태국	7,401	1,276	963	10,348	1,391	2,786
합계	156,269	36,761	29,215	149,374	24,460	34,536

주 : 대만을 제외한 모든 국가의 자료(1985년)는 IMF, *Direction of Trade*의 것이며, 대만의 자료(1982년)는 CEPD, *Taiwan Statistical Data Book*의 것임. 따라서 합계에서 대만의 수치는 포함되어 있지 않음.

자료 : Lincoln, E. J., "The Implications of U.S.-Japan Relations for the Asia-Pacific Region," Scalapino, R. A. ed., *Economic Development in the Asia-Pacific Region: Appropriate Roles for Japan and the United States*, Institute of East Asian Studies, University of California, Berkeley, 1986, p. 61.

과 수출 모두에서 일본에 의존하지 않을 수 없다. 이처럼 일본과 동아시아 국가들 간의 심화되어 가는 불균형은 동아시아 지역의 균형된 발전을 가로막는 가장 심각한 장애가 되고 있다. 일본과 동아시아 국가들 간의 이러한 무역불균형은 일본의 입장에서도 반드시 바람직한 것만은 아니다. 일본이 모색하고 있는 아시아통화기금AMF의 창설이나 엔화를 동아시아 역내의 기축통화로 만들기 위해서는 일본이 과감한 시장개방으로 엔화가 동아시아 역내국가들 간에 풍족하게 유통되도록 해야 하기 때문이다.

동아시아 신흥공업국들이 본격적인 경제개발을 시작한 1960년대 이후 일본과 동아시아 국가들이 비교적 공동의 번영을 누릴 수 있었던 것은 이미 언급한 것처럼 태평양을 사이에 둔 미·일·동아시아 간의 성장의 삼각무역구조 덕분이었다. 이러한 호순환의 구조가 앞으로도 지속될 수 있다면 아마 대일 무역불균형도 그다지 심각한 문제가 아닐지 모른다. 그러나 문제는 1980년대 이후 전 세계적인 신보호주의의 강화와 함께 국제무역 환경이 크게 변화하고 있다는 점이다. 선진국들은 더 이상 개발도상국들에게 보호무역조치나 관행들을 용납하지 않는다. 특히 가장 큰 무역국가인 미국의 경우 교역상대국에 대해 공정한 무역관행의 확립과 시장접근의 개선을 요구하면서, 자체적으로 판단하여 불공정 무역관행이 존재하는 국가에 대해서는 강력한 통상압력을 행사한다는 태도이다. 세계경제 환경의 이러한 변화는 이제 더 이상 동아시아가 미국의 수출시장을 전제로 해서 성장할 수 없다는 것을 의미한다. 이러한 변화는 한국을 비롯한 동아시아 국가들에게 경제발전을 위한 새로운 방향을 모색하도록 강요하고 있다. 일본을 선두로 한 동아시아의 기러기형 발전의 성공은 미국 시장을 전제로 한 삼각무역구조 때문에 가능했다. 그러나 더 이상 미국이 이들의 수출에 대한 수요흡수자로서의 역할을 수행하지 않게 된 지금은 동아시아의 이러한 발전전략이 계속될 수 없다. 바로 여기에 21세기 동아시아의 지속적인 발전을 위한 일본의 새로운 역할이 요구된다 하겠다.

09 Chapter 중국과 인도의 경제개혁 비교

1. 개혁·개방 이전의 경제구조 비교

최근 세계경제에서 가장 주목받고 있는 것은 아마 전 세계적인 동시 침체에도 불구하고 높은 성장률을 수년 동안 지속하고 있는 중국과 인도의 고도성장일 것이다. 1978년 공산당 11기 전당대회 3차 중앙위원회 전체회의에서 개혁·개방을 선언한 이후 중국 경제가 달성한 성과들에 대해서는 새삼 강조할 필요도 없을 것이다. 단적인 예로 중국 경제는 1980년대 이후 세계에서 가장 높은 성장률을 기록하고 있다. 그런데 중국보다 늦게 개혁정책을 시작했고, 중국 경제의 높은 성과 때문에 상대적으로 덜 중요시되고 있기는 하지만, 1990년대 이후 고도성장과 성공적인 구조 개혁으로 중국 못지않게 세계경제의 주목을 받고 있는 것은 바로 인도이다. 인도는 1990년 12월 발생한 외환위기에 대한 대응으로 1991년 6월 신경제정책이 시작된 이후 최근까지 연평균 7%대의 높은 성장률을 기록하고 있다. 물론 중국과 인도는 인구규모에서 세계 1, 2위의 대국으로서 풍부한 자원, 저렴한 생산요소 등으로 일찍부터 큰 잠재력을 지닌 나라들로 평가받아 왔다. 그런데 이제 개혁·개방정책의 성공으로 그 잠재력이 현실화되면서 세계경제를 주도하는 나라들로 부상하고 있는 것이다.

그렇다면 두 나라의 경험은 어떤 교훈과 시사점을 주는가? 사실 어느 한 나라가 경제성장에 성공했다는 사실은 때로 그다지 유용한 교훈을 제시해주지 못하는 경우가 많다. 왜냐하면 일국경제의 성공에는 그 나라에 특수한 조건들이 적잖이 개재되어 있기 마련이어서 조건이 다른 타국에서 그 경험을 활용하기란 쉽지 않기 때문이다. 여기서 중국과 인도의 개혁·개방정책을 비교해보고자 하는 것도 그러한 이유에서이다. 두 나라의 경험을 함께 비교하여 그 공통점과 차이점들을 명료히 함으로써, 개발도상국의 경제개혁에서 핵심적인 과제는 무엇이고, 성공적인 개혁의 필수적인 요건은 어디에 있으며, 경제개혁으로 인한 문제점과 과제들은 또 어떤 것들이 있는지를 구명해 볼 수 있을 것이기 때문이다.

1949년 10월 공산당에 의해 중화인민공화국의 수립이 선포된 이후로 중국은 사회주의 계획경제체제를 추진해 왔다. 인민공화국 수립 당시의 중국 경제는 한편으로는 약 30여 년에 걸친 좌우대립과 국공내전으로, 다른 한편으로는 아편전쟁 이후로 계속된 서구열강의 침략과 수탈에 더해 만주침공 이후 일본 제국주의의 침략과 수탈로 인해 국민경제의 물적·인적 기반이 거의 붕괴되고, 인구의 대부분을 차지한 농민을 비롯한 민중들의 경제생활은 파탄 상태에 빠져 있었다. 따라서 황폐해진 경제를 부흥하고 반봉건·반식민지적 사회구조를 변혁하여 조속한 시일 내에 사회주의를 건설하는 일이 내전에서 승리한 공산당이 당면한 시급한 과제였다. 당시 중국 경제가 안고 있던 과제 가운데 특히 중요한 것으로는 다음과 같은 몇 가지를 지적할 수 있다. 첫째, 농촌경제의 반봉건적 구조를 변혁하여 정체되어 있는 농업생산을 일정한 발전궤도에 올려놓아 식량문제를 해결하는 동시에 공업화에 필요한 자원을 축적하는 것이다. 둘째, 도시경제의 반식민지적 왜곡구조를 변혁하여 자립적 공업체계와 균형된 국민경제를 건설하고 농촌 지역의 공업화를 추진하여 경제의 이중 구조를 해소하는 것이다. 셋째, 통일된 국민경제의 확립으로 정치적 통일에 경제적 기초를 부여하는 것이다.

중국의 경제개발계획은 1953년부터 구체화되는데, 이 시기로부터 개혁·개방을 통한 본격적인 경제개발을 추진할 때까지 중국 경제정책의 핵심은 중공업우선 발전을 추진하여 국가사회주의적 공업화의 기초를 달성한다는 것이었다. 사회주의 계획경제가 실시된 1952~78년 동안 중국 경제의 성과를 종합해보면, 우선 총량으로 볼 때에는 상당한 정도의 괄목할 성장을 기록한 것이 사실이다. 이 기간 동안 사회총생산, 농공업총생산, 국민소득의 연평균 성장률이 각각 7.7%, 8.2%, 6.0%라는 것은 이를 뒷받침해준다.[1] 이 기간 동안 중국의 고도성장을 주도한 것은 특히 높은 수준의 축적률이었다. 1952~78년 사이 국민소득의 성장률은 연평균 6.3%인 데 반해 축적률은 연평균 8.5% 증가했으며, 국민소득은 4.8배로 되었지만 축적총액은 8.3배로 증가했다.[2] 이 기간 동안 중국의 축적률은 거의 30% 내외의 수준을 지속했는데, 이것은 물론 개혁·개방 이후와 비교하면 낮은 수준이지만 그 당시 기준에서 국제적으로 비교해본다면 매우 높은 수준이었다. 그런데 이와 같은 고축적구조를 실현시키기 위해서는 국가의 적극적인 역할이 필요했다. 사회주의하에서 중국의 경제성장을 주도한 것은 바로 국유 부문이었다. 국유기업들의 고정자산은 국민소득의 증가보다 훨씬 빠른 속도로 증가했으며, 공업총생산의 80% 이상과 전체 근로자 수의 70%, 그리고 국가재정수입의 80% 이상을 차지했다. 특히 국유 부문은 축적에서뿐만 아니라 기술수준이 가장 높은 부문으로서 각종 주도산업과 기초시설들을 건설했다.[3]

그러나 높은 성장률에도 불구하고 사회주의 시기 동안 추진된 중국의 경제개발계획은 산업 간의 심각한 불균형을 비롯한 몇 가지 문제점을 낳은 것도 사실이다. 경제성장의 초기에서부터 중국은 중공업우선의 성장전략과 계획적 자원배분제도를 수립하여 중공업 부문에 우선적으로 자원이 투입되도록 함으로써 이 부문을 다른 부문에 비해 매우 빠른 속도로 성장시켰다. 이러한 성장전략은 중국의 사회주의 건설 초기에서부터 시작되었다. 한 예로 제1차 5개년 계획기간 동안에 중공업과 경공업의 투자 비율은 5.7이었으나, 1976~78년 사이에는 그 비율이 9.1로 상승했다. 이 기간 동안의 축적자본 가운데 기본건설투자의 비중은 평균 58.4%에 달하며, 기본건설투자

1 國家統計局, 『中國統計年鑒』, 1987.

2 古澤賢治, 『中國經濟の歷史的展開』, 東京, ミネルヴァ書房, 이재은 역, 『중국경제의 역사적 전개』 한울, 1995, pp. 105-06.

3 金碚, 윤원호 역, 『중국 공업화의 경제전략』, 해남, 1998, pp. 246-47.

표 9-1 개혁·개방 이전 중국의 경제발전계획

계획	주요 과업	주요 목표
제1차 5개년 계획 (1953~57년)	• 공·농업의 사회주의적 개조 - 자력갱생 - 자기완결적 공업체계 - 고투자율 - 중공업우선 투자 - 근대적 기술체계 중시 - 내륙공업 육성 - 소련 의존 - 극단적 중앙집권화	- 156개 건설 프로젝트 중심의 총 649개 건설 프로젝트 - 5년간 건설 규모 427억 원
제2차 5개년 계획 (1958~62년)	• 8기 전인대 2전회의 - 사회주의 건설 총노선 - 대약진 운동 : 공업과 농업, 중공업과 경공업, 근대적 부문과 전통적 부문을 동시발전, 풍부한 노동력을 활용하여 단기간 공업화. • 8기 중앙위원회 9전회의 - 정책 전환 및 대약진 중단	- 생산목표 전 분야 2배 이상 - 기본건설투자 규모 2배 - 국내자본 축적률 33.9%
제3차 5개년 계획 (1966~70년)	• 문화혁명 여파로 농업을 제외한 공업부문 침체	- 의식주 해결이 주로 강조되었으나 1년도 못 되어 중공업, 대소 삼선건설 부각
제4차 5개년 계획 (1971~75년)	• 경제의 주안점을 기술 도입과 자본 도입으로 설정 • 제1차 5개년 계획 이후 가장 성공적 • 「제4차 5개년 계획 강요」(1970. 7)	- 식량생산과 철강생산
제5차 5개년 계획 (1976~80년)	• 5차 전인대 「10개년 경제계획」 발표 • 자본집약적 경공업 → 노동집약적 경공업 • 4대 현대화계획 • 팔자방침(조정·개혁·정돈·제고)	- 1980년 농업기계화 실현 - 120개 대항목 계획

자료 : 신한풍·서진영, 『중국의 사회경제 통계분석』, 집문당, 1993, pp. 33-34.

액 중에서 공업이 차지하는 비중은 42.5%인데, 여기에 수송과 우편 부문을 포함하면 그 비중은 57.8%에 달했다. 또 기본건설투자의 배분에서는 중공업이 85%, 경공업은 15%로 중공업 투자의 비중이 훨씬 높았다.[4] 그 결과 경공업의 연평균 성장률에 대한 중공업의 연평균 성장률의 비율을 보면 1953~79년 평균 1.47이며, 각 시기별로는 신민주주의 개혁기에는 1.68, 제1차 5개년 계획기간에는 1.97, 제2차 5개년 계획

4 신한풍·서진영, 『중국의 사회경제 통계분석』, 집문당, 1993, p. 21.

기간에는 6.0, 경제 조정기에는 0.7, 제3차 및 4차 5개년 계획기간에는 각각 1.75와 1.32였다.[5]

이러한 불균형 성장전략은 당연히 산업 간의 극심한 불균형과 산업구조의 왜곡을 가져왔다. 개혁·개방 이전까지 농업이 국민소득에서 차지하는 몫은 계속 하락한 반면 공업이 차지하는 몫은 계속 상승하고 있으며, 기타 산업(건축업, 운수업, 상업)이 차지하는 비율도 1957년의 24.5% 이후 지속적으로 하락 추세를 보인다. 물론 중공업의 빠른 성장이 국민경제의 성장을 주도한 측면도 없지는 않지만, 이러한 산업 구조는 중국의 발전 단계에 비해 지나치게 왜곡된 것으로서 경제의 총체적인 성장잠재력을 희생시킴으로써 오히려 전체 국민경제의 발전을 지체시켰다고 해야 옳다. 이 점은 투자의 효율성이라는 측면에서 분석해보면 분명하게 드러난다. 가령 1952~79년 사이의 투자 총액은 6,000억 원에 달했으나 그것으로 창출된 고정자산액은 4,000억 원에 불과했으며, 그나마 1,000억 원 이상의 고정자산은 제대로 사용되지도 않았다.[6] 특히 투자의 효율성이 낮았던 것은 제3차 및 제4차 5개년 계획기간이었다. 물론 이 시기에는 문화혁명으로 인한 혼란이 있었다는 점이 참작되어야겠지만 그보다는 '삼선건설三線建設'과 같이 경제적 효율성을 도외시한 채 정치적 고려에 의해서 투자가 결정되었던 것이 보다 중요한 요인이었다고 해야 옳다.

세계은행의 보고서에 의하면 1957년에서 1977년 사이 농민들의 1인당 소득의 성장률은 도시주민들에 비해 절반밖에 되지 않았다.[7] 특히 1952~78년 사이 농업생산액의 비율은 57.72%에서 32.76%로 감소한 반면 전체 취업자에서 차지하는 농업 취업자의 비율은 85.5%에서 73.3%로 10.2%가 감소하는 데 그쳤다. 이러한 사실은 농업부문의 소득수준이 상대적으로 더욱 빠르게 악화되어 갔음을 보여준다.[8] 농촌의 상대적 정체는 결국 공업생산력의 확대를 위한 도시와 농촌의 분리발전전략에 따라 공업이 대도시에 집중되었을 뿐만 아니라, 도시 부문의 성장이 주변지역과의 상호 보완을

5 林毅夫·李周·蔡昉,『中國的奇蹟』, 香港大學 出版部, 한동훈 역,『중국의 기적』, 백산서당, 1996, p. 85.

6 古澤賢治, 앞의 책, p. 106.

7 Rabushka, A., *The New China: Comparative Economic Development in Main China, Taiwan, and Hong Kong*, San Fransisco, Westview Press, 1987, p. 54.

8 林毅夫·李周·蔡昉, 앞의 책, p. 90.

필요로 하지 않았기 때문에 농업생산력의 발달이 정체된 데서 비롯된 것이었다.

한편 1947년 8월 15일 200년에 걸친 영국의 식민지배로부터 독립했을 당시 인도 경제가 안고 있던 근본적인 과제는 제2차 세계대전 이후 독립한 대부분의 개발도상국들과 마찬가지로 식민지배로 인해 왜곡되고 기형적으로 성장해 온 경제구조를 바로잡고 전근대적·반봉건적 잔재들을 청산함으로써 자립경제의 기반을 구축하는 것이었다고 할 수 있다. 독립 당시 인도의 국민소득은 865억 루피, 1인당 소득은 247루피(약 50달러)였다. 취업인구 가운데 공업인구는 9%에 불과했고 70%가 농업에 종사했다. 국민소득의 부문별 분배율을 보면 농업소득이 49%, 제조업 및 광업 부문이 17%, 운수 및 서비스 부문이 34%로 전형적인 1차 산업 중심의 경제구조를 가지고 있었다. 이러한 경제적 후진성 못지않게 평균수명이 32~33세밖에 되지 않는 반면 1951년 당시 식자율은 18.33%에 불과한 등 사회적 후진성도 심각한 상태였다. 뿐만 아니라 인도는 인종적·종교적·역사적으로 매우 다양한 복합사회로서, 영국의 식민지배 이전까지 오늘날의 인도에 해당하는 영역 전부를 통치한 단일 왕조가 한 번도 존재해본 적이 없었다.[9] 따라서 경제적 자립, 사회적 진보와 더불어 국가적 통일은 신생독립국 인도의 가장 중요한 국민적 과제 가운데 하나였다.

이처럼 복합적인 사회적·국가적 목적을 추구하기 위하여 인도는 이후 정치적으로는 의회제 민주주의를 추진하면서 경제개발전략으로는 소련과 유사한 계획경제 모델을 추진해 왔다. 물론 독립 이후 1980년대까지 인도의 경제정책도 숱한 굴곡을 겪어 왔지만, 근본적으로 계획경제 모델 자체는 인도 경제정책의 근간을 형성해 왔다.[10] 이

9 오늘날에도 인도의 헌법은 공식어(Official Language)인 힌두어를 비롯해 벵갈어, 타밀어, 카슈미르어 등 14개 언어를 공용언어로 지정하고 있다. 이것은 식민지배 이전에 인도에 존재했던 14개 국가의 언어들이다.

10 네루 사후 샤스트리(Lal Bahadur Shastri) 정부(1964~67)는 제2차 및 제3차 계획에서 추진된 중화학공업 및 공공 부문 중심의 정책체계가 공업정체, 식량부족, 국제수지 악화, 그리고 인플레이션의 만연과 같은 경제위기의 근원이라는 인식에 따라 루피화의 평가절하를 포함한 일련의 자유화 조치들을 취했다. 그러나 1969년 집권한 인디라 간디(Indira Priyadarshini Gandhi) 정부는 사회주의형 사회의 부활이라는 목표를 내걸고 주요 상업은행의 국유화와 〈독점방지법〉의 제정 등 공공 부문의 영역을 확대하고 민간부문에 대한 규제를 강화했다. 1970년대에 들어오면서 경기침체와 석유파동은 인도 정부로 하여금 다시 자유화정책과 규제완화를 추진하게 만들었다. 이러한 자유화 조치들은 야당 연합인 자나타 달(Janata Dal Party) 정부(1977~80)에 의해 계승되었다. 이처럼 네루 사후 인도의 경제정책은 정권교체와 대내외 환경의 변화에 따라 국유화와 자유화를 반복했다. 그러나 이때의 자유화 조치들은 근본적이고 장기적인 것이라기보다는 경제위기에 대응한 임시방편적인 성격의 것이었다. 1980년대에 이르기까지 인도의 경제구조는 기본적으로 혼합경제와 계획경제라는 네루 시대의 골격을 유지했다.

러한 인도의 개발전략의 기본적인 사고를 형성한 것은 이른바 네루-마할라노비스 모델이다. 이 모델은 당시 총리였던 네루Jahawalral Nehru와 계획위원회Planning Commission의 위원장이었던 마할라노비스P. C. Mahalanobis 교수에 의해 입안된 개발전략으로서, 그 기본적인 아이디어는 중앙계획에 의한 전체 경제의 통합과 중공업 우선의 투자를 통해 경제 전반을 견인해 나간다는 데 있었다. 이는 폐쇄경제체제의 조건에서 공업 부문을 생산재 생산 부문과 소비재 생산 부문으로 나누어, 전자에 대한 투자배분이 증가할수록 장기적으로 경제성장률이 높아진다는 것이었다.

결국 네루-마할라노비스 모델은 자립경제와 사회적 정의라는 목표를 달성하기 위한 인도의 경제사회 발전전략으로서 대규모 공업투자에 의존하는 수입대체적 중공업화의 추진을 지향하고자 했던 것이라고 할 수 있다. 그러나 중화학공업에 대한 과다한 투자는 상대적으로 경공업 및 농업 부문의 정체를 초래했다. 공기업 부문에서는 비교적 규모가 크고 발전된 기간산업과 중화학공업을 가진 반면 영세하고 낙후된 기술수준의 경공업이 공존하고 있으며, 특히 농업 부문은 인도의 가장 전근대적인 부문으로 남아 있다. 이러한 이중구조는 지금도 인도 사회에 고질적인 계층 간, 도농 간, 지역 간 소득분배 불균형의 주요한 원인 가운데 하나가 되고 있다.

경제개혁과 개방정책 이전까지 중국과 인도의 경제체제에서 나타나는 공통적인 특징과 문제점은 다음과 같이 요약된다. 첫째는 계획경제체제이다. 1978년 개혁·개방정책이 추진되기 이전까지 사회주의국가인 중국의 경제체제는 당연히 계획경제체제였다. 정치적으로는 의회제 민주주의를 유지해 온 인도의 경제발전전략도 기본적으로는 국가에 의한 계획경제에 기초한 혼합경제체제였다고 할 수 있다. 따라서 두 나라의 경제체제에는 매우 긴밀한 유사점과 공통의 문제점들이 발견된다. 우선 소유제 측면에서 보면 국유·국영 부문의 비중이 매우 높으며, 경제활동에 대한 국가의 통제가 광범하게 보편화되어 있다는 점이다. 이와 같은 국가의 과도한 규제는 당연히 민간 부문의 침체를 낳았을 뿐만 아니라 관료제의 만연 등은 공공 부문의 비효율을 만든 원인이 되었다. 요컨대 개혁·개방 이전 인도와 중국은 모두 국가 중심적 계획체제의 문제점들을 공유하고 있었던 것이다.

둘째는 폐쇄경제체제이다. 인민공화국의 수립 이후 중국은 전통적인 사회주의 무

표 9-2 **신경제정책 이전 인도의 경제개발계획** (단위 : 기간 중 연평균 성장률)

기간	인구	GDP	1인당 GDP	공업	농업
제1차 5개년 계획 1951/52~55/56	1.9	3.6	1.7	7.3	4.1
제2차 5개년 계획 1956/57~60/61	2.1	4.0	1.9	5.6	4.0
제3차 5개년 계획 1961/62~65/66	2.2	2.3	0.1	2.0	1.4
임시계획 1966/67~68/69	2.3	3.7	−0.1	2.0	6.0
제4차 5개년 계획 1969/70~73/74	2.4	3.3	0.9	4.7	2.9
제5차 5개년 계획 1974/75~78/79	2.3	4.9	2.6	5.8	4.2
1개년 계획 1979/80	2.2	−6.0	−8.2	−1.4	−15.2
제6차 5개년 계획 1980/81~84/85	2.3	5.6	3.2	6.6	3.5
제7차 5개년 계획 1985/86~89/90	2.2	5.8	3.3	6.5	3.4

자료 : 대외경제정책연구원, 『인도편람』, 1996, p. 236.

역이론에 입각하여 국가독점적인 대외무역체제로 일관했다. 따라서 1978년 이전까지는 극히 제한된 범위에서만 무역이 이루어짐으로써 생산과 수출의 연계가 제대로 이루어지지 못했고, 정부와 기업의 대외무역에 대한 적극성도 결여되어 있었다. 특히 냉전체제하에서 중국과 자본주의국가들 간의 무역규모는 매우 제한적이었고, 중·소 분쟁 이후에는 소련 등 사회주의국가들과의 협력도 그다지 긴밀하지 못했다. 한편 인도 역시 독립 이후 자급자족과 자립경제의 달성을 위해 국내시장 중심의 경제개발을 추진하는 한편 외국자본의 도입을 억제하는 폐쇄경제정책을 추진해 왔다. 이를 위해 인도 정부는 수입대체 산업을 육성하고 자립경제의 기반 구축을 위한 농업 부문과 기간산업 및 중화학공업을 적극적으로 지원한 반면 수입에 대해서는 국내생산 부족분에 대해서만 엄격한 통제하에 허용해 왔으며, 수출에 대해서는 이러한 수입품들을 구매하기 위한 외환 조달의 수단으로 간주했다. 세계경제로부터의 고립, 국제적 경쟁의 결여 등은 중국과 인도의 대외경제체제에서 공통된 특징이었다.

셋째는 정부 및 공공 부문의 비효율이다. 사회주의국가인 중국에서는 물론 인도에서도 오랫동안 유지되어 온 혼합경제체제와 계획경제정책의 결과 공공 부문은 상대적으로 높은 비중을 차지해 왔다. 문제는 그럼에도 불구하고 인도의 공공 부문이 그만큼 효율적이지 못하다는 점이다. 대부분 정부의 재정지출로 지원을 받는 공공 부문의 비효율은 막대한 재정적자 부담을 낳았다. 뿐만 아니라, 국영기업과 공공 부문의 대부분은 국민경제의 순환에서 기본적이고 핵심적인 역할을 하는 전략산업 부문들이어서 다른 부문들에서 심각한 비용 상승을 초래할 수밖에 없었다. 따라서 국유기업을 포함한 공공 부문의 개혁은 중국과 인도의 경제개혁에서 가장 핵심적인 과제로 지적되었다.

넷째로 두 나라 모두 국가 및 공공 부문이 주도하는 중화학공업 중심의 발전전략을 추진했고, 그 결과 산업 간·지역 간 불균형이 극대화되었다. 특히 중공업 부문에 대한 과다한 자원배분으로 경공업과 농업 부문은 상대적으로 정체되어 왔고, 이는 극도의 소비재 부족과 함께 도농 간 소득격차의 확대와 농촌경제의 파탄이라는 결과를 가져왔다. 이러한 산업 간·지역 간 불균형은 경제적 측면에서 생산요소의 효율적·합리적 이용을 저해할 뿐만 아니라 다른 한편에서는 지역 간·계층 간·인종 간 갈등을 유발하는 등 심각한 정치적·사회적 불안요소가 되고 있기도 하다.

중국과 인도의 개혁·개방정책은 이러한 문제점들을 시정하고 국민경제의 효율성을 극대화함으로써 안정적인 성장기반을 확립하고자 한 점에서 유사한 목적을 가진 것이었다. 그러나 중국에서는 개혁정책의 본격적인 추진이 마오쩌뚱毛澤東 사망 이후 전개된 정부와 공산당 내부의 권력투쟁에서 덩샤오핑鄧小平을 비롯한 개혁파가 정권을 장악함으로써 시작된 반면, 인도에서는 1990~91년의 외환위기가 개혁정책을 추진하게 된 가장 결정적인 계기가 되었다는 점에서 대조적이다.

2. 중국의 경제개혁과 성과

중국의 개혁·개방은 대체로 세 단계를 거쳐서 진행되어 왔다. 제1단계(1978. 12~1984. 10)는 개혁의 시작 단계로서, 공산당 11기 3중전회로부터 12기 2중전회에 이르는 기간이다. 이 단계의 개혁은 초점이 농촌에 놓여 있었다. 2단계(1984. 10~1988. 9)는 전면적인 개혁 단계로서, 공산당 12기 2중전회 이후부터 13기 3중전회까지의 기간이다. 1단계와는 대조적으로 이 단계의 개혁정책은 도시 부문의 개혁에 보다 많은 중점을 두고 있었다. 13기 3중전회 이후 1991년까지는 경제구조의 조정 단계로서 개혁 이후의 성장에 따른 생산 및 분배상의 문제들을 해결하고자 조정정책을 실시한 시기이다. 마지막으로 3단계(1991. 12~)는 개혁의 심화 및 가속화 단계로서, 이 단계의 중점은 기존의 개혁조치들을 실현하는 데 주어졌다.

중국의 개혁·개방정책이 본격화되는 것은 대체로 1978년부터라고 할 수 있다. 1978년 12월 중국 공산당 제11기 3중전회는 10개년 계획을 포기하고 경제개혁을 공식적으로 승인하여, 30년에 걸친 중공업 우선의 고도성장 정책으로부터 균형된 안정성장 노선으로의 전환을 천명했다. 중국의 개혁·개방정책을 가져온 기본적인 요인은 바로 사회주의 건설기 동안 누적되어 온 중국 경제의 문제점들과 특히 문화혁명 이후의 경제 침체와 국민 생활의 파탄이었다. 마오쩌뚱의 아내인 장칭江清을 비롯한 사인방四人幇 세력이 축출되고 덩샤오핑이 실권을 장악한 1976~77년 당시 중국 경제는 흔히 '10년 동란'으로 불리는 문화혁명과 그 영향으로 상당수의 공장들이 문을 닫고 교통·수송체계는 중단되었으며, 국민들의 생활수준은 급속히 하락하는 등 붕괴 직전의 위기에 직면해 있었다. 당시 중국 경제가 안고 있던 가장 중요한 문제점들은 다음과 같이 요약된다 — ① 농업과 공업 간의 불균형으로 인한 농촌경제의 파탄, ② 경공업의 낙후로 인한 극도의 소비재 부족, ③ 에너지 생산 및 교통·수송능력의 부족, ④ 축적과 소비의 불균형 등.

개혁·개방으로의 전환과 함께 1979년부터 중국 경제는 본격적인 경제조정에 들어가게 된다. 개혁의 초기 단계에서는 정책목표가 성장보다는 조정에 주어져 있었음에도 불구하고 정책 전환 이후 중국 경제는 매우 주목할 만한 성과를 달성했다. 1976~80년 사이 중국의 국민소득은 1976년의 1,427억 위안元에서 1980년에는

3,688억 위안으로 연평균 8.1%의 성장을 나타냈으며, 1인당 국민소득도 1976년의 261위안에서 1980년에는 376위안으로 크게 성장했다. 개혁 초기 단계에서의 이러한 경제적 성공은 중국 지도부로 하여금 조정정책의 조기종결을 논의하게 만드는 주요한 계기가 되었다.[11]

개혁 초기 단계의 경제적 성공에 힘입어 중국은 1984년부터 본격적인 경제개혁과 개방 조치를 실시하게 된다. 1984년 10월에 채택된 〈중공 중앙의 경제체제개혁에 관한 결정中共中央關于經濟體制改革的決定〉은 사회주의의 근본적인 임무는 사회의 생산력을 발전시키는 데 있다는 관점에서 사회주의 경제를 '공유제를 기초로 한 계획성 있는 상품경제'로 규정하고 전면적인 개혁정책으로의 전환을 선언했다. 따라서 이 단계는 계획적 상품경제론에 입각한 상품경제의 발달과 시장과 계획의 결합을 통하여 중국경제를 활성화한다는 목표에 따라 국영기업을 비롯한 도시 부문의 경제관리체계를 전면적으로 개혁하고자 한 시기라고 할 수 있다. 이때 발표된 〈도시경제체제의 개혁방안〉을 구체적으로 보면 ① 계획경제체제의 개혁, ② 기업관리체제의 개혁, ③ 가격체제의 개혁, ④ 임금체제의 개혁, ⑤ 조세체제의 개혁, ⑥ 금융체제의 개혁, ⑦ 유통관리체제의 개혁 등이다. 이러한 개혁방안의 본격적인 추진은 1984년 4/4분기에서 1985년 중반에 걸친 경기과열 문제로 미루어졌다가 제7차 5개년 계획에서부터 시작되었다. 제7차 계획의 주요 목표는 중국 특유의 사회주의 시장경제체제, 즉 계획적 상품경제를 달성하는 것이었다. 이와 같은 방침에 따라 제7차 5개년 계획기간 동안의 중점은 경제활동에 대한 국가의 간접적인 통제능력을 높이고, 이 능력의 강화와 함께 국가의 직접적인 통제를 줄이는 범위, 정도, 절차를 정한다는 것으로 결정되었다. 특히 1987년 12월 공산당은 '사회주의 초급단계론'을 공식화함으로써 개혁과 개방을 이론적으로 뒷받침했다.

개혁·개방의 결과 중국 경제의 성장은 대부분의 거시경제지표에서 현저하게 나타나고 있다. 개혁 이전인 1953~78년 사이에는 연평균 6%에 불과하던 사회총생산의 성장률은 1979년 이후 연평균 10% 이상의 높은 수준을 기록하고 있다. 중국 경제의

11 國家統計局, 『中國統計年鑒』, 1990.

성장을 산업 부문별로 보면 개혁의 초기에는 특히 농업에서의 생산성 향상과 산출물 증가가 매우 중요한 역할을 했다. 1978~84년 사이에 농업산출량은 연평균 8.8%의 성장을 기록했는데, 이러한 성장은 농가경영 청부책임제와 같은 각종 유인제도의 성공에 힘입은 것이었다. 그러나 경제성장이 진행되면서 농업의 비중은 상대적으로 낮아져, 1985~91년 사이 농업의 성장률은 연평균 4% 내외로 비교적 안정적인 모습을 보인다. 반면 개혁·개방 이후 공업 부문의 성장은 거의 매년 10% 이상의 성장을 지속하고 있다.

한편 공업 부문에서 보면 1978년 당시 산업총생산에서 80%를 넘었던 국유기업의 비중이 1992년에는 50% 이하로 하락하는 등 세부적으로 보면 공업 부문의 성장을 선도한 것은 기존의 국영기업들이라기보다는 오히려 향진기업과 사영기업 및 외

표 9-3 개혁·개방 이후 중국의 기간별·부문별 성장률 (단위 : %)

	1978~84년	1984~88년	1988~92년	1978~92년
GDP	8.6	10.3	7.5	8.8
1차 산업	7.3	3.1	4.3	5.2
2차 산업	8.9	14.2	10.4	10.8
3차 산업	10.1	13.5	5.8	9.8

자료 : 國家統計局, 『中國統計年鑒』, 1997.

표 9-4 중국의 국내총생산과 구성비 (단위 : 억 위안, %)

	1978년	1980년	1985년	1990년	1991년	1992년
GDP 총액	3,588.1	4,470.0	8,557.6	17,695.3	20,236.3	24,036.2
성장률	0.0	7.9	12.8	4.1	8.2	12.8
1차 산업	28.38	25.65	23.44	19.59	18.45	16.71
2차 산업	48.64	51.65	51.16	54.54	55.43	58.36
3차 산업	22.98	22.69	24.39	26.87	26.13	24.93
국민수입총액	3,010	3,350	7,020	14,384	16,557	19,845

자료 : 國家統計局, 『中國統計年鑒』, 1993.

국자본에 기반을 둔 비국영기업들에서 보다 괄목할 만한 성과가 나타났다. 향진기업은 개혁·개방 이후 급속히 성장하여 1988년에 전국적으로 기업 수가 1,888만 개에 이르렀으며, 종업원 수는 9,545만 명으로 농촌노동력의 23.8%를, 총생산액은 6,495억 위안으로 사회총생산 24.9%, 농촌 총생산의 58.1%를 차지하였다. 또 향진기업이 공업생산액에서 차지하는 비중은 석탄 34%, 시멘트 27.9%, 종이 및 골판지 58.7%, 생사 44%, 견직물 69%, 면포 24.2%, 나일론 52.3%, 선풍기 45.5%, 의복 70%, 맥주 15.2%, 벽돌 93% 등이다.[12] 이러한 성장은 과거의 농촌공업이 경제적 이익과 효율성을 도외시한 채 운영되었던 반면 개혁 이후 새로 생겨난 향진기업은 농민 자신을 풍요롭게 할 것을 목적으로 했다는 점과, 특히 농촌의 풍부한 노동력을 적절히 이용했다는 점 등에 기인했다.

이와 같이 개혁 초기의 중국 경제는 사회주의체제하에서 누적되어 온 도농 간 및 산업 간 불균형을 시정하는 데 주력했는데, 그 결과 산업구조의 불균형도 점점 해소되어 갔으며 국민의 생활수준도 상당히 향상되었다. 바로 이러한 성과를 바탕으로 중국은 제2단계의 본격적인 개혁으로 들어갈 수 있었다. 제2단계의 개혁조치는 그동안 농업 부문에서 달성한 성과를 바탕으로 도시 부문의 개혁을 본격화하는 데 중점이 주어졌다. 도시 부문의 개혁은 생산의 기본 단위인 기업운영체제의 개혁, 즉 기업개혁을 중심으로 전개되었는데, 그 주요 방식은 기업소유권과 경영권의 분리를 기초로 한 경영 청부책임제를 비롯해 주식제도의 도입, 중소기업의 임대경영, 〈기업파산법〉의 실시, 노동계약제의 시행, 개체기업 및 사영기업의 허용과 장려 등이다. 특히 개체기업과 사영기업을 포함한 중국의 사영경제는 1984~85년의 고속성장기를 거쳐 1980년대 말에는 이미 50~80만 개의 기업이 1,000~1,500만 명의 종업원을 고용하여 국민경제의 약 3~4%를 차지했다. 이 기간 동안 중국 경제의 빠른 성장, 특히 공업의 성장을 선도한 것은 바로 이러한 기업개혁과 그 결과로 나타난 사영경제의 확대였다고 할 수 있다.

지역적으로 볼 때 중국의 사영기업은 경제개혁이 먼저 시작되고 시장경제로의 전

12 古澤賢治, 앞의 책, p. 125.

환이 빨랐던 농촌 지역에 80% 이상이 집중되어 있고, 특히 개방화가 진전되어 사회간접자본이 잘 갖추어진 동부의 11개 연해 성시 기업의 70%가량이 집중되어 있다. 이를 업종별로 보면 공업, 수공업, 건축업 등 2차 산업 부문에 전체의 70~80%가 집중되어 있으나, 경제특구와 연해개방도시를 중심으로 과학기술형 기업이 상당수 등장하고 있다. 또 1992년 이후에는 기업 수와 등록자본액의 급속한 증대, 생산 및 경영 분야의 확대와 3차 산업의 비중 증대, 도시 지역 사영기업 및 주식제 사영기업의 급속한 발전이 나타나고 있으며, 기업의 규모에서도 이전까지는 종업원 20명 이하, 기업자산 20만 위안 이하, 연 생산액 30만 위안 이하의 소규모 기업이 70%를 차지하고 있으나 1990년대 들어서는 종업원 1,000명 이상, 기업자산 1,000만 위안 이상의 초대형 기업들도 등장하고 있으며, 일부 기업은 계열기업들을 거느린 기업집단의 형태로 발전하고 있다.

3. 인도의 경제개혁과 성과

중국의 개혁·개방정책에 직접적인 계기가 된 것은 멀리는 사회주의 수립 이후부터 가까이는 문화혁명 이후 누적되어 온 국민경제의 모순에 개발전략을 둘러싼 정책노선상의 대립이라는 대내적 압력에 있었다. 반면에 인도의 정책 전환에는 그와 유사한 대내적 압력보다 외환위기라는 대외적 압력이 보다 직접적인 계기로 작용했다. 독립 이후 인도는 의회제 민주주의와 계획경제의 결합이라는 새로운 발전 모델과 함께, 비동맹회의로 대표되는 제3세계 국가들의 정치적 지도국가로서 세계의 주목을 받았다. 그러나 1990년 12월 인도 경제는 심각한 외환부족 사태로 국제통화기금IMF으로부터 구제금융을 받지 않으면 안 되는 외환위기에 직면하게 되었다. 외환위기가 진행되던 1991년 6월 집권한 라오Narasimha Rao 정부는 1990년 12월 IMF가 제시했던 재정적자 축소를 조건으로 한 차관의 재개와 경제개혁안을 수용하여 우선 단기적으로 총수요 억제를 통한 경제안정화 조치를 실시하는 한편, 중·장기적으로는 폐쇄적 경제구조를 개편하고 국제 경쟁력의 제고를 위해 각종 규제를 철폐하는 등 시장경제체제로의 전환을 위한 개혁정책들을 점진적으로 도입하게 되었다. 이 개혁정책들의 목표는 크게 국내 시장에서 규제의 축소와 경쟁의 확대, 세계경제로의 통합, 정부 역할의 축소 등으로 요약해볼 수 있다.

외환위기 이후 인도의 개혁정책은 산업정책, 조세·재정제도, 금융제도, 그리고 공공 부문 등 거시경제 부문 전반에 걸쳐 추진되었다. 이 가운데 가장 중요하고 기본적인 조치는 1991년 7월에 발표된 신산업정책New Industrial Policy이다. 인도는 1951년 제정된 〈산업개발규제법〉에 따라 모든 기업의 신증설, 산업입지 등을 정부가 사전에 인가하는 산업인허가제도Industrial Licensing를 실시함으로써 산업 간, 기업 간 경쟁을 통한 발전을 억제해 왔다. 그러나 신산업정책에 따라 6개 공공 부문, 사회안전과 환경 관련 산업 및 소비재산업 16개 부문, 소규모 산업으로 유보된 807개 품목, 인구 100만 명 이상의 대도시로부터 25km 이내에 입지할 기업을 제외하고는 모든 산업의 신증설 및 입지에 대한 인허가제도가 폐지되었다. 특히 공공 부문의 경우 안보 및 전략적 이유로 진입을 금지시켰던 18개 부문을 6개 부문(군수산업, 원자력, 석탄, 석유, 철도, 운수)으로 대폭 축소하고, 함정 및 전투기 등 군수산업을 제외한 모든 부문에 민간 및 외국인 투자를 허용했다. 한편 경제력 집중 및 불공정거래 방지를 목적으로 제정된 독점제한적 거래관행법의 적용을 완화하는 동시에 대기업의 신규사업 개시 및 기존사업의 확장, 통합, 합작, 인수 등에 대한 정부의 사전규제를 완화하여 대기업의 경영자율권을 신장했다. 반면 정부의 경영간섭에 대한 급부로 남용되면서 정부의 재정적자 확대와 기업의 국제경쟁력 약화에 주요한 원인이 되어 왔던 정부보조금 지원은 점차 축소되었다.

둘째, 조세 및 재정제도의 개혁이다. 인도 정부는 조세개혁위원회Tax Reform Committee를 구성하여 장기적인 조세제도개혁에 착수했는데, 이 위원회는 조세개혁의 기본 방향으로 직·간접세의 세율조정과 세율구조의 단순화, 면세범위의 축소, 새로운 세원 발굴, 각종 간접세의 부가가치세로의 통합, 관세인하 등을 제시했다. 이러한 제안에 따라 인도 정부는 각종 세율을 지속적으로 인하해 나갔다. 구체적인 내용을 보면 그때까지 인도의 법인세율은 공공성이 강한 기업 51.75%, 사유성이 강한 기업은 57.5%로 서로 다른 세율이 적용되었으나 1994년부터 모두 46%로 통합 인하되었으며, 외국인기업에 대한 세율도 65%에서 55%로 인하되었다. 개인소득세는 56%에서

40%로 인하되었으며, 면세 기준도 22,000루피에서 40,000루피로 높아졌다. 국내세뿐만 아니라 관세율도 큰 폭으로 인하되었는데, 최고관세율은 150%에서 85%로, 자본재 수입에 대한 관세는 80%에서 55%로, 특히 수출용 자본재 수입에 대해서는 25%로 관세율을 인하했다. 이러한 세제개혁의 결과 인도의 국내총생산에서 차지하는 직접세의 비중은 1990년의 2.1%에서 1995년에는 2.9%로, 중앙정부의 세수에서 차지하는 비중은 같은 기간 동안 19%에서 29%로 증가한 반면 관세의 비중은 3.8%에서 2.8%로 감소되었다. 조세제도의 개혁과 함께 라오 정부는 재정적자 및 무역적자를 보전하기 위하여 재정지출에 대해서도 적극적인 구조조정정책을 수행했다. 재정개혁의 초점은 거시경제적 균형을 위한 긴축정책에 모아졌는데, 그 결과 인도의 공공지출 증가율은 1990년 이후 계속 감소 추세를 보이고 있다.

셋째, 금융제도 및 정책의 개혁이다. 인도의 금융체제는 사실상의 국영기관체제로서 정부의 경제개발정책에 따라 개발자금을 배분하는 기능을 주로 수행해 왔다. 금융개혁이 시작된 1992년 당시 인도의 은행 수는 모두 275개인데, 이 가운데 224개가 국립은행계 은행이며 나머지 51개 은행은 24개의 외국계 은행을 포함한 소규모 민간은행들이었다. 이 중에서 국립은행계 상위 28개 은행이 전체 수신고의 90% 이상을 차지했으며, 인도산업개발은행 등과 같은 특수은행이나 보험회사 등도 모두 국영기관으로 운영되고 있었다.[13]

그러나 수익성을 도외시한 경영과 효율성의 저하 등으로 국영은행들의 경영 및 재무구조는 극도로 취약해, 같은 해 전체 국영은행의 순손실 규모는 336억 루피에 달했다. 이와 같이 중앙집권적 계획경제의 추진으로 야기된 국영금융기관 중심의 구조, 금융산업의 낙후, 효율성 및 경쟁력의 저하를 개선하기 위해서는 금융 부문의 구조적 개혁작업이 요구되었다. 인도 정부의 개혁조치는 먼저 점진적으로 금융자율화를 도입하고 신규 민간은행의 설립을 허용하는 것이었다. 이에 따라 은행의 법정 유동성 비율을 38.5%에서 25%로 낮추었으며, 현금보유 비율도 10%로 낮추었다. 또한 은행

13 특히 1969년 인디라 간디 정부에 의해 시작된 상업은행들의 국유화 조치로 탄생한 인도의 국영은행들은 개발 초기에는 농촌 지역으로의 금융망 확대와 여·수신의 증대를 가져오기도 했으며, 그 결과 신경제정책 이전까지 인도 은행들의 성장은 주로 농촌 부문에서 이루어졌다.

재무구조의 건전화를 위하여 국제결제은행BIS이 정한 가중위험자산에 대한 자기자본비율 8%를 엄격히 준수하도록 감독하고 있다. 이러한 변화와 함께 금융기관들 간의 경쟁을 유도하기 위해 금융산업에 대한 민간 및 외국인 투자를 개방했다. 예를 들면 국영은행의 민영화를 위해 총지분의 49%를 우선적으로 매각한다는 계획을 추진했다. 자본시장에 대한 외국인 투자의 개방조치로 1992년 9월에는 외국기관투자자의 해외증권 발행 및 유통시장 참여가 허용되었는데, 종목당 투자한도는 5%, 종목당 외국인투자한도는 24%로 각각 설정되었다.

마지막으로 공공 부문 개혁을 보면, 혼합경제체제를 지향해 온 결과 인도에서는 공공 부문의 비중이 매우 높은 편이면서도 그 효율성은 결코 높지 못했다. 이 때문에 인도의 경제개혁에서 공공 부문의 개혁은 가장 중요한 것으로 지적되어 왔다. 공공 부문 개혁은 크게 두 가지 방향에서 추진되었는데, 하나는 공기업이 담당해 온 영역을 민간 및 외국기업에게 개방하는 것이며, 다른 하나는 기존 공기업을 민영화하는 것이다. 공공 부문의 축소를 위하여 인도 정부는 공공 부문으로 유보된 산업을 제외하고는 공기업의 신설 및 증설을 지양하고 민간 및 외국인 투자를 적극 유치하고자 했다. 또한 부실 공기업을 심사하여 폐쇄하거나 민영화시키고, 정부보조금과 금융지원을 축소하는 대신 기업의 경영자율권을 확대했다. 이러한 인도 정부의 노력으로 특히 항공, 정유, 통신 부문 등에서는 민간 및 외국인 투자가 활발하게 확대되었다.

표 9-5 외환위기 이후 인도의 주요 거시경제지표

	1990/91년	1991/92년	1992/93년	1993/94년	1994/95년	1995/96년
경상 GDP(10억 루피)	4,778.1	5,527.7	6,307.7	7,318.9	8,583.4	9,857.9
1인당 GDP(루피)			7,162	8,150	9,371	10,535
GDP 성장률(%)	5.4	0.8	5.3	6.0	7.2	7.1
재정적자(GDP 대비 %)	8.3	5.9	5.7	7.4	6.1	5.5
소비자물가지수(%)	11.6	13.5	9.6	9.9	9.7	8.9

자료 : 대외경제정책연구원, 『인도편람』, 1996, p. 227.

그림 9-1 중국과 인도의 GDP 성장률

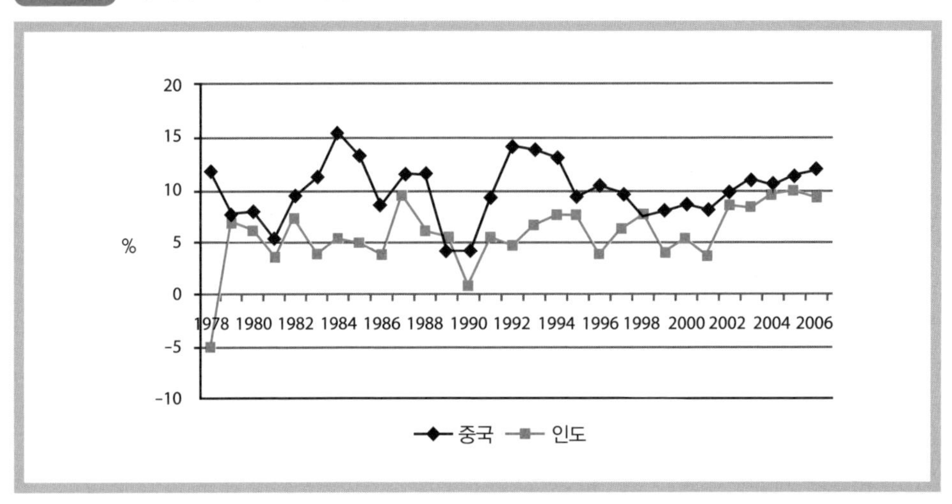

자료 : Government of India, *Statistical Yearbook*, New Delhi, various issues(http://indiabudget.nic.in/); 中國國家統計局, 『中國統計年鑒』, 中國統計出版社, 각호(http://www.moe.edu.cn/).

이상과 같이 1991년 6월 라우 정부의 등장 이후 인도가 추진해 온 경제개혁의 성과에 대해 지금까지 인도 정부 자신은 물론 IMF와 IBRD 등 국제금융기구들 대부분이 성공적이라는 평가를 하고 있다. 개혁의 성과는 기본적인 거시경제지표들에서 나타난다. 먼저 경제성장률을 보면 외환위기의 충격과 농업 부문의 마이너스 성장으로 1991년의 국내총생산은 0.8%의 저성장에 그쳤으나 1992년 5.3%, 1993년 6.0%, 1994년에는 7.2%의 고도성장을 기록했다. 반면 소비자물가지수는 1992년 13.5%로 전년의 11.6%보다 높아졌으나 1993년에는 9.6%로 다시 한 자리 수준을 회복했다. 특히 인도 경제의 고질적인 문제점 중 하나로서 외환위기의 주요 원인이기도 했던 재정적자는 1990/91년만 해도 GDP의 8.3%에까지 이르렀으나 이후 1991/92년에는 5.9%, 1992/93년에는 5.7%로 하락함으로써 인도 정부가 개혁정책을 계속 추진해 나가는 데 장애가 될 수도 있는 부담 가운데 하나를 해소할 수 있게 되었다.

1996년 6월 총선에서 중도좌파를 중심으로 한 연합전선이 승리함으로써 라오 정부는 개혁의 일선에서 물러나게 되었다. 그러나 이미 개혁이 대내외적으로 광범한 지지를 받으며 인도 경제가 지향할 방향으로 확고한 위치를 확립하고 있기 때문에 라오 정부 이후 정권을 잡은 다양한 정파들 또한 기본적으로는 라오 정부에 의해 추진된 개혁정책을 지속해 오고 있다.

4. 중국의 대외개방과 성과

사회주의체제의 수립 이후 중국은 전통적인 사회주의 무역이론에 입각하여 국가독점적인 대외무역체제로 일관했다. 본격적인 개방정책이 추진되기 이전에도 중국 정부는 1974년부터 1978년 사이에 대외무역부를 중심으로 대외무역의 부분적인 개혁을 실시한 적이 있는데, 그 주요 내용은 무역항과 대외개방지역의 부분적 확대, 제한적 개방무역권의 확대, 초보적인 단계의 생산과 수출의 연계 등이었다. 이러한 개혁은 그 이전과 비교하면 비교적 빠른 속도로 무역규모의 신장을 가져온 것이 사실이다. 그러나 중국에서 무역 및 대외관계의 근본적인 개혁이 시작된 것은 역시 1978년 제11차 3중전회 이후이다.

무역체제개혁의 첫 단계는 대외무역경영권의 이양, 대외무역기구의 다양화, 무역방식의 다양화 등을 중심으로 이루어졌다. 이러한 무역체제의 개혁은 세 가지 기본원칙에 입각했다. 첫째, 정부와 기업의 직책 분리와 대외무역부 전문국에 의한 무역관리이다. 둘째, 대외무역경영제의 실시이다. 셋째, 공업과 무역의 결합, 기술과 무역의 결합 및 수출입 결합이다.[14] 한편 무역분권화 이후 제기된 기업과 지방의 이기주의, 지역주의 및 자유화 경향의 문제점을 해결하기 위한 방안으로 1988년부터는 대외무역에서도 청부경영책임제가 전면적으로 실시되었는데, 이것은 다른 청부책임제와 마찬가지로 국가독점적 무역체제를 유지하면서 업무만을 지방과 기업에 이양하는 제도이다.

1980년대의 무역체제개혁에서 중요한 또 한 가지는 여러 가지 형태로 공업과 무역을 결합하고 기업들 간의 연합적 무역경영체 구축을 시도했다는 점이다. 즉 일정한 조건을 갖춘 무역회사와 공업생산회사가 연계하여 해당 생산품에 대하여 이른바 '사

14 산업연구원, 『중국교역총람(무역편)』, 1988, pp. 41-46.

표 9-6 개혁·개방 이후 중국의 대외무역 추이 (단위 : %)

	1980년	1985년	1990년
수입/국민총생산	6.7	14.5	14.4
수출/국민총생산	6.1	9.4	16.8
경제개방률	12.8	23.9	31.2
수출증가율		9.8	9.4
수입증가율		53.4	－14.6
세계 수출에서 비중	1.0	1.5	1.9
세계 수입에서 비중	1.0	2.2	1.6
세계무역에서 비중	1.0	1.9	1.7
공식환율	1.498	1.937	4.783
공산품/수출	49.7	49.5	74.4
공산품/수입	65.2	87.5	81.5

자료 : 國家統計局, 『中國統計年鑑』, 1993.

연합·양공개'를 실행함으로써 무역과 공업을 결합시킨다는 것이다.[15] 또 생산 기업에 대해 독자적인 무역권을 부여함으로써 무역회사의 전문성을 높여 대리업으로의 전환을 유도하면서 효율성의 증대를 추구했다.

이러한 개혁조치들에 힘입어 개혁·개방 노선으로의 전환 이후 대외무역과 외자 도입 등 중국의 대외교류도 매우 빠른 속도로 팽창해 왔다. 먼저 무역 측면에서 보면 1980~91년 사이에 중국의 수출은 연평균 12%의 증가율을 기록하면서 1980년 세계 26위에서 1991년에는 세계 13위의 수출국이 되었다. 수출품의 구성에서도 공업제품의 비율이 1980년의 50%에서 1992년에는 79.9%까지 증가했다. 물론 이 당시 중국의 공산품 수출은 아직 직물·피복·잡화 등 경공업의 비중이 높지만, 기계와 통신 장비 등 중공업의 비중이 점점 증가했다.

중국의 대외교류에서 더욱 현저한 성과를 보인 것은 역시 외자 도입이다. 중국은

15 '사연합(四聯合)'은 사무, 생산배열, 대외교섭, 해외시찰단 파견의 네 가지를 연합한다는 것이며, '양공개(兩公開)'는 무역회사의 공업회사에 대한 수출가격 공개와 공업회사의 무역회사에 대한 생산원가 공개를 의미한다.

표 9-7 개혁·개방 이후 중국의 외자 도입 추이 (단위 : 10,000 달러, %)

연도	대외차관		직접투자	
	계약액	실행액	계약액	실행액
1979~82	1,252,175	1,087,384	460,624	116,762
1983	151,331	106,468	173,144	63,521
1984	191,642(26.6)	128,567(20.8)	265,048(53.1)	125,761(98.0)
1985	353,421(84.4)	250,599(94.9)	593,110(123.8)	165,848(31.9)
1986	840,665(137.9)	501,457(100.1)	283,434(-52.2)	187,489(13.0)
1987	781,683(-7.0)	580,495(15.8)	370,884(30.9)	231,353(23.4)
1988	981,366(25.5)	529,706(11.7)	529,706(42.8)	319,368(38.0)
1989	518,469(-47.2)	628,570(-3.1)	559,976(5.7)	339,257(6.2)
1990	509,937(-1.7)	653,452(4.0)	659,611(17.8)	348,711(2.8)
1979~90	5,580,689	4,585,626	3,895,537	1,898,070

자료 : 國家統計局, 『中國對外經濟貿易年鑑』, 1991.

개혁·개방 초기부터 외자 도입에 매우 적극적인 자세를 나타냈는데, 이를 위한 개혁 조치는 크게 세 가지 부문에서 이루어졌다. 첫째는 외자 도입과 관련된 기구 및 조직 체계의 설립과 정비이다. 적극적인 외자 도입을 위해 중국 정부는 1979년에는 중국 국제신탁투자공사(CITIC)를, 1981년에는 중국투자은행을 각각 설립하고 1982년에는 무역과 외자 도입에 관한 업무를 대외경제무역부로 일원화했다. 이와 함께 국제금융기구에도 적극적으로 참가하여 1980년 4월에는 국제통화기금에, 같은 해 5월에는 세계은행에 각각 복귀한 데 이어 1986년에는 아시아개발은행(ADB)에도 가입했다. 둘째는 외자 도입 관련법제의 정비로서, 1979년 〈중외합자경영기업법〉의 제정 이후 1990년까지 500개에 가까운 관련 법규가 제정되었다. 마지막으로 외국인투자기업의 투자 환경 조성을 위한 조치로서, 여기에는 조세협정이나 투자보호협정과 같은 정부간 협정이 포함된다. 개혁·개방 이후 중국에서 외국자본의 유입이 매우 빠르게 증가한 것은 결국 이와 같은 적극적인 유인 정책 때문이었다.

중국의 외자 도입에서 특히 중요한 역할을 담당한 것은 경제특구와 연안개방도시들이다. 외자 도입의 약 40%와 특히 직접투자의 50% 이상이 경제특구와 연안개방도시들을 통해 유입되었다. 경제특구의 설정은 1980년 8월 〈광둥성경제특구조례〉가 공포됨에 따라 광둥성에 위치한 선전深圳, 주하이珠海, 산터우汕頭, 샤먼廈門 등 4개 도시에 대해 이루어졌는데, 1988년 4월에는 준특구였던 하이난다오海南島가 성으로 승격되면서 특구로 지정되었다. 초기의 경제특구는 수출자유지역과 유사한 수출특구의 성격을 띠고 있었으나 중국의 대외개방정책에서 주도적인 역할을 담당하게 되면서 점차 종합적인 외국인 투자기업 특별지구로 확대, 발전해 오게 되었다. 한편 경제특구와는 별도로 1984년 4월에는 다롄大連, 진후앙다오秦皇島, 톈진天津, 옌타이烟台, 칭다오靑島, 롄윈連雲, 난퉁南通, 상하이上海, 닝보寧波, 광저우廣州, 원저우溫州, 푸저우福州, 잔장湛江, 베이하이北海 등 14개 도시가 대외개방도시로 지정되었으며, 주지앙珠江 삼각주, 민난閩南 삼각주, 창장長江 삼각주 일대는 경제개방구로 지정되어 외자도입에 의한 수출용 농산물의 생산기지로 개발되기 시작했다.

경제특구를 비롯해 개방지역을 확대한 이유는 중국의 대외교류가 활발하게 전개되면서 외국자본과 기술의 도입, 무역 등 해외와의 교류에 유리한 지역을 선정하여 국내법상의 규제를 배제 및 완화하는 등 집중적으로 지원함으로써 대외개방과 경제발전을 도모해야 할 필요가 있었기 때문이다. 경제특구는 경제적 측면을 넘어서 중국의 개혁·개방정책을 확고히 하는 데 매우 중요한 역할을 하였다. 경제특구는 개혁·개방 이후 자본주의적 정책의 도입에 따라 사회주의 경제와 시장경제를 융합하기 위한 모델로서의 역할을 하고 있기 때문이다.

5. 인도의 대외개방과 성과

독립 이후 인도의 경제체제를 특징짓는 것은 대내적으로 계획경제체제라는 점과 함께 대외적으로는 자립경제를 추구하는 폐쇄경제체제라는 점이다. 외환위기 이전까지 인도 정부는 국내산업의 보호라는 명목으로 소비재는 물론 자본재와 중간재에 대해서도 높은 관세와 함께 포괄적 수출입승인제도, 수출업자등록제 등을 통해 엄격한 통제를 실시해 왔다. 그러나 인도경제의 경쟁력 약화에 가장 중요한 원인이 대내적인 규제 및 경쟁제한정책과 함께 대외적으로 세계경제로부터 고립과 국내산업에 대한 보호 때문이라는 인식은 대외경제 부문에 대해서도 대폭적인 개혁을 요구했다.

외환위기 이후 인도 정부의 대외개방조치들을 보면, 첫째는 외국인 투자에 대한 개방확대 및 각종 규제의 완화이다. 외환위기 이전까지 인도 정부는 해외자본의 유입에 대하여 폐쇄적인 정책을 유지해 왔으나, 신산업정책은 외자유치와 경쟁의 확대를 위해 외국자본에 대한 규제를 대폭 축소했다. 먼저 수출업체에 대해서만 예외적으로 허용해주던 지분제한을 철폐하여 호텔관광업, 컴퓨터 소프트웨어산업, TV 브라운관 등 36개 외국인 투자 우대업종에 대해서 외자 비율을 40%에서 51%로 상향했으며, 특히 해외거주 인도인Non-Resident Indians에 대해서는 100%의 투자참가가 허용되었다. 이와 함께 전력사업, 천연가스 탐사 및 개발사업 등이 외국자본에 개방되었다. 또한 신속한 투자승인과 승인절차의 간소화를 위해 외국인투자촉진위원회Foreign Investment Promotion Board, FIPB, 외국인투자각료위원회Cabinet Committee of Foreign Investment, CCFI와 같은 특별기구를 신설하여 일반 외국인 투자에 대해서는 5~6주 이내에, 36개 외국인 투자 우대업종에 대해서는 2주 내에 승인해주는 자동승인제를 도입했다. 이밖에도 외국 브랜드의 도입 허용, 합작회사명의 외국-인도명 혼용 폐지, 현지조달의무 폐지, 과실송금 보장 등 외국인 투자 환경은 대폭 개선되었다. 자본 도입뿐만 아니라 지금까지 엄격한 심사에 의해 제한되어 온 외국기술의 도입에 대해서도 자동승인제가 도입되어 기술 대가료가 일시불인 경우에는 1,000만 루피 이하인 경우, 분할불인 경우에는 내수 판매액의 5% 이하, 수출액의 8% 이내이며 합작일로부터 10년, 영업개시일로부터 7년까지 총판매액의 8%를 초과하지 않는 경우에는 자동적으로 승인되게 했다.

둘째, 대외무역의 확대를 위한 조치로서 인도 정부는 1991년 6월 〈1992/93~1996/97년 수출입계획〉을 발표했다. 국제경쟁력 강화와 국제수지 개선을 목적으로 한 이 계획의 주요 내용은 기존의 포지티브 리스트 시스템Positive List System을 네거티브 시스템Negative List System으로 전환하고, 일부 소비재 완제품 등 18개 품목을 제외한 모든 품목의 수입 규제를 완화한다는 것이었다. 이와 함께 수출 기업의 수입한도를 총수출액의 5%에서 30%로 인상하고, 최고 관세율을 150%에서 85%로, 자본재 수입에 대해서는 80%에서 55%로, 특히 수출용 자본재 수입에 대해서는 25%로 관세율을 인하했다. 한편 수출촉진을 위해서도 자본재 수출촉진제도, 사전승인제도, 특별수입허가제도 등이 확대실시되었다. 〈1992/93~1996/97년 수출입계획〉이 1997년 3월로 끝나게 되자 인도 정부는 동일한 정책방향에서 1997/98년부터 2001/02년까지의 무역정책 전반을 규정하는 〈1997/98~2001/02년 수출입계획〉을 발표했다. 이 정책은 종래의 수출진흥제도를 재구성한 것으로, 수입수량제한 완화, 수출입절차의 간소화, 다양한 수출촉진책의 통합, 농업 및 식품가공 부문, 컴퓨터 소프트웨어, 전자 하드웨어, 보석류 등에 대한 특별 인센티브 부여 등을 골자로 하고 있다.

무역제도의 개혁과 함께 환율제도의 개혁도 이루어졌다. 1991년 7월 인도 정부는 루피화의 평가절하를 단행해 미 달러화에 대해서는 23.1%, 일본의 엔화에 대해서는 24.1% 평가절하했다. 또 1992년 3월에는 시장환율을 부분적으로 적용하는 이중환율제를 도입함으로써 루피화의 태환성을 부분적으로 회복했다. 이중환율제는 공식환율과 시장환율을 일정 비율에 따라 적용하는 것으로, 수출로 벌어들인 외화 중 40%는 공식환율로, 60%는 보다 환율이 높은 시장환율로 매각할 수 있게 한 것이다. 이렇게 매입된 외환 중 40%는 원유, 비료, 군수장비, 의약품 수입에 사용되었고, 나머지 60%는 다시 시장환율로 매각되어 상품 및 용역 수입과 배당금 지급 등에 사용되었다. 이 조치는 1993년 3월부터 전면적인 시장환율제가 도입됨으로써 자동적으로 폐지되었다. 한편 1994년 4월부터는 수출입업자들에게만 한정 허용되었던 루피화의 태환을 모든 기업은 물론 해외여행이나 유학 등 무역 외 수지 부문에 대해서도 허용했고, 기업이 보유할 수 있는 외환 비율을 15%에서 25%까지 인상했으며, 특히 수출업체, 수출가공구, 전자기술단지, 소프트웨어 기술단지 입주업체에 대해서는 50%까지 확대 허용했다.

신경제정책 이후 인도 정부의 대외개방조치들의 성과를 보면, 일련의 개방정책으로 1990/91년에서 1998/99년 사이에 인도의 수출은 연평균 8.5%, 수입은 12.9%의 증가세를 보였다. 또한 1990년 1억 6,500만 달러에 불과하던 외국인 투자는 외환위기의 여파로 1991년에는 1억 5,800만 달러(직접투자 1억 5,000만 달러)로 감소

표 9-8 개방정책 이후 인도 대외 부문의 주요 지표 (단위 : %, 100만 달러)

	1991/92년	1992/93년	1993/94년	1994/95년	1995/96년
수출	18,226	18,869	22,683	26,857	32,467
수입	21,064	23,237	25,069	31,840	41,412
무역수지	−2,798	−4,368	−2,386	−4,983	−8,945
경상수지	−1,178	−3,526	−1,158	−2,634	−5,434
외국인 직접투자	150	341	620	1,314	1,981
총외채잔고	85,285	90,023	92,695	99,008	99,008
단기채	7,077	6,340	3,627	4,269	4,269
단기채 비율	8.29	7.04	3.91	4.31	5.46
외채/GDP	41.0	39.8	35.9	32.7	28.7
외환보유고	9,220	9,832	19,254	25,186	21,887

자료 : 대외경제정책연구원, 『인도편람』, 1996, pp. 250-56.

했으나 1992년 4억 3,300만 달러(직접투자 3억 4,100만 달러), 1993년 41억 1,300만 달러(직접투자 6억 2,000만 달러)로 급증했다. 외국인 투자 개방으로 외환보유고도 1990년의 58억 달러에서 1991년에는 92억 달러, 1992년에는 98억 달러, 그리고 1993년에는 193억 달러까지 크게 증가했다. 반면 이 기간 동안 인도의 총외채 규모는 1991년의 838억 달러에서 1992년에는 853억 달러로, 1993년 900억 달러로 매우 미미한 정도의 증가에 그쳤다. 외환위기의 직접적인 원인이라고 할 수 있는 단기채의 규모나 비율도 모두 하락하여 1991년에 85억 달러, 10.20%이던 것이 1994년에는 36억 달러, 3.91%로 크게 개선되었다.

물론 이와 같은 몇 가지 단기적인 성과들만을 가지고 인도의 경제개혁 성과를 평가한다는 것은 다소 성급한 일일지도 모른다. 특히 인도의 외채는 여러 가지 개선에도 불구하고 아직 국제 기준에서 높은 편이다. 따라서 지금까지의 개혁 성과들에도 불구하고 인도 경제는 여전히 많은 개혁과제들을 가지고 있다고 해야 옳을 것이다. 그러나 라오 정부가 퇴진한 이후에도 개혁·개방은 인도 경제가 나아가야 할 방향으로 확고히 자리 잡고 있다.

6. 경제개혁의 향후 과제

이상에서 본 것처럼 개혁·개방정책의 추진 이후 중국과 인도 경제는 매우 비약적인 성장을 기록해 왔다. 그러나 이 과정에서 두 나라 경제가 고도성장으로 인한 부작용과 사회주의와 시장경제라는 이질적인 요소의 결합에서 오는 문제점들을 심각하게 드러내고 있는 것도 사실이다. 사회주의 계획경제로부터 시장경제로의 체제 전환이 진행되고 있는 중국은 물론, 인도 역시 독립 이후 수십 년간 유지되어 온 계획경제체제와 신경제정책 간의 부적응과 개혁·개방에 따른 문제점들이 적지 않게 드러나고 있다. 두 나라의 경제개혁에서 공통적으로 나타나는 문제점과 과제들은 다음과 같이 요약된다.

첫째는 공기업 개혁의 문제이다. 먼저 중국의 경우를 보면 개혁·개방 이후 그 비중이 축소되어 오기는 했지만, 국영기업은 여전히 중국 경제에서 매우 높은 비중을 차지하고 있다. 1995년 현재 국영기업은 전체 기업 수에서는 1.4%에 불과하지만, 총투자의 67.3%와 국가 재정수입의 71.1%를 차지하고 있어 중국 경제의 가장 주도적인 부문이라고 볼 수 있다. 그러나 개혁·개방과 체제 전환이라는 변화 속에서 중국의 국영기업들은 사영경제 부문의 급속한 성장과 대조적으로 시장 원리와 경쟁 환경에 적응하지 못하는 어려움을 겪고 있으며, 40% 이상이 적자를 기록하는 등 중국 경제 전체를 압박하는 무거운 부담이 되고 있다. 따라서 국영기업의 개혁과 효율성 제고는 중국이 앞으로 지금까지의 성장 추세를 지속해 나가느냐 그렇지 못하느냐를 결정짓는 중요한 관건이 될 것이다.

중국의 국영기업 개혁이 지체되고 있는 이유 중 하나는 지금까지 중국에서 국영기업은 단순히 기업으로서만이 아니라 사회주의적 제도로서 그 역할과 기능을 해 왔기 때문이다. 즉 국영기업은 에너지와 철강 등 기간산업에서는 물론 중공업화를 위한 자본 축적의 중심적인 역할을 해 왔으며 교육, 의료 등의 시설을 갖추어 지역사회에서의 복지기능과 연금 등 사회적 비용도 부담하고 있다. 실제로 국영기업 부실의 가장 큰 원인은 경영 관리의 낙후성, 낮은 자기자본 비율, 설비와 기술의 노후, 병원·학교·탁아소 등 복지시설의 병설 운영에 따른 과다한 사회적 비용, 잉여노동력의 적체 등으로 지적된다. 국영기업 개혁이 지체되고 있는 또 하나의 이유는 또 한 가지 실업

문제이다. 중국에서는 매년 약 1,000만 명의 신규 노동력이 노동 시장에 진입하고 있으며, 농촌의 막대한 잉여노동력 중에서 도시로 유입되는 규모도 갈수록 증가하고 있다. 이러한 조건하에서 고용 인원의 2~30% 이상이 잉여 노동력으로 평가받고 있는 국영기업의 구조조정을 적극적으로 추진하기에는 경제적 측면 이외에 정치적·사회적 부담이 지나치게 크다는 데 중국 정부로서도 어려움이 있는 것이다.

이러한 사정은 인도도 마찬가지다. 이른바 '사회주의형 사회'를 추구해 온 만큼 인도에서 고용 문제는 가장 중요한 사회경제적 목표 가운데 하나로 간주되어 왔다. 이 때문에 대부분의 인도 기업들, 특히 공기업은 막대한 과잉고용인구들을 안고 있다. 따라서 노동시장의 개혁 없이는 부실 공기업을 민영화하거나 구조조정을 통해 효율성을 제고하는 문제도 그 목적을 달성할 수 없다. 공공 부문의 개혁방향은 크게 두 가지로 요약되는데 민영화와 효율화가 바로 그것이다. 민영화란 지금까지 공공부문이 배타적으로 접근해 온 사업영역들을 민간에 개방하는 것과 기존의 공기업들을 민영화하는 것을 의미한다. 물론 그렇다고 모든 영역과 모든 공기업을 민영화할 수는 없으므로 이와 함께 공기업의 효율화를 추진해야 할 것이다. 이를 위해서는 공기업에 대한 정부의 지원을 대폭 축소하고 공공 부문을 시장경쟁에 참여시킴으로써 스스로 경쟁력과 효율성을 제고시키도록 유도해야 할 것이다.[16] 한편 정부 부문에서도 오랫동안 관 위주의 업무 관행이 고질화된 탓에 정부의 개방조치들이 실제 추진 과정에서는 공무원의 무사안일과 관료주의, 불투명성 등으로 인해 제대로 집행되지 않는 경우가 많다. 따라서 보다 적극적인 제도적 개혁과 함께 행정풍토의 쇄신으로 제도개혁이 실효를 거둘 수 있도록 해야 할 것이다.

둘째는 지역 간·산업 간 불균형이다. 물론 지역 간의 경제적 격차는 개혁·개방 이전부터 존재하고 있었을 뿐만 아니라, 경제개발이 절대적 빈곤층을 해소하는 등 소득분배의 개선에 상당한 기여를 한 것도 사실이다. 그러나 문제는 개혁·개방 이후 연해지역에 대한 우선개발정책이 시행된 결과 지역 간 소득격차가 오히려 더욱 확대되고 있다는 데 있다. 특히 경제특구와 연안개방도시들을 비롯한 동남부 개방지역은 매우

16 Rohwer, *Asia Rising*, 1995, p. 194.

급속한 경제성장과 소득향상을 누리고 있으나 중서부 내륙지역의 소득수준은 여전히 답보상태에 머물러 있는 실정이다. 여기에 더욱 심각한 것은 도시와 농촌 간의 소득 불균형이다. 도시와 농촌의 격차가 심화되는 가장 큰 원인은 개혁·개방 이후에도 중국의 거시경제정책이 요소가격과 상품가격의 왜곡에 크게 의존하고 있기 때문이다. 따라서 소득격차의 확대를 해결하기 위해서는 무엇보다도 먼저 거시경제정책을 개선하여 전국적으로 통일된 시장체계를 수립함으로써 각 지역이 경제발전과 더불어 각자의 비교우위에 따라 산업구조와 상품생산구조를 조정하고, 서로 다른 지역의 발전을 위한 수요를 창출하고 성장의 기반을 조성해주게 해야 할 것이다.

인도의 경우에도 독립 이후 인도 정부는 식량의 자급자족과 자립경제를 위하여 막대한 재정자원을 통하여 관개시설의 개선, 화학비료 사용의 확대, 농산물가격 보조금의 지급, 품종개량 등에 투자해 왔다. 그러나 아직 천수답이 전체 농지의 70%에 이르는 데다가 낙후된 영농기술과 기계화의 부진 등으로 인해 농업생산성은 낮은 편이며, 대부분의 농촌은 여전히 전근대적인 사회경제구조가 잔존하고 있다. 낮은 농업생산성과 농촌사회의 미발전은 계층 간, 도농 간, 지역 간 소득분배 불균형의 가장 주요한 원인 중 하나이다. 이러한 지역적 불균형뿐만 아니라 인도에서는 중공업과 경공업 간의 산업 간 불균형도 매우 심각한 수준이다. 이것은 독립 이후 인도가 중공업우선 육성정책을 추진해 온 데서 비롯된다. 그 결과 인도는 원자력, 인공위성, 해양탐사, 방위산업, 소프트웨어산업 등의 중공업 및 첨단산업 분야에서는 매우 높은 수준의 기술을 보유하고 있는 반면 대부분의 소비재 경공업은 영세하고 낙후된 기술수준에 머물러 있다.

셋째는 에너지 및 원자재 공급의 애로와 사회간접자본의 미비이다. 1992년 에너지 총소비량이 총생산량을 초과한 이후 에너지 문제는 중국이 고도성장을 유지해 가기 위한 최대의 난관으로 등장하고 있다. 에너지 부족의 주원인은 공업생산의 증대 이외에도 소득과 소비수준의 향상에 따라 특히 가전제품의 보급에 의해 에너지 소비는 지속적으로 증가하고 있는 반면, 최근 중국의 에너지 생산은 불과 1~4%라는 낮은 수준의 증가율에 머물고 있다는 것이다. 에너지 이외에도 철강, 시멘트, 목재 등 대부분의 원자재에서 수요가 공급을 초과하고 있는데, 특히 심각한 것은 철강이다. 한편

교통수송망의 미비는 이러한 에너지 및 원자재 부족을 가속화하는 또 하나의 요인이 되고 있다.

인도의 경우에도 개혁·개방 이후 외국인 투자유입의 가장 많은 부분이 전력 등 사회간접자본에 투자되고 있다는 사실은 역설적으로 인도 사회간접자본의 미비를 말해준다. 문제는 그럼에도 불구하고 여전히 대부분의 사회간접자본 관련 기업들은 독점화된 공기업으로서 상당수가 부실기업의 수준을 벗어나고 있지 못하다. 전력의 예를 보면 기본적으로 발전능력이 부족할 뿐만 아니라 발전 및 송배전시설이 낙후되어 전력 손실이 큼으로써 성수기에는 물론 비수기에도 항상 전력부족 상태에 처해 있는 실정이다. 이와 같이 열악한 사회간접자본 시설은 인도의 경제성장을 제약하는 결정적인 원인이 되고 있다. 따라서 보다 적극적인 투자와 산업조직의 재편으로 성장 흡수능력을 확대하지 않으면 안 될 것이다.

마지막으로 경제성장을 지속해 나가기 위해 중국과 인도 경제가 해결해야 할 네 번째 문제점은 높은 인플레이션율이다. 1985년 이후 중국의 물가 상승률은 급격히 높아져 1988년에는 20% 이상을 기록한 바도 있다. 이러한 인플레이션의 직접적인 원인은 크게 가격개혁과 재정적자를 들 수 있다. 그러나 보다 심층적인 원인을 지적하자면 구조적 요인과 정책적 요인을 들 수 있는데, 먼저 구조적으로는 중국에서는 거시적 조정체계가 미비하기 때문에 효율적인 수요억제정책을 실시할 수 없었다는 것이다. 특히 시장구조가 판매자 시장으로 되어 있어 시장의 조정기능이 제대로 작동할 수 없었다. 한편 정책적 요인으로는 성장의 목표를 양적지표에 두었기 때문에 외형적 투자의 확대에 의존한 데다가, 인플레이션에 대한 인식과 정책집행 간의 시차가 커 인플레이션을 조기에 억제할 수 없었던 것이다. 이처럼 중국의 인플레이션은 자본주의 경제에서 주기적으로 발생하는 경기순환과 달리 체제 전환의 문제가 복합되어 있으므로 종합적인 해결책을 모색하지 않으면 안 될 것이다. 먼저 직접적으로는 고정자산투자의 규모를 조정하여 원가 상승에 따른 물가 상승을 억제하고, 농업투자를 늘려 농산품의 공급능력을 확대하는 동시에 부족한 소비재를 수입하여 수급불균형을 조정하는 등의 대책이 필요하다. 이와 동시에 기업개혁을 가속화하여 경제적 효율성을 제고하고, 금융시장을 발달시킴으로써 투자장려와 함께 구매력을 분산하며, 소비경로를 다양화하여 상품시장이 받는 압박을 경감하지 않으면 안 될 것이다.

한편 인도의 경우에도 1990년대 들어서 평균 소비자물가 상승률이 10%를 넘는 등 물가 상승률 자체가 높을 뿐만 아니라 해마다 심한 등락을 기록하는 등 매우 불안정한 양태를 보이고 있다. 물론 단기적으로 보면 외환위기 이후 인도 정부가 추진하고 있는 개혁과 그 성과로서의 경제성장이 물가 상승에 어느 정도 압박요인으로 작용하고 있다는 점도 감안되어야 할 것이다. 그러나 만성적인 인플레이션은 자원을 효율적인 부문보다 인플레이션 기대심리가 높은 쪽으로 유도함으로써 시장의 자원배분기능을 왜곡할 뿐만 아니라, 빈곤층의 실질소득을 감소시키는 소득재분배의 역기능을 가지고 있다. 따라서 재정개혁으로 인한 보조금 축소와 공기업의 구조조정 등으로 빈곤층의 사회복지가 축소되고 있는 상황에서 현재와 같은 추세로 인플레이션이 만성화된다면 인도 정부가 지속적인 개혁을 추진하는 데 중대한 경제적·정치적 압박으로 작용할 수 있다. 이를 해결하기 위해서는 결국 보다 과감한 자유화 조치와 기업구조조정을 통하여 비효율과 비용 상승 요인을 제거해 나가지 않으면 안 될 것이다.

요약해보면 지금 중국과 인도 경제가 안고 있는 문제점과 과제들은 자본주의국가들에서와는 달리 체제 전환에 따른 모순과 갈등에서 비롯된 측면이 크다는 사실이다. 따라서 이러한 과제들을 해결하기 위한 접근방법 또한 보다 종합적인 것이 되어야 한다. 더 나아가서 앞으로 중국이 해결해야 할 과제는 경제개혁만이 아니라 중국의 경우 대의제도와 사법체제 등의 정치개혁과, 부정풍조와 황금만능주의가 만연하는 등 사회질서의 급격한 변화로 인한 가치관의 해체 현상에 대응할 의식개혁을 어떻게 수행해 나가느냐 하는 것 또한 중요한 문제가 될 것이다. 또한 인도의 경우에도 종교적·문화적 요인으로 인한 사회적 불평등과 상대적으로 낮은 성취욕 등을 어떻게 의식개혁으로 극복하느냐가 중요한 문제가 될 것이다.

한·중·일 경제협력의 새 지평

1. 한·중·일 경제의 위상과 경제협력

1980년대까지 세계경제는 미국을 중심으로 하는 북미 경제권, 독일이 선도하는 유럽 경제권 그리고 일본 경제에 편입된 아시아 경제권으로 크게 대별되었다. 그러나 1980년대 중반 이후 동아시아 국가들이 고도성장을 지속하면서 동북아시아 국가들 간의 교역이 매우 활발해졌다. 이들 동북아 지역에서의 교역 규모 증대는 기존의 3극 경제권에 더하여 동북아시아가 또 다른 경제권으로 떠오를 것으로 기대되고 있다.

1970년대 초부터 1980년대 말까지 동아시아, 특히 동북아 지역은 세계경제의 새로운 성장 축으로 부상했다. 특히 1980년대 이후 중국의 개방에 다른 세계경제에의 참여는 이 지역을 세계적으로 가장 역동적인 경제성장 지역으로 부상시켰다. 한국-중국-일본으로 구성되는 동북아 지역은 전 세계 국내총생산의 약 20%를 차지할 뿐만 아니라, 세계에서 가장 성장 속도가 빠른 지역이기도 하다. 일본 경제가 장기 불황을 겪고 있기는 하지만, 최근 들어 회복 국면으로 접어든 데다가 중국의 높은 성장률 등

표 10-1 **세계 주요 국가들의 GDP 순위**

순위	1960년	1970년	1980년	1990년	2000년	2010년	2016년
1	미국	미국	미국	미국	미국	미국	미국
2	영국	**일본**	**일본**	**일본**	**일본**	**중국**	**중국**
3	프랑스	독일	독일	독일	독일	**일본**	**일본**
4	**중국**	프랑스	프랑스	프랑스	영국	독일	독일
5	**일본**	영국	영국	이탈리아	프랑스	영국	영국
6	캐나다	이탈리아	이탈리아	영국	**중국**	프랑스	프랑스
7	이탈리아	**중국**	**중국**	캐나다	이탈리아	브라질	인도
8	호주	캐나다	캐나다	스페인	캐나다	이탈리아	이탈리아
9	브라질	인도	아르헨티나	러시아	브라질	인도	브라질
10	스웨덴	브라질	멕시코	브라질	멕시코	캐나다	캐나다
				중국(11위)			**한국(11위)**
	한국(29위)	**한국(32위)**	**한국(28위)**	**한국(16위)**	**한국(12위)**	**한국(12위)**	

자료 : International Monetary Fund, Direction of Trade Statistics Yearbook, several years.

에 힘입어 세계경제에서 차지하는 이 지역의 비중도 장기적으로 더욱 커질 것으로 전망된다.

제2차 세계대전이 종전될 당시의 동북아 경제는 지금의 고도성장을 예상하기 어려울 만큼 참담한 실정이었다. 일본은 1930년대에 이미 중화학공업화를 달성한 선진 공업국 가운데 하나지만 전쟁으로 국부의 1/3 이상이 파괴된 패전국이었다. 한국은 오랜 식민지배에서 막 해방된 후진국으로서 개발도상국들 가운데서도 가장 열악한 조건을 가진 나라였다. 중국은 항일전쟁과 국공내전으로 경제 인프라의 대부분이 파괴된 데다가 공산당 정부의 수립으로 미래를 예측하기 어려웠다. 하지만 그로부터 60여 년이 지난 지금 세계경제에서 한·중·일 3국이 차지하는 위상은 눈부시다. 1960년 당시 한국의 GDP는 39억 달러로 세계 29위, 중국은 613억 달러로 세계 4위, 일본은 443억 달러로 세계 5위를 차지했다. 그런데 2016년 현재 중국의 GDP는 11조 3,916억 달러로 미국에 이어 세계 2위이며, 일본은 4조 7,303억 달러로 3위, 한국은 1조 4,044억 달러로 11위를 차지하고 있다. 국제통화기금의 추정에 따르면 2017년에도 우리나

표 10-2 세계경제에서 한·중·일 3국의 비중

	GDP(조 달러)	비중(%)
한국	1.52	1.9
중국	12.36	15.5
일본	5.11	6.4
합계	18.99	23.8

주 : 2017년 잠정치임.

자료 : International Monetary Fund.

라는 GDP 1조 5,200억 달러로 세계 11위의 위치를 지킬 것으로 보인다.[1]

한편 〈표 10-2〉에서 나타나듯이 세계경제에서 차지하는 한·중·일 3국의 비중은 대략 전 세계 GDP의 1/4에 이른다. 미국의 투자전문회사 골드만삭스는 2050년에는 중국의 GDP가 44조 740억 달러로 세계 1위, 일본은 인도와 브라질 등 BRICs 국가들의 고도성장에 밀리지만 5조 2,300억 달러로 세계 5위를 유지하고, 한국은 4조 1,760억 달러로 독일을 제치고 세계 7위를 차지할 것으로 전망했다.

〈그림 10-1〉은 한·중·일 3국의 GDP 성장률을 그래프로 나타낸 것이다. 중국은 대내외 경제 환경의 변화에도 고도성장을 유지하고 있는 반면, 일본의 경우 1990년대 이후 장기 불황을 겪고 있고 한국도 1997년의 외환위기 이후 낮은 성장률을 극복하지 못하고 있는 것이 사실이다. 하지만 그럼에도 불구하고 장기 추세를 보면 한·중·일 3국의 성장률은 다른 지역에 비해 매우 높은 수준이다.

〈그림 10-1〉에서 보듯이 중국의 경우 최근 몇 년 동안은 성장률이 과거의 10% 수준에 못 미치는 7% 내외를 기록하고 있지만 여전히 전 세계적으로 성장률이 가장 높은 국가 가운데 하나이다. 앞으로 동북아 경제의 장기 전망에서 가장 중요한 관건이 될 문제는 한국과 일본의 경제성장과 함께 중국이 지금까지의 고도성장 추세를 얼마나 지속해 나가느냐가 될 것이다.

동아시아 국가들 가운데서도 특히 한·중·일은 지리적으로 인접할 뿐 아니라 오랫

1 일부 국제기구에서는 러시아가 루블화의 회복에 힘입어 GDP 1조 5,600억 달러로 한국을 제치고 세계 11위를 차지하고 우리나라는 12위에 머물 것으로 전망하기도 하지만 구체적인 전망치에서는 유의미한 차이가 거의 없다.

 한·중·일 3국의 성장률 추이

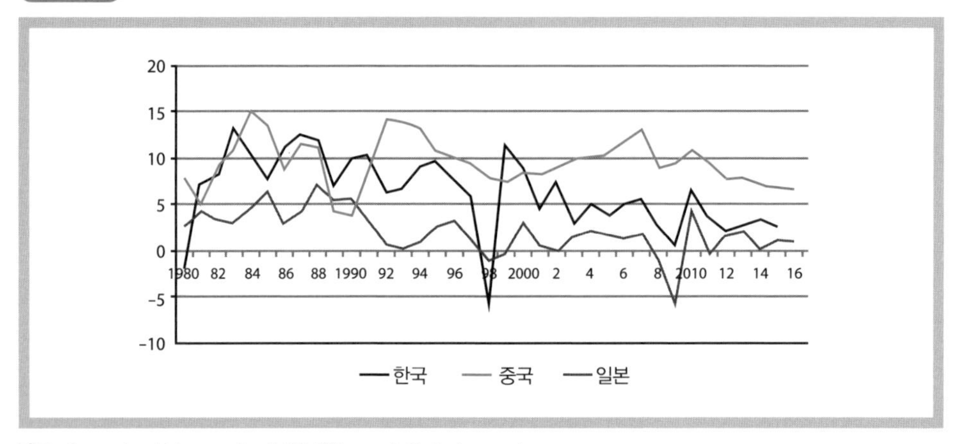

자료 : International Monetary Fund, *World Economic Outlook*, several years.

동안 역사적·문화적 자산들을 공유하고 교류해 왔다. 그런데 세 나라의 경제를 들여다보면 문화적 전통만큼이나 3국의 경제구조와 경제정책 등에서 매우 깊은 공통성과 유사성이 발견된다. 이러한 유사성은 경제발전 과정에서 3국이 서로 학습하고 협력해 왔기 때문이다. 이미 이야기한 것처럼 전후 동아시아 경제는 역사상 전례 없는 고도성장을 기록했다. 1950년대의 일본을 필두로 1960~70년대에는 한국과 대만 등 이른바 아시아 신흥공업국들이, 그리고 1980년대 이후에는 중국과 아세안 국가들이 이러한 고도성장의 대열에 동참했다. 이러한 고도성장의 요인이 무엇인가 하는 문제는 1980년대 이후 여러 국제기구와 경제학자들의 주요한 관심사이다. 앞에서 이미 이야기한 것처럼 동아시아의 경제발전은 흔히 기러기형flying geese type 발전으로 불린다. 그런데 동아시아 국가들에서 발견되는 기러기형 발전은 이들의 경제성장이 단순히 경제개발의 주요 시기에서 순차적으로 이루어졌을 뿐 아니라 경제개발의 과정이 상호 학습과 협력에 의해 진행되어 왔음을 보여준다. 동아시아 국가들 사이에서 발견되는 경제구조상의 밀접한 연관성과 유사성은 이러한 상호 학습과 협력의 결과이다.

한·중·일 3국 간의 경제협력이 활발할 수 있었던 이유는 3국의 경제발전이 본격화된 시기가 다르고 따라서 3국의 경제발전 단계가 상이했기 때문이다. 앞에서 서술한 것처럼 일본은 제2차 세계대전 이전의 공업화 경험을 토대로 1940년대 후반에서 1950년대 초반 사이에 전후재건과 본격적인 경제성장을 추진했다. 한국은 1960년대

표 10-3 한·중·일 경제의 보완성

	강점	약점
한국	비교적 풍부한 자본과 선진기술, 우수한 장비, 우수한 산업제품 생산능력	에너지 및 산업자원의 부족, 불충분한 노동력
중국	양호한 농업 환경, 다양한 농산물, 섬유 관련 제품, 석유, 석탄, 건축재료, 의약품, 풍부한 노동력	자본과 선진장비, 기술, 경영경험의 부족, 일부 광물과 인프라의 상대적 부족
일본	풍부한 자본과 선진기술, 풍부하고 우수한 장비, 우수한 산업제품 생산능력과 경영경험	심각한 에너지 및 산업자원의 부족, 농산품과 노동력 부족

자료 : 김대래 외, 『동북아 경제공동체의 미래』, 신지서원, 2004, p. 267.

초반의 정책적 혼란을 극복하고 1960년대 중반에서 1970년대 초반에 걸쳐 경공업 중심의 공업화 정책에서 중화학공업화의 추진으로 나아갔다. 중국은 1978년 최고지도자 덩샤오핑이 개혁·개방을 선언하기는 했지만 실제로 정책이 추진된 것은 1980년대 초반이다. 따라서 중국의 경제성장이 본격화되기 시작한 1980년대를 기준으로 보면 한·중·일 3국 가운데 일본은 자본과 기술에서 절대적 우위를 차지하고 있었고, 한국은 비교적 발달한 제조업 능력과 경제개발의 능력을 가지고 있었으며, 중국은 저임금 노동력을 이용한 경공업 부문과 농수산업 부문에서 비교우위를 가지고 있었다. 이러한 발전 단계의 차이는 3국 간 보완성을 극대화하는 효과를 가져왔고, 이로 인해 3국은 상호 학습과 협력을 통한 경제성장을 효과적으로 추진할 수 있었다.

그러나 한·중·일 3국 간에는 상호 보완적 요인과 경쟁적 요인이 언제나 동시에 공존한다. 2000년대 이전까지는 상호 보완성의 측면이 더 부각되었다면 최근 들어 삼국의 경제관계에는 중대한 변화가 나타나고 있다. 거품 붕괴와 '잃어버린 20년' 이후 일본은 혁신능력이 크게 쇠퇴하면서 지역경제협력에서 과거와 같은 선도적 역할을 제대로 수행하고 있지 못하다. 한국도 2~3%의 연평균 성장률이라는 저성장 경제에서 빠져나오지 못하고 있다. 이런 상황에서 중국은 산업구조를 고도화하고 기술진보를 수행함으로써 3국 간 경제구조의 차이는 상당 부분 해소되고 있다.[2] 중국과 선

2 한국경제연구원에 따르면 2002년 평균 4.7년이었던 한·중 기술격차는 2015년 3.3년까지 좁혀졌다. 주요 산업의 수출경합도는 2015년 디스플레이 93.6, 석유제품 88.8, 반도체 64.3, 무선통신기기 62.4로 높아졌다. 수출경합도는 100에 가까울수록 경쟁이 치열해지고 있다는 의미다.

발국가인 일본 및 한국과의 기술격차가 좁혀짐에 따라 3국 간 협력의 측면보다 경쟁의 측면이 더 전면적으로 부상하고 있는 것이다. 이러한 추세가 더 지속된다면 3국 간 경제협력은 위기 국면을 맞을 수밖에 없다.

유럽연합EU과 북미자유무역지대NAFTA의 출범 등 최근 세계경제는 지역화와 보호무역주의의 경향이 강화되고 있다. 이렇게 더욱 엄중하고 가혹해지는 대내외 경제 환경의 변화에 대응해 동북아 국가들, 특히 한·중·일 3국이 지금까지 달성한 고도성장을 앞으로도 지속해 나가기 위해서는 지역 내 경제협력의 수준과 내용을 쇄신할 필요가 있다. 이를 위해서는 특히 한국 경제가 신기술과 신제품의 개발 등 경제의 혁신능력을 더욱 제고해 나가야 한다. 우리 경제가 혁신능력과 기술적 우위를 보존하면서 한·중 간 보완성을 유지하고 확대해 나갈 경우 공동의 성장과 번영이 가능하지만, 그렇지 못할 경우 동북아 지역은 세계경제의 새로운 레드 오션red ocean이 될 것이기 때문이다.

국가 간 경제협력과 교류는 크게 무역과 투자 등과 같은 실물적 측면과 자유무역협정이나 부문별 교류협정, 그리고 경제협력 및 협의기구의 설립 등과 같은 제도적·정책적 측면으로 구분된다. 동아시아, 특히 한·중·일 3국의 경제성장이 활발한 역내무역과 투자 때문이라는 사실은 이미 지적한 대로이다. 지금도 동아시아는 세계경제의 다른 어느 지역들보다도 역내 경제협력이 가장 활발하게 진행되는 지역이다. 경제통합을 이룬 유럽연합보다 오히려 동아시아, 특히 동북아 지역의 역내무역이 더 빠르게

표 10-4 한·중·일 각국의 주요 무역상대국

순위	한국		중국		일본	
	수출	수입	수출	수입	수출	수입
1	**중국**	**중국**	미국	**한국**	미국	**중국**
2	미국	미국	홍콩	**일본**	**중국**	미국
3	베트남	베트남	**일본**	대만	**한국**	호주
4	홍콩	**일본**	**한국**	미국	대만	**한국**
5	**일본**	싱가포르	독일	독일	홍콩	대만

자료 : 한국무역협회 무역통계.

성장하고 있는 것이 그러한 예이다. 반면 지금까지 동북아 국가들의 최대수출시장이던 미국에 대한 동북아 국가들의 의존도는 축소되고 있다. 최근 동북아의 무역구조는 종래의 대미 의존형에서 역내시장 의존형으로 점점 변화하고 있다는 뜻이다.

한·중·일 3국 간 경제협력의 가장 기본적인 항목은 역시 무역이다. 한·중·일은 서로에게 가장 큰 교역상대국 가운데 하나이다. 2016년을 기준으로 보면 중국은 한국의 수출입 모두에서 1위 상대국이며, 일본은 수출입 모두에서 한국의 5위 이내 무역상대국이다. 또 한국은 중국의 최대 수입국이며 일본에게도 수출입 모두에서 5위 이내의 무역상대국이다.

한·중·일 3국 간 교역의 기본 구조는 과거 한·일 무역의 구조와 매우 유사하다. 아직 중국의 개혁·개방과 고도성장이 본격화되기 이전인 1980년대까지 한국은 일본으로부터 중간재와 자본재를 수입하여 가공한 다음 역외국가들, 특히 미국으로 수출했다. 이러한 무역구조를 태평양을 사이에 둔 '성장의 삼각순환' 또는 '성장의 삼각무역'이라고 부른다. 마찬가지로 한·중·일 무역의 기본 구조도 중국이 한국과 일본, 특히 한국으로부터 중간재와 자본재를 수입해 가공한 후 이를 역외 국가들로 수출하는 방식이다. 최근의 한·중·일 3국 간 무역은 과거 한·일 무역에서 한국의 역할을 중국이, 일본의 역할을 한국이 담당하고 있다고 볼 수 있다. 그 결과 중국은 한국과 일본에 대해 대규모 무역적자를, 미국을 비롯한 나머지 전 세계 국가들에 대해서는 무역흑자를 기록하고 있다.

〈표 10-5〉에서 보듯이 한·일 무역은 일본이 매우 큰 폭의 무역흑자를 기록하고 있다. 이는 사실상 1960년대 한국이 경제개발을 시작한 이래로 계속된 현상인데, 한때는 이로 인해 양국 간 외교분쟁까지 일어나기도 했다. 2010년을 전후하여 한국의 무역적자는 다소 감소하는 추세이다. 한국과 중국의 무역 성장세는 더욱 경이적이다. 중국은 수교 11년 만인 2003년 미국을 제치고 한국의 최대 수출국으로 자리매김했다. 한국 역시 중국의 4대 수출국까지 부상했다. 1992년 수교 당시 63억 7,000만 달러에 불과했던 양국의 교역량은 2016년 33배인 2,114억 달러로 성장했다. 연평균 15.7%나 증가한 셈이다.

〈표 10-6〉과 〈표 10-7〉에서 보듯이 무역수지의 규모에서 차이가 있기는 하지만

표 10-5 한·일 무역의 추이

(단위 : 1,000달러)

연도	수출	수입	무역수지
2000	20,466,016	31,827,943	−11,361,927
2001	16,505,766	26,633,372	−10,127,606
2002	15,143,183	29,856,228	−14,713,045
2003	17,276,137	36,313,074	−19,036,937
2004	21,701,337	46,144,463	−24,443,126
2005	24,027,438	48,403,183	−24,375,745
2006	26,534,015	51,926,292	−25,392,277
2007	26,370,191	56,250,126	−29,879,935
2008	28,252,471	60,956,391	−32,703,920
2009	21,770,839	49,427,515	−27,656,676
2010	28,176,281	64,296,117	−36,119,836
2011	39,679,706	68,320,170	−28,640,464
2012	38,796,057	64,363,080	−25,567,023
2013	34,662,290	60,029,355	−25,367,065
2014	32,183,788	53,768,313	−21,584,525
2015	25,576,507	45,853,834	−20,277,327
2016	24,355,036	47,466,592	−23,111,556
2017	24,354,460	50,170,318	−25,815,858

자료 : 관세청(https://unipass.customs.go.kr:38030/ets/index.do).

중·일 무역의 구조는 한·중 무역의 구조와 매우 비슷한 양상을 보인다. 이는 앞에서 설명한 것처럼 양국 간 및 3국 간 무역의 구조가 미국을 포함해 ‘성장의 삼각순환’이라는 양태를 보이고 있기 때문이다. 중국의 대한국 무역적자가 대일본 무역적자보다 큰 것은, 1980년대 경제개발 당시 3국의 경제발전 수준의 차이를 고려할 때 중국의 입장에서는 일본보다 한국으로부터의 기술 도입과 자본재 수입이 더 용이하고 수용 가능성에서도 컸기 때문이다. 이러한 이유에서 중국은 지금도 한국에 대해 매우 큰 규모의 무역적자를 기록하고 있다. 이는 거꾸로 말하면 한국 경제가 그나마 일정

표 10-6 한·중 무역의 추이 (단위 : 1,000달러)

연도	수출	수입	무역수지
2000	18,454,540	12,798,728	5,655,812
2001	18,190,190	13,302,675	4,887,514
2002	23,753,586	17,399,779	6,353,807
2003	35,109,715	21,909,127	13,200,588
2004	49,763,175	29,584,874	20,178,301
2005	61,914,983	38,648,188	23,266,795
2006	69,459,178	48,556,675	20,902,504
2007	81,985,183	63,027,802	18,957,381
2008	91,388,900	76,930,272	14,458,628
2009	86,703,245	54,246,056	32,457,189
2010	116,837,833	71,573,603	45,264,231
2011	134,185,009	86,432,238	47,752,771
2012	134,322,564	80,784,595	53,537,969
2013	145,869,498	83,052,877	62,816,621
2014	145,287,701	90,082,226	55,205,476
2015	137,123,934	90,250,275	46,873,659
2016	124,432,941	86,980,159	37,452,782
2017	128,258,650	89,246,482	39,012,168

자료 : 관세청(https://unipass.customs.go.kr:38030/ets/index.do).

한 수준의 성장률을 지속할 수 있는 이유가 바로 대중 무역흑자 덕분이라는 의미가 된다.

한·중·일 3국 간 무역에서 최근 들어 특히 주요한 현상은 무역 규모의 증대보다 무역상품 구성의 변화이다. 2017년 한국의 수출 가운데 정보통신기술ICT 수출이 연간 최초로 1,900억 달러 대를 기록했다. 품목별로 반도체는 전년 대비 60.2% 급증한 수출 증가와 메모리·시스템 반도체 동시 최대 수출액을 달성하면서 996억 8,000만 달러를 기록, 품목 최초로 900억 달러를 돌파했다. 지역별로는 최대 수출국인 중국이

표 10-7 중·일 무역의 추이 (단위 : 만 달러)

연도	수출	수입	무역수지
2000	4,165,431	4,150,968	14,463
2001	4,495,757	4,279,691	216,066
2002	4,843,384	5,346,600	−503,216
2003	5,940,870	7,414,813	−1,473,943
2004	7,350,904	9,432,673	−2,081,769
2005	8,398,628	10,040,768	−1,642,140
2006	9,162,267	11,567,258	−2,404,991
2007	10,200,859	13,394,237	−3,193,378
2008	11,613,245	15,060,004	−3,446,759
2009	9,786,766	13,091,490	−3,304,724
2010	12,104,349	17,673,610	−5,569,261
2011	14,827,049	19,456,352	−4,629,303
2012	15,162,183	17,783,395	−2,621,212
2013	15,013,245	16,224,540	−1,211,295
2014	14,939,134	16,292,051	−1,352,917
2015	13,561,644	14,290,257	−728,613
2016	12,941,000	14,567,069	−1,626,069

자료 : 中國國家統計局(http://data.stats.gov.cn/easyquery.htm?cn=C01).

역대 최고 수출액 1,043억 9,000만 달러를 기록했다.[3]

서비스 무역의 증대도 주목해야 할 현상이다. 지금까지 무역이라 하면 제조업 중심으로 생각하는 것이 일반적이다. 그러나 최근 들어 중국과 같은 신흥공업국들의 산업구조가 고도화되면서 서비스 분야의 무역이 증가하고 있다. 주요한 예로 중국의 서비스 무역 규모는 2011년 4,471억 달러에서 2016년 6,571억 달러로 확대되었으며,

3 무역협회 무역통계(http://stat.kita.net/).

2020년에는 1조 달러를 넘어설 것으로 예측된다. 2011~16년 중국의 상품무역은 연평균 0.1% 증가하는 데 그친 데 반해 서비스 무역은 연평균 8.0% 성장했으며, 상품무역과 서비스 무역을 합한 총무역액에서 서비스 무역이 차지하는 비중은 2011년 10.9%에서 2016년 15.1%로 증가했다.[4]

무역과 마찬가지로 동아시아 국가들 간의 직접투자 또한 활발하게 증가하고 있다. 장기 불황을 겪고 있는 일본을 예외로 하면 동아시아는 세계경제에서 투자활동이 가장 활발한 지역이자 외국인 투자의 유입 규모도 가장 빠르게 신장되고 있는 지역이다. 어떤 의미에서 보면 동아시아에서 역내무역의 확대는 개별국가들의 고성장과 함께 활발한 상호 투자의 결과라고 말할 수도 있다. 한국 기업들의 대중국 투자가 확대되면서 대중 수출이 축소되는 것이 아니라 오히려 증가하는 것이 바로 그러한 예이다.

한·중·일 3국 간 해외직접투자의 내용을 구체적으로 보면 한국과 일본은 경제관계의 역사가 오랜 만큼 직접투자의 역사도 오래되었다. 1965년의 국교정상화 이후 양국 간 투자는 주로 일본의 대한국 투자를 중심으로 이루어져 왔다. 하지만 일본 자본의 진출은 금융적으로뿐 아니라 기술적으로도 한국 경제의 대일본 의존도를 증가시켜 한국의 막대한 대일본 무역적자의 중요한 원인이 되기도 했다. 중국의 개혁·개방 이후에는 일본과 한국 자본의 대중국 투자가 크게 증가했다. 물론 1992년 수교 초기만 하더라도 아직 한국의 대중국 투자는 미미한 수준이었다. 그러나 이후 꾸준히 증가하여 〈표 10-8〉에서 보듯이 2017년 한국의 대중국 투자는 1,135건, 17억 9,842억 달러로 건수로는 베트남(1,712건)과 미국(1,371건)에 이어 3위, 금액으로는 4위를 차지하고 있다. 중국 측에서 보더라도 2015년 이후 한국은 일본, 싱가포르, 대만 등을 제치고 대중국 투자 1위 국가로 부상했다.

최근 들어 한·중·일 3국 간 경제교류에서 가장 주목받는 부문은 인적 교류이다. 고고도미사일방어체계THAAD 배치를 둘러싼 갈등으로 중국 정부가 한국으로의 단체관광을 금지하는 '한한령限韓令' 조치를 내린 이후 우리나라를 찾는 중국 관광객의 수가 70% 가까이 감소했다고 한다. 하지만 이러한 우여곡절에도 불구하고 〈표 10-9〉

4 이상훈 외,「대중국 서비스무역 활성화 방안: 주요 업종별 · 지역별 분석」, 대외경제정책연구원, 2018.

표 10-8 한국의 주요 국가별 해외직접투자(2017년)

(단위 : 건, 1,000달러)

국가	건수	신규 법인 수	투자금액
전체	8,550	2,597	32,708,756
미국	1,371	411	13,108,158
케이맨 제도	182	52	3,625,685
홍콩	344	120	1,550,343
중국	1,135	432	1,798,425
베트남	1,712	493	1,404,819
일본	638	711	666,370

자료 : 한국수출입은행(https://stats.koreaexim.go.kr/odisas.html).

표 10-9 외국인 입국자의 국가별 추이(2017년)

(단위 : 명, %)

	입국자 수	증가율	비중
전체	14,411,291	−20.6	73.8
중국	8,067,722	−48.3	31.3
일본	2,311,447	0.6	17.3
미국	868,881	0.3	6.5
대만	925,616	11.1	6.9
홍콩	658,031	1.1	4.9
태국	498,511	6.0	3.7
말레이시아	307,641	−1.2	2.3
필리핀	448,702	−19.4	3.4
베트남	324,740	29.2	2.4

자료 : 한국관광공사(http://kto.visitkorea.or.kr/kor/notice/data/statis/).

와 〈표 10-10〉을 보면 최근 수년간 중국을 방문하는 해외 관광객 1위가 한국인이고, 한국을 방문하는 해외 관광객의 1위도 중국인일 만큼 인적 교류도 활발하다.

표 10-10 한·중·일 3국 간 외국인 관광객의 추이(2015년) (단위 : 명, %)

	한국 방문 관광객	중국 방문 관광객	일본 방문 관광객
한국		4,444,400	4,002,095
중국	7,025,784		10,195,056
일본	1,837,782	2,497,700	
역내 합계	8,863,566	6,942,100	14,197,151
세계 전체	13,231,651	133,820,400	19,737,409

자료 : 한국문화관광연구원(http://www.kcti.re.kr/).

2. 한·중·일 자유무역협정

양국 간 및 지역 내 경제협력에서 지역무역협정의 체결이나 부문별 경제협력을 위한 협정의 체결은 무역과 투자 등 부문별 협력을 발전시키기 위한 여건과 환경을 마련하는 데 매우 중요한 역할을 한다. 한·중·일 3국의 경우는 특히 선진 자본주의국가들에 비해 제도적·정책적 환경의 수준이 낮다는 점과 과거의 역사문제부터 영토문제까지 대내적 갈등요인이 많아 제도적 협력에 어려움이 많다. 거꾸로 말하면 그래서 더욱 제도적 협력으로 실제 경제협력을 이끌어낼 여지도 많다는 뜻이다.

한국과 일본은 식민지배라는 역사적 불행으로 인해 한국의 해방 이후 한동안 외교관계가 단절된 채 지내 왔다. 양국의 경제관계에 결정적인 전환을 가져온 사건은 국교정상화이다. 국교정상화를 둘러싼 양국 간 주요 쟁점 가운데 하나는 바로 식민지배에 대한 배상금, 즉 대일 청구권 문제였다. 오랜 회담 끝에 일본은 한국에 무상원조 3억 달러와 저리의 정부차관 2억 달러를 제공하고 민간차관 3억 달러를 주선하기로 결정했다. 민간차관 문제는 흐지부지되었지만, 일본으로부터 받은 배상금은 경제개발을 추진하던 박정희 정권에게 중요한 종잣돈seed money이 되었다.

국교정상화의 후속조치로 한·일 양국은 한일기본조약(1965년 6월 조인, 1965년 12월 발효), 한일어업협정(1965년 6월 조인, 1965년 12월 발효) 등을 체결했다. 이후 양국의 제도적 경제협력은 한일대륙붕협정(1974년 1월 체결, 1978년 6월 발효), 신한일어업협정(1998년 11월 체결, 1999년 1월 22일 발효), 한일신경제협력기구(1993

년 11월 설립, 1998년 11월 해체), 한일통화스와프협정(2001년 7월) 등으로 발전했다.

최근 들어 한국의 교역에서 중국의 비중이 점차 높아지고 또한 소재, 부품의 국산화가 증가하면서 일본의 비중이 낮아지는 추세기는 하지만 일본은 여전히 가장 주요한 교역 파트너 가운데 하나다. 한·일 FTA는 2003년 12월에 제1차 협상이 개최되고 2005년 중 타결을 목표로 추진되었지만 2004년 11월 이후 관련 논의가 중단된 상태이다. 2008년 6월부터 한·일 FTA 협상 재개를 위한 실무협의가 네 차례 개최되었고, 2010년에 국장급 협의가 개최된 바 있다.

중국이 개혁·개방을 선언한 1978년 이전까지 한국과 중국의 관계는 경제협력은커녕 적대적이었다고 해야 옳다. 개혁·개방 이후에도 양국 간 외교관계가 맺어질 때까지 두 나라의 경제협력은 주로 홍콩을 경유하는 간접무역의 형태로 이루어져 왔다. 이후 1988년 한국의 북방정책과 서울올림픽 개최 등으로 양국 간 무역량은 증가하기 시작했다. 1988년 산둥성山東省과 랴오닝성遼寧省을 창구로 하여 민간 차원의 경제협력이 논의되기 시작한 이후 1989년부터 중국의 국제신탁투자공사CITIC와 한국의 민간경제협의회IPECK 간에 경제협력방안이 논의되고, 중국국제무역촉진위원회CCPIT와 대한무역진흥공사KOTRA 사이에서 무역사무소의 상호개설에 관한 협의가 시작되어 1991년에 정식으로 개설되었다. 양국 간 경제협력에서 가장 중요한 사건은 역시 1992년 8월 24일 두 나라가 수교의정서를 교환하고 정식 외교관계를 시작한 일이다. 이에 앞서 한중무역협정과 한중투자보장협정이 각각 체결되었는데, 이 두 협정은 일단 민간 차원에서 체결되었다가 두 나라가 수교함에 따라 그해 9월 30일 정부 간 협정으로 대체되었다. 양국 간 과학기술협정과 과학기술공동위원회 설립협정도 이때 함께 체결되었다. 이처럼 교역 환경이 크게 개선되면서 양국 간 직접교역이 크게 늘기 시작했는데, 특히 한국의 대중국 직접 수출이 빠른 증가를 보이기 시작했다. 2015년 12월 20일에는 두 나라 사이에 FTA가 체결됨으로써 양국의 경제협력은 한 차원 더 도약하는 계기를 맞이했다.

최근 한·중·일 3국 간 경제협력의 가장 중요한 쟁점은 한·중·일 자유무역협정Free Trade Agenda이다. 한·미 FTA와 한·EU FTA가 이미 체결된 데 비하면 한·중·일 FTA

는 2013년 3월에야 1차 협상이 개최되는 등 늦은 감이 많다. 그러나 한·중·일 FTA의 필요성에 관한 논의는 오래전부터 제기되어 왔다. 특히 1997년 아시아 금융위기를 겪으며 동아시아 국가들이 역내 국가들 간의 경제협력 중요성을 인식하게 됨에 따라 1999년 11월 필리핀 마닐라에서 개최된 ASEAN+3 정상회의에서 한·중·일 정상이 첫 회동을 가진 이후 한·중·일 3국 간 대화의 장이 조성되었다. 이후 2002년부터 한·중·일 경제·통상장관회의, 재무장관회의 및 외교장관회의 등이 잇따라 개최되었다. 2003년에는 '한·중·일 협력에 관한 3국 정상 공동선언'이 채택되고 이에 대한 후속조치를 위한 위원회가 설치되기도 했다.

3국 정상회의의 경우 2008년부터 2010년까지 모두 세 차례의 회의가 개최되었다. 2008년 12월 일본에서 개최된 제1차 회의에서는 '한·중·일 3국 동반자 관계를 위한 공동성명', '국제금융 및 경제에 관한 공동성명', '재난관리협력에 관한 3국 공동발표문', '한·중·일 3국 협력증진을 위한 행동계획'등 4개 문건이 채택되었다. 이 가운데 '한·중·일 3국 협력증진을 위한 행동계획'은 5개 분야, 24개 세부사업과 추진계획을 포함한다. 2009년 10월에 중국에서 개최된 제2차 정상회의에서는 '지속가능개발 공동성명' 등의 문건을 채택했고, 한·중·일 FTA 산관학 공동연구 추진을 포함한 여러 안건에 대한 합의가 이루어졌다. 또한 2010년 한국의 제주도에서 개최된 제3차 한·중·일 정상회의에서는 '3국협력 Vision 2020', '3국 협력사무국 설립각서' 등 4개의 공동문서를 채택했다. 이를 계기로 한·중·일 협력사무국Trilateral Cooperation Secretariat, TCS이 2011년 9월 서울에 설립되어 2017년 10월 현재도 운영되고 있다. TCS는 매년 '한·중·일 3국협력 국제포럼IFTC' 및 '제주포럼' 개최를 통해 분야별 전문가들과 함께 협력 의제를 발굴하고 있다.

한·중·일 FTA에 대해 한국의 전문가들은 대체로 긍정적인 입장이다. 왜냐하면 일본과의 FTA에서는 제조업에 대한 타격이 우려되는 반면 중국과의 FTA에서는 농업 분야에 대한 손실이 불가피하지만, 3국 간 FTA에서는 특정 산업에 대한 피해 우려가 상당 부분 감소하고 수출 증가의 기회가 확대되기 때문이다. 한·중·일 FTA에 대한 중국의 태도는 세계무역기구World Trade Organization 가입을 계기로 적극성을 띠게 되었다. 중국 측의 연구 결과도 한·중·일 FTA 체결 시 수입 증가, 경제적 격차, 협상비용 등에도 불구하고 중국의 외국인 투자 증가, 산업구조조정, 국제경쟁력 제고, 정치적 우호관계 강화 등의 이익을 줄 것으로 기대된다. 〈표 10-11〉은 한·중·일 FTA 체결을 위한 3국 간 회담의 진행 과정을 요약하고 있다.

한·중·일 FTA 체결의 경제적인 효과에 대한 전망은 〈표 10-12〉에서 보는 바와 같다. 먼저 3국의 실질GDP는 모두 소폭 증가하지만, 무역수지에서는 일본의 경우 한국과 중국에 대해서 모두 흑자가 증가하며, 한국의 경우에는 중국에 대해서는 흑자가 증가하는 반면 일본에 대해서는 적자가 증가하는 것으로 나타났다.

한·중·일 FTA의 효과를 산업별로 보면 〈표 10-13〉에서 나타나듯이 한국의 경우 농산품 및 광업, 기계장비 등의 생산량은 감소하지만 섬유 및 운송장비 등 중국에 대해 비교우위가 있는 산업에서는 생산량이 증가하는 것으로 나타났다. 일본의 경우 농산품 부문에서는 생산량이 감소하지만 제조업을 비롯한 다른 대다수 부문에서는 생산량이 증가할 것으로 추정되었다. 중국의 경우 농산품 부문에서 생산량이 증가하며

표 10-11 한·중·일 FTA 협상의 전개과정

일자	회담 내용
2012. 11. 20	한·중·일 FTA 협상 개최 선언(프놈펜)
2013. 3. 26~28	한·중·일 FTA 제1차 협상(서울)
2013. 7. 29~8.2	한·중·일 FTA 제2차 협상(상하이)
2013. 11. 26~29	한·중·일 FTA 제3차 협상(도쿄)
2014. 3. 4~7	한·중·일 FTA 제4차 협상(서울)
2014. 9. 1~5	한·중·일 FTA 제5차 협상(베이징)
2014. 11.24~28	한·중·일 FTA 제6차 협상(도쿄)
2015. 1. 16~17	한·중·일 FTA 제6차 수석대표협상(도쿄)
2015. 4. 13~17	한·중·일 FTA 제7차 실무협상(서울)
2015. 5. 12~13	한·중·일 FTA 제7차 수석대표협상(서울)
2015. 7. 20~24	한·중·일 FTA 제8차 실무협상(베이징)
2016. 1. 18~19	한·중·일 FTA 제9차 수석대표협상(도쿄)

자료 : 외교통상부 자료.

표 10-12 한·중·일 3국 간 FTA의 경제적 효과

구분	한국	중국	일본
실질 GDP	1.27	0.11	0.23
대일 무역수지	-89.61	-241.15	
대중 무역수지	163.31		241.15
대한 무역수지		-163.31	89.61

자료 : 대외경제정책연구원(KIEP).

기타금속, 운송장비, 기계장비 등 상당수 제조업 부문에서 생산량이 감소할 것으로 추정되었다. 이와 같은 추정 결과는 상대적으로 높은 기존의 관세율을 가진 국가들이 관세율 철폐에 따른 부정적 영향을 가장 많이 받는 것으로 예상되기 때문이다.

장기적으로 볼 때 규모의 경제 측면에서는 일본의 제조업이, 농산물 부문에서는 중국이 가장 큰 긍정적 효과를 가질 것으로 전망된다. 특히 해외직접투자의 증가에 따른 추가적인 효율성 상승효과는 저렴한 생산요소비용과 잠재적 시장성을 고려할 때 중국이 가장 큰 혜택을 누릴 것으로 추정된다. 따라서 장기적으로 볼 때 한국의 경제

표 10-13 한·중·일 3국 간 FTA의 산업별 효과

구분	한국	중국	일본
농산품	-0.37	0.58	-0.73
광업	-0.58	-0.58	-0.8
음식료업	-2.46	-0.45	0.45
섬유	21.91	-3.82	8.02
화학	2.55	-1.61	0.31
금속	-0.77	-1.33	0.15
운송장비	19.9	-62.32	-0.73
기계장비	-8.17	-2.35	0.57
서비스	0.08	0.38	-0.02

자료 : 대외경제정책연구원(KIEP).

적 효과가 가장 미미할 것으로 추정되며, 특히 3국 간 산업의 비교우위요인을 비교할 경우 한국이 일본에 대해 수출경쟁력에서 우위를 가진 품목은 비교 대상 3,506개 가운데 870개 품목에 불과해 24.8%의 품목에서 대일 경쟁력 우위를 보이고 있다. 중국에 대해서는 1,123개 품목에서 우위를 지니고 있어서 32.0%에 불과한 실정이다. 또한 한국이 일본과 중국에 모두 경쟁력을 보유하는 품목은 356개로 전체의 10.1%에 불과하다. 따라서 3국 간 FTA에 의해 전체 수출품목의 10% 정도는 규모의 경제를 실현할 것으로 추정되지만, 나머지 산업의 경우에는 생산량 증가 및 경쟁력 제고 여부가 불투명한 것으로 추정된다. 특히 중국 및 일본에 대해 공통적으로 비교열위산업인 60%의 수출산업의 경우 장기적으로 상당히 부정적인 효과를 보일 것이다.

그러나 한·중·일 3국은 이미 본 것처럼 경제의 상호 보완성이 크기 때문에 역내 분업구조의 확립을 통해 무역불균형을 해소하고 각국이 실제적인 이익을 도모하는 방향으로 나아갈 수 있을 것으로 기대된다. 중국의 높은 경제성장률과 한·중·일 3국 간의 상호적인 분업관계를 고려할 때, 한·중·일 3국 간 경제협력의 유인이 높다고 볼 수 있다. 이러한 점은 3국 간 경제협력에서 기회요인으로 작용할 것이다. 또한 한·중 FTA가 이미 체결되어 추진되고 있다는 점도 기회요인으로 작용할 것이다.

한·중 FTA가 발효된 이후 중국의 대한국 수입비중은 전반적으로 증가했고 한·중 간 수출입 품목에서도 수출입 다양성이 개선된 것으로 나타났다. 이러한 결과가 3국 간의 FTA 체결 노력에 긍정적인 영향을 줄 수 있을 것이다. 한·중·일 3국 간 경제협력의 필요성과 3국 간 FTA의 기회요인을 고려할 때, 3국 간 FTA 추진을 위한 실질적인 논의를 더 강화함으로써 앞으로 협력의 장애요인들을 해결해 나가면서 실리적이고 실천적인 협력을 모색할 필요가 있겠다.

3. 한·중·일 경제협력전략과 과제

최근 세계경제는 과거와는 비교할 수 없을 만큼 경쟁적 환경으로 변화하고 있으며, 지역화·블록화의 경향을 확대해 나가고 있다. 선진국 시장은 이미 각종 보호조치들로 과거처럼 쉽게 접근할 수 없게 되었으며, EU와 같은 선진국들 중심의 지역경제협정은 역외 국가들의 진입을 제한하고 있다. 이러한 세계경제 환경의 변화에 한·중·일을 포함한 동북아 국가들도 적극적인 대응책을 모색하지 않으면 안 될 것이다. 그 방향은 첫째, 급변하는 국제경제 환경에 적응할 수 있도록 경제의 개방도를 높이는 것이다. 둘째, 이미 진행되고 있기는 하지만 동아시아 국가들 간의 무역·투자·인적 교류 등 역내협력을 강화하는 것이다. 특히 동아시아 국가들 간의 역내협력과 교류가 확대되면 이를 바탕으로 선진국들의 지역경제블록 결성에 대응하여 한·중·일 3국을 중심으로 한 동북아 및 동아시아 국가들 간의 지역경제협력체의 설립도 기대된다. 이를 위해서는 동북아 경제협력의 증진과 지역경제협정의 체결을 위한 구체적인 추진 전략과 추진과제의 정립이 필요하다.

한·중·일 3국 간 경제공동체의 형성에 대해 이들을 둘러싼 내외의 여건은 상당히 호전되고 있다. 우선 3국이 지역경제통합체 추진에 대한 필요성을 공감하고 있으며, 중국이 WTO에 가입함으로써 대외개방의 속도가 훨씬 더 빨라지고 동북아에서 차지하는 경제적 비중이 증가하고 있기 때문이다. 따라서 3국의 협력 정도를 현재보다 획기적으로 개선하기 위해서도 3국 간의 경제공동체 형성이 더욱 필요하다. 여기서 유의해야 할 점은 국제경제협력의 전략은 일방적으로 수립되고 추진되어서는 곤란하다는 것이다. 가령 우리나라가 자신의 이익을 극대화하기 위한 방향으로 전략을 수립했다 하더라도 협상상대국인 중국과 일본이 수용하지 못하면 아무런 소용이 없기 때문이다.

국제경제협력에서 일반적으로 요구되는 원칙은 다음과 같다. 첫째, 국제교류가 상호 혜택과 이익을 증진하는 방향으로 이루어져야 한다. 이는 너무 당연한 원칙인 듯 보이지만, 현실에서는 국제교류가 당사국들의 자국이기주의로 인해 갈등을 빚다가 교착상태에 빠지는 경우가 없지 않다. 둘째, 국제교류의 효율성을 위해서는 직접무역과 직접투자를 중심으로 교류가 이루어져야 한다. 셋째, 형식의 다양화이다. 이는 중앙정부 중심의 획일적이고 형식적인 교류에서 벗어나 다양한 주체들에 의해 다양한 위상의 교류가 이루어져야 한다는 뜻이다. 넷째, 교류는 단기적 이익이 아니라 장기적 안정성에 따라 이루어져야 한다. 국제교류는 국제경제 환경의 변화뿐만 아니라 당사국들의 국내 정치경제적 상황에 크게 영향을 받는다. 그만큼 변동성이 크다는 뜻이다. 하지만 이러한 변동요인이 있을 때마다 변화를 겪어서는 국제교류의 안정성과 지속성을 유지할 수 없다. 따라서 국제교류는 단기적 이익보다 장기적 안정성을 중심에 놓고 추진되어야 한다. 마지막으로 국제교류에서는 당사국들이 신의를 준수하는 것이 매우 중요하다. 이는 교류의 장기적 안정성과도 연관되는 문제지만, 국내의 정치 경제적 요인 때문에 기존의 협정을 취소하거나 변경하려는 시도는 협정 당사국들 사이의 신뢰를 저해하고 교류의 안정성을 훼손할 가능성이 크다.

한·중·일 경제공동체는 이러한 원칙에 따라서 추진되어야 한다. 그렇다면 한·중·일 경제공동체구성을 위한 구체적인 전략과 실천방안은 무엇인가? 개략적이나마 다음과 같이 요약해볼 수 있을 것이다. 첫째, 경제공동체 형성을 위한 동북아 3국 간의 정치적·사회적·경제적·국민적 공감대 형성을 위한 기반이 조성되어야 한다. 1997년 이후 여러 차례의 준비회담을 거쳐 추진되고 있는 'ASEAN+3 정상회담'은 한·중·일 3국 간 공동관심사를 위한 논의의 장으로 매우 필요하다. 이러한 과정을 거친 후 3국 간에는 한·중·일 FTA와 같은 형태의 경제공동체로 진전하기 위한 다양한 분야에서의 공감대가 형성되어야 한다.

둘째, 경제공동체 형성을 위한 전제로서 분야별·지역별 공동관심사의 개발과 이를 실현시킬 수 있는 리더십을 키워 나가야 한다. 예를 들어 공동의 관심사에 대해 NGO 활동, 지식인·기업인·체육인·정치인 등 지역 지도자들의 협력이 중요하다. 이를 통해 3국이 안고 있는 지역문제, 지역공동의 관심사에 대해 쌍무적인 해결방식이 아닌 3국 간 협력방식을 통해 경제공동체 형성에 장애가 되는 요인들을 제거해 나가야 한다.

셋째, 한·중·일 3국 간의 다방면에 걸친 공동의 규범화 노력이 있어야 한다. 이와 같은 노력을 통해 동북아 경제공동체를 형성하는 데 장애가 되는 기술적·구조적 장애요소를 우선적으로 제거하기 위한 세부사항의 제도적인 발판을 마련함으로써, 각 분야에서 상호 신뢰와 공동번영의 의지를 굳혀 도덕적 신뢰감을 높이는 것이 중요하다.

넷째, 3국 간 공동체 구축을 위한 시범사업pioneer project을 계획하고 이를 성공시키고자 하는 노력이 있어야 한다. 장기적인 비전과 프레임워크를 가지고 단기적인 문제부터 해결한 후 장기적인 대응 자세가 필요하다. EU가 초기에는 철강·석탄공동체로부터 출발하여 현재 수준의 통합을 이룬 것과 같은 3국 간 공동의 프로젝트가 필요하다.

마지막으로 무역과 투자 등 부문별 경제협력과 아울러 이를 지원하기 위한 교통·물류·통신·자원·에너지 등 인프라 산업에 대해서도 협력이 필요하다. 3국 간 경제협력의 제약은 법적·제도적 미비에서만 발생하는 것이 아니라 물류와 통신 등 상품과 정보의 흐름에 장애요소가 많기 때문에 비롯되는 측면도 크므로, 인프라 부문의 공동개발을 통하여 상품과 생산요소의 원활한 이동과 지역 내의 합리적 배분을 촉진해야 한다.

신보호주의가 확대되는 최근의 국제경제 환경에서 동아시아의 미래는 성장과 상호협력의 호순환을 얼마나 확대하고 유지하느냐에 달려 있다. 그런데 한·중·일 3국 간에는 경제 이외의 문제로 인한 갈등요인이 많다. 과거사 문제, 영토분쟁 등이 바로 그것이다. 때로는 정작 경제적 쟁점들보다 이러한 경제 외적인 현안들로 인한 갈등이 3국 간 경제협력을 방해하는 경우도 많다. 동아시아 국가들 간의 주요한 분쟁은 일본군 성노예 문제와 독도문제 등을 안고 있는 한·일 간에 특히 심각하지만 중국의 동북공정을 둘러싼 역사해석 등으로 한·중 간에도 갈등요인이 크고 중·일 간에도 마찬가지다. 한·중·일 3국이 광범하고 심층적인 경제협력으로 공동의 번영을 향해 나아가기 위해서는 먼저 상호협력과 호혜증진을 위한 공감대를 형성해야 한다. 그리고 이를 위해서는 3국 국민들 사이에서 여러 가지 현안과 미래로의 발전방향에 대한 진정성 있는 상호 이해가 필요하다.

국제경제협력은 중앙정부, 지방자치단체, 그리고 산·학·연 등 민간 부문의 역할이 적절히 분담되고 상호 보완적으로 추진되어야 한다. 과거 권위주의 시대에는 중앙정부가 국제협력을 일방적, 총괄적으로 추진하는 경우가 많았다. 그러나 달라진 대내외 경제 환경은 중앙정부보다 지방자치단체가, 정부기구보다는 민간 부문의 역할을 더욱 중시하고 있다. 따라서 다양한 지역 간 협력방안은 지방정부에게, 부문별 협력방안은 민간 부문에 맡기고 중앙정부는 다른 주체들이 맡을 수 없는 제도적·정책적 지원방안을 마련하는 역할을 담당하는 것이 옳다.

국제경제협력에서 중앙정부의 역할은 크게 두 가지다. 하나는 제도적 측면이다. 경제협력을 확대하고 발전해 나가는 데 필요한 제도적 환경과 여건들을 제정하고 정비하는 일은 무역과 투자 등 부문별 협력을 실질적으로 증진시키는 데 중요한 전제조건이 된다. 그런데 이러한 제도적 여건에는 FTA 협정이나 투자협정 등과 같은 대외적 측면만 포함되는 것이 아니다. 때로는 국내법과 제도들이 국제경제협력의 확대에 기여하기도 하지만, 때로는 반대로 국내법과 제도들이 국제경제협력의 발전에 제약조건이 되기도 한다. 오히려 FTA 같은 국제협정의 경우에는 국내법의 보완이 의무적으로 따르기 마련이어서 비교적 용이하게 제도적 보완이 이루어지지만, 그렇지 못한 경우에는 제도개혁이 경제 환경의 변화를 미처 뒤따르지 못하는 일이 많다. 특히 최근에는 대내외 경제 환경의 변화속도가 매우 빠르기 때문에 더욱 그렇다. 가령 과거에는 경제활동이 제조업과 같은 실물적 측면을 중심으로 이루어졌으나 최근에는 금융과 서비스, 지적재산권 같은 무형자산, 문화 콘텐츠 등의 비중이 매우 크다. 경제활동의 대상뿐 아니라 전자상거래 등 경제활동의 방식도 달라지고 있다. 이러한 변화는 국민경제에서도 그렇고 국제경제협력에서도 마찬가지다. 그런데 제도적 여건이 이러한 변화를 제대로 반영하지 못하고 있는 것이다. 가령 영국에서는 인터넷 콘텐츠의 불법유통을 강력하게 규제하는 새로운 저작권법을 제정했다. 그러나 콘텐츠 강국으로 손꼽히면서도 정작 우리나라의 저작권법은 아직 현실의 변화를 뒤따르지 못하고 있다는 것이 전문가들의 의견이다. 가상화폐 규제를 둘러싸고 정부부처 간 혼란을 보인 최근의 일도 그런 사례 가운데 하나이다. 법안과 제도의 내용도 중요하지만 법안 처리속도가 느려 필요한 시기를 놓치는 일도 적지 않다.

국제경제협력의 발전을 위한 중앙정부의 두 번째 역할은 물류 및 정보 인프라의 구축이다. 앞에서 지적한 것처럼 국제경제협력의 제약은 제도적 미비에서만 발생하는 것이 아니라 물류와 통신 등 상품과 정보의 원활한 흐름에 필요한 인프라의 부족에서도 나타난다. 우리나라는 전 세계적으로 인터넷 등 정보 인프라가 잘 마련된 나라로 평가받는다. 그러나 항만과 항공 등 물류 인프라는 그다지 충분하지 못하다. 우리나라의 최대 무역항인 부산항의 물동량 처리능력은 세계 6위에 이른다. 하지만 부산항의 물동량 처리능력이나 운영 효율성은 경쟁 도시인 홍콩과 싱가포르, 중국의 상하이나 선전深圳과 닝보寧波 등에는 아직 미치지 못한다. 상하이와 비교하면 겨우 절반을 조금 넘기는 수준이다. 중요한 점은 이러한 물류 인프라의 부족은 지방자치단체의 능력으로 해결할 수 있는 문제가 아니라는 것이다. 따라서 국제경제협력의 확대를 위한 물류 및 정보 인프라의 구축과 확장은 중앙정부의 적극적인 지원이 있지 않으면 안 된다.

마지막으로 일반적인 제도적 과제와는 별도로 '컨트리 리스크country risk'를 해소하는 일도 중앙정부의 역할이라고 하겠다. 한국의 경우 남북관계의 불안정성이 가장 큰 컨트리 리스크로 꼽힌다. 이러한 컨트리 리스크의 해소도 지역경제협력을 확대시키기 위한 중앙정부의 중요한 역할로 포함시킬 수 있을 것이다.

중앙정부가 모든 권한을 갖던 과거 권위주의 시대와 달리 지방자치가 확대되면서 정치·경제·사회·문화 등 모든 분야에 걸쳐 지방자치단체의 역할이 점점 커지고 있다. 국제협력 분야도 예외가 아니다. 국제협력은 국가 간 협력인 만큼 과거에는 당연히 중앙정부가 국민을 대표한다는 인식이 강했다. 그러나 중앙정부 중심의 국제협력은 각 지역이 가지고 있는 특성이나 필요를 반영하지 못한 채 획일적·일방적으로 추진되는 경우가 적지 않다. 그 결과 국제협력의 성과가 여러 지역들에 고루 분배되지 못하고 지역의 발전에 기여하지 못하는 경우도 많다. 반면에 지방정부 중심의 국제협력은 지역의 현실과 요구를 반영한 지역 맞춤형 협력이 가능하다. 국제경제협력에서 지방자치단체의 역할이 점점 더 중요해지는 이유이다.

지방정부의 역할이 커지면서 국제협력의 형식과 내용도 다양화·다각화하고 있으며, 그에 따른 새로운 과제들도 나타나고 있다. 먼저 중앙정부와 지방정부 간의 역할 분담의 문제이다. 국제경제협력에서 지방자치단체의 역할은 이중적이다. 지방정부의 위상이 중앙정부와 지역 민간 부문의 중간에 위치하고 있기 때문이다. 국제협력에서 지방정부의 역할이 확대된다고 해서 반드시 중앙정부의 역할 축소를 의미하는 것은 아니다. 오히려 국제협력의 방식이 다각화되면서 양자의 역할이 새롭게 정립되고 있다 해야 옳다. 주의할 점은 누구의 역할이 더 크냐가 아니라, 중앙정부와의 역할분담이 제대로 분담되지 못할 경우 지방정부의 역할은 중앙정부에 종속된 부수적 역할에 그치고 말 가능성도 크다는 점이다. 반대로 중앙정부와 지방정부의 갈등으로 국제협력이 제대로 추진되지 못할 가능성도 크다.

중앙정부가 그렇듯이 지방정부에게도 지역의 산·학·연 등 민간 부문에 대한 제도적·정책적 지원과 인프라 구축이 가장 기본적인 역할이다. 그런데 우리나라의 경우 여전히 예산권과 인사권, 그리고 입법권 등이 중앙정부에 주어져 있기 때문에 지방정부가 효율적인 정책을 수립하고 추진하는 데 어려움이 많다. 따라서 중앙정부와 지방정부 간의 적절한 역할분담과 긴밀한 협력관계 구축을 통하여 지역 중심의 국제협력 모델을 만들어 나갈 필요가 있다.

물론 지금도 여러 지방자치단체들은 지역 민간 부문들의 국제경제협력을 위한 다양한 제도적·정책적 지원을 제공하고 있다. 문제는 이러한 지원책들의 실제 효과이다. 중앙정부의 경우에도 그런 측면이 없지 않지만, 지방정부들은 한편으로는 중앙정부와, 다른 한편으로는 지방정부들끼리 경쟁관계에 있다 보니 전시성 정책들을 나열적으로 추진하는 경우가 없지 않다. 정책의 목표나 기대효과는 그럴듯하지만 정작 정책의 결과는 부실한 경우가 많다는 뜻이다. 따라서 지방정부일수록 오히려 중앙정부보다 더 지역 밀착적이고 지역의 수요에 부응하는 실리적·실천적·실용적 정책들을 추진할 필요가 있다.

지방정부 중심의 경제교류가 활발해지기 위해서는 지역경제가 얼마나 국제협력을 위한 준비가 되어 있느냐의 문제가 중요하다. 다른 지역에 비해 해당 지역의 산업구조가 낙후되었다거나 지역의 기업활동이 활발하지 못할 경우 지방정부의 역할도 제한적일 수밖에 없다. 지역경제의 진흥과 지역 간 국제경제협력의 확대가 상호보조적으로 추진되지 않으면 안 된다는 뜻이다.

효율적인 국제경제협력을 위해서는 중앙정부와 지방정부 사이에도 적절한 역할 분담이 필요하지만 정부 부문과 민간 부문 사이에서도 적절한 역할분담이 요구된다. 먼저 산업 부문, 특히 기업은 국제경제협력의 일차적인 주체이다. 공공 부문이 다양한 정책을 개발하고 제도적 지원을 제공하는 것도 중요하지만, 무역과 투자 등 직접적인 경제협력활동을 실천하는 것은 역시 산업 부문이다.

민간 중심의 협력이 확대되면서 국제경제협력에서 대학과 연구기관의 역할이 증대하고 있다. 학·연 기관의 역할은 일차적으로 국제협력에 필요한 정보를 제공하고 정책 수립의 방향을 제시하는 데 있다.[5] 물론 한·중·일 3국 간 경제협력에 관해서도 여러 학·연 기관들에서 활발한 연구가 이루어지고 있으며, 중앙 및 지방정부와 산업체에 유용한 정보를 폭넓게 제공하고 있다.

국제경제협력에서 민간 부문의 역량을 강화하고 역할을 확대하기 위해서는 대학과 연구기관들뿐 아니라 다양한 시민단체와 사회단체의 활동도 기대된다. NGO 중심의 국제교류활동에서 가장 중요한 원칙은 시민이 참여하는 활동이 되어야 한다는 것이다. 시민단체라는 명분만 내건 채 실질적인 시민참여가 이루어지지 않는다면 그것은 NGO가 아니라 반관반민의 모호한 위상에 머물 수밖에 없다. 지금까지의 국제교류활동에서 일반시민들은 동원된 청중이나 다를 바 없는 소극적인 역할에 그치는 경우가 많았다. 중앙정부보다는 지방정부의 역할을 강화하고, 정부 부문보다는 민간 부문의 역할을 강화하자는 것도 시민들이 가지는 역량을 국제교류에 활용하기 위해서이다. 그런데 정작 시민들은 자기 지역에서 진행되는 교류 사업에 대해서조차 잘 알지 못하는 경우가 많다. 시민을 수동적인 객체로 접근하는 과거 권위주의 시대의 인식이 아직도 남아 있는 것이다. 시민이 주체로 참여하는 국제교류는 시민들의 자발성과 창의성을 국제교류에 활용하자는 뜻이다. 이를 위해서는 사업의 결과물에 대해서만이 아니라 사업의 입안 과정에서부터 사업이 추진되고 실행되는 모든 과정에 시민들의 적극적인 참여를 유도할 수 있는 방안이 모색되어야 옳겠다.

한·중·일 3국을 비롯한 동북아 지역경제협력의 증진은 한국 경제의 발전에 선택사항이 아닌 필수사항이 된 지 오래다. 한·중·일 경제협력의 수준을 도약시키기 위해서는 효율적인 추진전략과 추진과제를 제대로 수립하고 추진할 필요가 있다. 지금까지 이 책에서 논의된 내용을 정리해보면 다음과 같이 요약된다. 첫째는 중앙정부와 민간정부, 기업 및 산업체와 학·연 연구기관, 그리고 시민단체 등의 역할분담이다. 이는 단순히 중앙정부의 권한을 축소하고 지방정부의 권한을 확대한다는 의미가 아

5 학·연 기관이 국제경제협력에 기여한 역할의 좋은 예로 한·인도 포괄적 경제동반자협정(CEPA)을 들 수 있다. 인도는 중국과 함께 '친디아(Chindia)'로 불리면서 21세기 세계경제를 주도하는 국가 가운데 하나이다. 그러나 CEPA 이전까지 한국과 인도의 경제협력은 그다지 주목할 만한 내용이 없었다. 그런데 CEPA 체결을 전후하여 우리나라의 대학과 연구기관들에서는 인도 경제에 대한 연구가 집중적으로 수행되었고, 그 결과 양국 간 경제협력은 괄목할 만한 수준으로 발전하고 있다. 국제경제협력에서 학·연의 역할에 관한 좋은 예이다.

니다. 최근 들어 국제경제협력은 내용과 형식에서 매우 다양화되고 있다. 따라서 경제협력의 주체도 중앙 및 지방정부와 산업체 등 전통적인 주체들을 넘어 시민단체와 연구단체 등으로 다양화해야 할 필요가 있다. 다양한 주체들이 서로 역할을 분담하고 협력함으로써 국제경제협력의 효율성을 높일 수 있을 것이다.

둘째는 외형과 명분에 집착하는 형식적 교류보다 실천적·실리적·실용적인 교류가 되어야 한다는 점이다. 과거의 예를 보면 외국 도시들과의 자매도시 결연의 경우 지방자치단체들이 경쟁적으로 자매도시의 수를 늘리는 데만 급급할 뿐 실질적인 교류활동이나 사업은 제대로 이루어지지 못하는 경우가 많았다. 국제경제협력은 외형보다 실리를 중심으로 추진되어야 옳다.

셋째, 내용과 형식의 다양화이다. 여기서 다양화는 나열적으로 이런저런 사업들을 벌인다는 의미가 아니라 중앙정부와 지방정부, 산업체와 시민단체 등 국제협력의 주체들마다 이해관계와 관심사가 다르다는 점을 충분히 고려해야 한다는 뜻이다. 과거 권위주의 시대에는 지방정부나 시민단체 등의 다양한 요구를 무시하고 획일적인 국제협력을 가용하는 일이 많았다. 그러나 국제경제협력이 효율적이고 실리적으로 진행되기 위해서는 협력의 목적, 내용, 방식 등을 필요에 따라 다양화해야 옳다.

마지막으로 앞에서도 이야기했지만 한·중·일 3국의 교류 확대가 3국 모두에게 경제적 이득을 준다는 데는 이견의 여지가 없다. 그런데도 3국 간 경제교류가 장애를 겪는 것은 주로 경제적 요인보다 역사문제나 영토문제 등 비경제적 요인 때문인 경우가 많다. 사실 이런 문제들은 오히려 경제적 요인들보다 더 해결하기 어려운 것이 사실이다. 따라서 이런 문제들의 해결은 단기적으로 성급하게 접근할 것이 아니라, 한·중·일 3국 국민과 정부 및 시민단체들 사이에서 장기적으로 역사 인식과 상호 이해의 필요성을 공유해 가는 방식으로 접근해야 옳다. 무엇보다도 3국 간 경제협력의 증진이 경제적으로 3국의 공동번영과 풍요의 계기를 만들 뿐 아니라, 더 나아가 3국을 포함한 동북아 지역의 평화와 안정에 기여할 것이라는 데 3국 정부와 국민들이 공동의 이해와 인식을 나누어야 할 것이다.

관세청 수출입무역통계(http://www.customs.go.kr/kcsweb/).

국민호(1998), 「동아시아 신흥공업국의 산업구조 비교연구」, 한국비교사회연구 편, 『동아시아의 성공과 좌절』, 전통과현대.

권기철(1997), 「인도의 경제개발계획과 그 한계」, 부산외국어대학교, 『외대논총』, 제14집.

권기철(1998), 「독립 이후 인도의 경제발전전략」, 한국인도학회, 『인도연구』, 제3권.

김대래·조준현(2000), 「미·일·동아시아 3각 순환의 기원과 전개」, 한국경상학회, 『경상논총』, 제18권 제2호.

김창남(1997), 「동아시아 제국의 경제개발전략과 경제발전유형」, 경제사학회, 『경제사학』, 제23호.

김호범(1995), 「일본의 동아시아 진출전략과 해외직접투자」, 부산대학교 아시아문제연구소, 『아시아연구』, 제13집.

무역협회 무역통계(http://stat.kita.net/).

신한풍·서진영(1993), 『중국의 사회경제 통계분석』, 집문당.

안석교(1990) 편, 『중국경제의 정치경제학』, 비봉출판사.

이영덕 외(1983), 「국가발전에 대한 교육의 기여」, 한국개발연구원.

이준구(1992), 「새로운 시각에서 본 관료제의 모형」, 서울대 경제연구소, 『경제논집』,

제31권 제4호.
정동현·조준현(2001), 『동아시아 경제발전의 역사와 전망』, 부산대학교 출판부.
정일용(1984), 「종속적 발전모형으로서의 신흥공업국」, 이대근·정운영 편, 『세계자본주의론』, 까치.
조준현(1999a), 「동아시아 NIES의 성장요인 비교분석: 1960~70년대 한국과 대만의 경제정책 성격과 역할」, 부산대학교 대학원 경제학과 박사학위논문.
조준현(1999b), 「동아시아의 후발공업화와 토지개혁」, 한국국민경제학회 제8권 제1호.
조준현(2000a), 「동아시아 경제발전에서 국가개입의 역할과 성격」, 신라대학교 경영·경제연구소 『경영·경제연구』, 제1권 제1호.
조준현(2000b), 「한국과 대만의 국가-자본 관계 비교: 경제성장과정에서 자본축적의 특징」, 부산대학교 국제지역문제연구소, 『국제지역문제연구』, 제17권 제2호.
조준현(2000c), 「중국·대만간 경제교류의 진전과 향후 전망」, 한국경제발전학회, 『경제발전연구』, 제6권 제1호.
조준현(2001a), 「중국과 인도의 경제개혁 비교」, 부산대학교 국제지역문제연구소, 『국제지역문제연구』, 제19권 제2호.
조준현(2001b), 『동아시아 발전 모델과 국가』, 신지서원.
조준현(2002), 『동아시아 경제발전의 논리와 쟁점』, 부산대학교 출판부.
조준현(2003a), 「중국의 서부개발정책과 한국기업의 진출방안」, 부산대학교 국제지역문제연구소, 『국제지역문제연구』, 제21권 제1호.
조준현(2003b), 『중국의 경제발전과 21세기 발전전략』, 부산대학교 출판부.
조준현(2004a), 『중화경제권의 발전과 상호협력』, 부산대학교 출판부.
조준현(2004b), 「한국과 대만의 경제성장에서 중화학공업화의 성격과 역할」, 서강대학교 동아연구소, 『동아연구』, 제47집.
조준현(2005). 『중국의 대외정책과 한중 관계』. 부산대학교 출판부.
조준현(2008), 「동북아 발전모델과 중국경제」, 부산대학교 중국연구소, 『CHINA연구』, 제4호.
조준현·최성일(2003), 『일본의 경제와 통상』, 부산대학교 출판부.
조준현 외(2007), 「동아시아 경제발전에서 유교문화의 역할과 유교자본주의론의 비판적 재평가」, 영남대학교 인문연구소, 『인문연구』, 제53호.
최성일(1998), 『전후 자본주의의 변화와 다국적기업』, 세종출판사.
한국수출입은행 해외투자통계(http://keri.koreaexim.go.kr/).
한국은행 경제통계시스템(http://ecos.bok.or.kr/).
古澤賢治(1993), 『中國經濟の歷史的展開』, 東京, ミネルヴァ書房, 이재은 역, 『중국경제의 역사적 전개』 한울, 1995.
尾崎彦朔·奧村茂次(1981) 編, 『多國籍企業と發展途上國』, 東京, 東京大學出版會.
浜勝彦(1987), 『鄧小平時代の中國經濟』, 윤영자 역, 『鄧小平 시대의 중국경제』, 비봉출판사.
西村敏夫(1982), 차병각 역, 『대만 vs 한국경제비교』, 다독, 1983.
蕭灼基(1996), 『中國經濟熱點透視』, 진정미 역, 『중국경제의 야망』, 매일경제신문사.
中國國家統計局, 『中國統計年鑑』, 각호.
湯淺趙男(1976), 『第三世界の 經濟構造』, 東京, 新評論社, 趙容範 역(1981), 『제3세계의 경제구조』, 풀빛.
Amsden, A. H.(1989), *Asia's Next Giant-South Korea and Late Industrialization*, Oxford University Press, 이근달 역(1990), 『아시아의 다음 거인』, 시사영어사.
Amstrong · Glyn · Harrison(1993), *Capitalism Since 1945*, Oxford, 김수행 역(1993), 『1945년 이후의 자본주의』, 동아출판사.
Bahl · Kim · Park(1986), *Public Finances During the Korean Modernization Process*, Cambridge, Council of East Asian Studies, Harvard University.
Balassa, B.(1982), *Development Strategies in Semi-Industrializing Economies*, Baltimore, Johns Hopkins University Press.
Brick, A. B.(1992), "The East Asian Development Miracles: Taiwan as a Model," *Issues and Studies: A Journal of Chinese Studies and International Affairs*, vol. 28, no. 8, 국민호 편(1995), 『동아시아 신흥공업국의 정치제도와 경제성장』, 전남대학교 출판부.
Burmeister, L. L.(1988), *Research, Realpolitik, and Development in Korea*, London, Westview Press.
Chen, E. K. Y.(1979), *Hypergrowth in Asian Economies: A Comparative Survey of Hong*

Kong, Japan, Korea, Singapore and Taiwan, London, MacMillan.

Chi F. L., eds.(2000), *China's Economic Reform at the Turn of the Century*, Foreign Languages Press, Beijing.

Choi Eui-Hyun(2002), "Reform of the Financial Institutions in China: Issues and Policies," Korean Institute for International Economic Policy.

Chowdhury, A. & Islam, I.(1993), *The Newly Industrialising Economies of East Asia*, London, Routledge.

Clarkson, S.(1990), *The Soviet Theory of Development: India and the third world in Marxist~Leninist scholarship*, Toronto, University of Toronto Press.

Clifford, M. L.(1994), *Troubled Tiger: Businessman, Bureaucrats, and Generals in South Korea*, Armonk, M. E. Sharpe.

Council for Economic Planning and Development(2002). "Report on the Impact of Taiwan's Accession to the WTO and Policies in Response." Implementing the Resolutions of the Economic Development Advisory Conference. Taipei.

Cumings, B.(1997), *Korea's Place in the Sun: A Modern History*, New York, W. W. Norton & Company.

Das, D. K.(1990), *International Trade Policy: A Developing Country Perspective*, London, McMillan.

Deyo, F. C.(1989), *Beneath the Miracle: Labour Sub-ordination in the New Asian Industrialization*, Berkley, University of California press.

Dockès, P. & Roiser, B.(1988), *L'Histoire Ambiguë: Croissance et développement en question*, 김경근 역(1995), 『모호한 역사』, 한울.

Dutt, A. K. & Kim(1994), "Market miracle and state stagnation? The development experience of South Korea and India compared," *The State, Markets and Development*, Vermont, Edward Elgar.

Dutt · Kim · Singh(1994), "The State, Markets and Development," Dutt · Kim · Singh eds., *The State, Markets and Development*, Vermont, Edward Elgar.

Eckert, C. J.(1991), *Offspring of Empire-The Kochang Kims and the Colonial Origins of*

Korean Capitalism, 1876~1945, Washington University Press.

Fields, K. J.(1989), "Trading Companies in Sout Korea and Taiwan: Two Policy Approaches," *Asian Survey*, vol. XXIX, no. 11.

Fitzgerald, F. T.(1983), "Sociologies of Development," Limqueco & McFarlane, B. eds., *Neo-Marxist Theories of Development*, New York, 이각범 편역(1992), 『제3세계 사회발전논쟁』, 한울.

Fitzgerald, R.(1994), "Comparisons and Explanations of National Economic Success: Analysing East Asia," Fitzgerald, R. ed., *The Competitive Advantages of Far Eastern Business*, Singapore, Toppan Company.

Frobel · Heinrichs · Kreye(1980), *The New International Division of Labor: Structural Unemployment in Industrialized Countries and Industrialization in Developing Countries*, Cambridge, Cambridge University Press.

Galenson, W.(1979) ed., *Economic Growth and Structural Change in Taiwan*, Ithaca, Cornell University Press.

Gao, S. Q., Liu, G. G., & Ma, J. R. eds.(1999), *The Market Economy and China*, Foreign Languages Press, Beijing.

Gill, S. & Law, D.(1988), *The Global Political Economy*, Hertfordshire, Harvester · Wheatsheaf.

Gold, T. B.(1988), "Entrepreneurs, Multinationals, and the State," Winckler, E. A. & Greenhalgh, S. eds., *Contending Approaches to the Political Economy of Taiwan*, Armonk, M. E. Sharpe.

Greenhalgh, S.(1988), "Families and Networks in Taiwan's Economic Development," Winckler, E. A. & Greenhalgh, S. eds., *Contending Approaches to the Political Economy of Taiwan*, Armonk, M. E. Sharpe.

Haggard, S. & Cheng Tun Jen(1987), "State and Foreign Capital in the East Asian NICs," Deyo, F. C. ed., *The Political Economy of the New Asian Industrialism*, Ithaca, Cornell University Press.

Haggard, S. & Moon Chung In(1990), "Institutions and Economic Policy: Theory and a

Korean Case Study," *World Politics*, vol. XII, no. 2.

Haggard, S.(1990), *Pathway from the Periphery: The Politics of Growth in the Newly Industrializing Countries*, Ithaca, Cornell University Press.

Haggard · Kim · Moon(1991), "The Transition to Export-led Growth in South Korea: 1954~1966," *Journal of Asian Studies*, vol. 50, no. 4.

Hamilton, G. & Biggart, N. W.(1988), "Market, Culture, and Authority: A Comparative Analysis of Management and Organization in the Far East," *American Journal of Sociology*, vol. 94.

Haque, I.(1994), "International competitiveness: the state and the market," Dutt · Kim · Singh eds., *The State, Markets and Development*, Vermont, Edward Elgar.

Harris, N.(1987), *The End of the Third World: Newly Industrializing Countries and the Decline of an Ideology*, Harmondsworth, Penguin Books, 김 견 역(1989), 『세계 자본주의 체제의 구조변화와 신흥공업국』, 신평론.

Harris · Hunter · Lewis(1995), *The New Institutional Economics and the Third World Development*, London, Routledge.

Hettne, B.(1991), *Development Theory and the Three Worlds*, New York, Longman.

Ho, S. P. S.(1987), "Economics, Economic Bureaucracy, and Taiwan's Economic Development," *Pacific Affairs*, vol. 60, no. 2.

Hobday, M.(1995), *Innovation in East Asia: The Challenge to Japan*, Vermont, Edward Elgar.

Hoogvelt, A. M. M.(1985), *The Third World in Global Development*, London, MacMillan.

Hsaio, H. H. M.(1994), "The State and Business Relations in Taiwan," Fitzgerald, R. ed., *The State and Economic Development: Lessons from the Far East*, Singapore, Toppan Company.

Hsiung, J. C.(1981), *The Taiwan Experience 1950~1980*, New York, The American Association for Chinese Studies.

Huang, Y. S.(1998), *FDI in China,* Singapore, Institute of Southeast Asian Studies.

Huff, W. G.(1994), *The Economic Growth of Singapore*, Cambridge, Cambridge University Press.

Huntington, S. P.(1991), *The Third Wave: Democratization in the Late Twentieth Century*, Norman, The University of Oklahoma Press.

Hwang, Y. D.(1991), *The Rise of a New World Economic Power: Postwar Taiwan*, London, Greenwood Press.

Ikeo Aiko(1997), *Economic Development in Twentieth Century East Asia: The International Context*, London, Routledge.

IMF, *World Economic Outlook*, various issues.

Johnson, C.(1985), "Political Institutions and Economic Performance: The Government-Business Relationship in Japan, South Korea, and Taiwan," Scalapino · Sato · Wanandi eds., *Asian Economic Development-Present and Future*, Institute of East Asian Studies Research Papers and Policy Studies, University of California, Berkeley.

Krueger, A. O.(1984), "Comparative Advantage and Development Policy Twenty Years Later," Syrquin · Taylor · Westphal eds., *Economic Structure and Performance*, New York, Academic Press.

Krueger, A. O.(1990), "Asian Trade and Growth Lessons," The American Economic Association, vol. 80, no. 2.

Krugman, P.(1994), "The Myth of Asian Miracle", *Foriegn Affairs*, vol. 73, no. 6

Lau, L. J.(1994), "The Competitive Advantage of Taiwan," Fitzgerald, R. ed., *The Competitive Advantages of Far Eastern Business*, Singapore, Toppan Company.

Lau, L. J.(1992), "The Economic Development of Taiwan, 1981~1988," Lau, L. J. ed., *Models of Development: A Comparative Study of Economic Growth in South Korea and Taiwan*, ICS Press.

Lau, L. J.(1996) "The Prospects for East Asian Economic Growth: Implications from the Global Experience," Stanford University working paper.

Leipziger, D. M.(1988), "Industrial Restructuring in Korea," *World Development*, vol. 16, no. 1.

Leung, B. K. P.(1996), *Perspectives on Hong Kong History*, Oxford, Oxford University Press.

Lewis, J. P.(1995), *India's Political Economy: Governance and Reform*, Delhi, Oxford University Press.

Li Kuo Ting(1988), *The Evolution of Policy Behind Taiwan's Development Success*, New Haven, Yale University Press.

Lin Ching Yuan(1989), *Latin America vs East Asia: A Comparative Development Perspective*, New York, M. E. Sharpe.

Lincoln, E. J.(1986), "The Implications of U.S.-Japan Economic Relations for the Asia-Pacific Region," Scalapino, R. A. ed., *Economic Development in the Asia-Pacific Region*, Institute of East Asian Studies, University of California, Berkeley.

Magdoff, H.(1982), *The Age of Imperialism: The Economics of U.S. Foreign Policy*, 김기정 역(1982), 『제국주의의 시대』, 풀빛.

Mardon, R.(1990), "The State and the Effective Control of Foreign Capital: The Case of South Korea," *World Politics*, vol. 43, no. 1.

Mason et al.(1980), *The Economic and Social Modernization of the Republic of Korea*, Council of East Asian Studies, Harvard University, 『한국의 경제·사회의 근대화』, 한국개발연구원, 1981.

Moon·Ban·Perkins(1981), *Rural Development in Korea*, Cambridge, Council of East Asian Studies, Harvard University, 『한국의 농촌개발』, 한국개발연구원.

Moore, M.(1988), "Economic Growth and the Rise of Civil Society: Agriculture in Taiwan and South Korea," White, G. ed., *Development States in East Asia*, New York, St. Martin's Press.

OECD 교육통계자료(http://www.oecd.org/edu/).

OECD(2002), "China in the World Economy: Synthesis Report," OECD.

OECD(2003), "Asia and China Programmes: Annual Report," OECD.

OECD(2005), OECD Economic Surveys: China, OECD.

Ohkawa & Ranis(1985), *Japan and the Developing Countries: A Comparative Analysis*,

Cambridge, Basil Blackwell.

Overholt, W. H.(1993), *The Rise of China: How Economist Reform is Creating a New Superpower*, New York, W. W. Norton & Company.

Pilat, D.(1993), "The Economics of Catch Up: The Experience of Japan and Korea," *Groningen Growth and Development Centre*, Monograph Series, no. 2.

Prasad, E.(2004), ed., "China's Growth and Integration into the World Economy," OECD.

Prybyla, J. S.(1990), "The Economies of Island and Mainland China: Taiwan as a Systemic Model," Shaw Yu-Ming eds., *The Republic of China on Taiwan Today*, Taipei, Kwang Wha Publishing Company.

Rabushka, A.(1987), *The New China: Comparative Economic Development in Main China, Taiwan, and Hong Kong*, San Fransisco, Westview Press.

Ranis, G. & Mahmood, S. A.(1992), *The Political Economy of Development Policy Change*, Cambridge, Blackwell.

Rohwer, J.(1995), *Asian Rising*, New York, Simon & Schuster.

Rymalov, V. V.(1978), *The World Capitalist Economy*, Moscow, Progress Publishers.

Sako Mari(1997), *Japanese Labor and Management in Transition*, London, Routledge.

Sakong Il & Jones, L. P.(1981), *Government, Business, Entrepreneurship in Economic Development: The Korean Case*, Cambridge, Council of East Asian Studies, Harvard University, 『경제개발과 정부 및 기업가의 역할』, 한국개발연구원.

Sakong Il(1987a) ed., *Macroeconomic Policy and Industrial Development Issues*, Seoul, Korea Development Institute.

Scitovsky, T.(1992), "Economic Development in Taiwan and South Korea," Lau, L. J. ed., *Models of Development: A Comparative Study of Economic Growth in South Korea and Taiwan*, ICS Press.

Shrink, S. L.(1999), *The Political Logic of Economic Reform in China*, 최완규 역(1999), 『중국경제개혁의 정치적 논리』, 경남대학교 출판부.

Tabb, W. K.(1995), *The Postwar Japanese System*, Oxford, Oxford University Press.

Takamiya Susumi & Thurley, K.(1985), *Japan's Emerging Multinationals*, Oxford, Oxford University Press.

Tomlinson, B. R.(1993), *The Political Economy of the Raj 1914~1947: The Economics of Decolonization in India*, 이옥순 역(1994), 『인도경제사』, 신구문화사.

UNCTAD(1994), *World Investment Report 1994: Transnational Corporations, Employment, and the Workplace*, New York.

Vogel, E. F.(1991), *The Four Little Dragons*, Harvard University Press, 장인영 역(1993), 『네 마리의 작은 용』, 고려원.

Wade, R.(1985), "East Asian Financial Systems as a Challenge to Economics: Lessons from Taiwan," *California Management Review*, vol. XXV, no. 4.

Wade, R.(1988), "The Role of Government in Overcoming Market Failure: Taiwan, Republic of Korea, and Japan," Hughes, H. ed., *Achieving Industrialization in East Asia*, Cambridge, Cambridge University Press, 국민호 편(1995), 『동아시아 신흥공업국의 정치제도와 경제성장』, 전남대학교 출판부.

Wade, R.(1990), *Governing the Market: Economic Theory and the Role of Government in East Asian Industrialization*, Princeton, Princeton University Press.

Wade, R.(1993), "Managing Trade: Taiwan and South Korea as Challenges to Economics and Political Science," *Comparative Politics*, vol. 25, no. 2.

Wallerstein, I.(1989), *The Modern World System*, San Diego, Academic Press.

Wang M. K. eds.(2000), *China's Economic Transformation Over 20 Years*, Foreign Languages Press, Beijing.

Waswo, A.(1996), *Modern Japanese Society*, Oxford, Oxford University Press.

Westpal, L. E.(1990), "Industriali Policy in an Export-Propelled Economy: Lessons from South Korea's Experience," *Journal of Economic Perspectives*, vol. 4, no. 3.

Westphal, L. E.(1978), "The Republic of Korea's Experience with Export Led Development," *World Development*, vol. 6.

Wolf, C.(1988), *Markets or Government: Choosing between Imperfect Alternatives*, Cambridge, Cambridge University Press.

World Bank(1991), *World Development Report 1991: The Challenge of Development*, Oxford, Oxford University Press.

World Bank(1993), *The East Asian Miracle*, Oxford, Oxford University Press.

WTO(2001). "Report of the Working Party on the Accession of the Separate Customs Territory of Taiwan, Penghu, Kinmen and Matsu." Working Party on the Accession of Chinese Taipei.

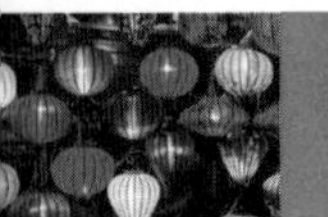

찾아보기

ㅊ

ㅋ

ㅌ

ㅎ

기타

집필진 소개 (가나다순)

김현석
경제학 박사. 부산대학교 경제학부 부교수

박수남
경제학 박사. 부산대학교 경제학부 연구교수

장지용
경제학 박사. 부산외국어대학교 경제학부 외래교수

정경숙
경제학 박사. 부산대학교 경제학부 연구교수

조준현
경제학 박사. 참사회경제교육연구소 소장

최성일
경제학 박사. 한국해양대학교 국제통상학부 교수